Bernd Ingmar Gutberlet

Friedrich der Große

Bernd Ingmar Gutberlet

Friedrich der Große

Eine Reise zu den Orten seines Lebens

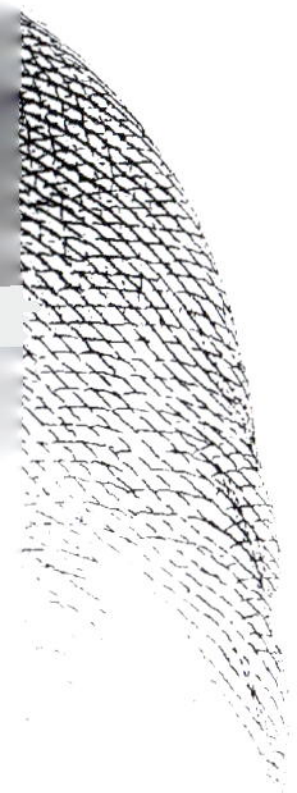

Die Deutsche Bibliothek verzeichnet diese Publikation in der Deutschen Nationalbibliographie; detaillierte bibliographische Daten sind im Internet über http://dnb.d-nb.de abrufbar.

Die Herausgabe des Werkes wurde durch die Vereinsmitglieder der WBG ermöglicht. Gedruckt auf säurefreiem und alterungsbeständigem Papier
Einbandgestaltung: Jutta Schneider, Frankfurt a. M.
Einbandabbildung: Schloss Rheinsberg (Schlossparterre mit Kolonnade und Turm des Klingenbergflügels), © akg / Bildarchiv Monheim; Friedrich der Große, Stahlstich von Albert Teichel (1822–1873) nach einer Zeichnung von Ernst Hartmann, ©akg-images
Layout & Satz: Holst und Peters, Darmstadt
Printed in Germany
www.primusverlag.de
ISBN 978-3-89678-845-0

Lizenzausgabe für die WBG (Wissenschaftliche Buchgesellschaft), Darmstadt
Einbandgestaltung der WBG-Lizenzausgabe: Peter Lohse, Heppenheim
Einbandabbildung der WBG-Lizenzausgabe: Friedrich der Große und Voltaire. Lichtdruck nach Gouache von Georg Schöbel; Foto: ©akg-images
www.wbg-wissenverbindet.de
ISBN 978-3-534-23491-2

Inhalt

HumboldtBox

»Damit treten wir in die glorreiche Epoche des Hauses Brandenburg ein«

Das Berliner Schloss

Von den Orten, die etwas über das Leben Friedrichs des Großen erzählen können, ist das Berliner Schlossplatzareal zweifellos der unaufgeräumteste – derzeit jedenfalls. Mögen andere Orte, zumal jenseits der deutschen Grenze, nur noch wenig Preußisches ausstrahlen und geschichtsvergessen wirken – trotz oder wegen der Vernarbungen ist anderswo sichtbar Ruhe eingekehrt. Hier jedoch, im Herzen Berlins, ist der Boden im doppelten Wortsinn aufgewühlt, wenn auch erst seit einigen Jahren wieder. Das hat mit Preußens Platz in der deutschen Geschichte zu tun, mit Verwerfungen und Ressentiments, mit historischer Entsorgung, ideologischer Indienstnahme und schlichtem Vergessen.

Historisch geprägte, oftmals gebeutelte Orte gleichen vielschichtigen Geweben, an denen zu verschiedenen Zeiten Veränderungen vorgenommen wurden. Häufig weisen sie allenfalls fadenscheinige Spuren des ersten Einwirkens auf und lassen vor allem Brüche, Löcher und Ausbesserungen erkennen. Nähmen wir den Berliner Schlossplatz als ein solches vielfach repariertes und verändertes, zuletzt ramponiertes Stöffchen, so stünde es gerade im Begriff, prächtig neu bestickt zu werden. Und wenn die einstweilen letzte Stickerei vollendet ist, wird man allenfalls an der Dicke des Gewebes erspüren können, dass die sichtbare Oberfläche nicht die einzige Stoffschicht ist – und an der historischen Anmutung des Stickwerks. Dann soll diese Leerstelle mitten in Berlin ein Baukörper ausfüllen, der dem verschwundenen Hohenzollernschloss ähnelt: 200 Meter lang, 100 Meter breit, an drei Seiten mit Nachbildungen der historischen Barockfassaden versehen und mit 55 000 Quadratmetern Nutzfläche ausgestattet.

Geburt im Stammschloss der Hohenzollern

Im barocken Stammsitz der Brandenburger Hohenzollern, in einem kleinen, hofseitigen Zimmer des Schlossplatzflügels, wurde am 24. Januar 1712 Friedrich geboren, als Sohn des damaligen Kronprinzen Friedrich Wilhelm und dessen Frau Sophie Dorothea. Mit Kanonenböllern angezeigt, wurde die Nachricht vom Volk erleichtert aufgenommen, weil der Dynastie ein Erbe geschenkt worden war, was für das Land Beständigkeit verhieß. Und doch ist dies kein friderizianischer Ort der obersten Kategorie, denn Friedrichs Biographie wirft auf diesen Ort allenfalls Schlaglichter: Hier wurde er eine Woche nach der Geburt in der Schlosskapelle getauft, hier nahm er Anfang August 1740 die traditionelle Erbhuldigung der brandenburgischen Stände und die Ovationen des Volkes entgegen. Hier ließ er noch im selben Jahr im berühmten Weißen Saal feiern, auf dass im Lichterglanz der Kandelaber untergehe, dass er für den Schlesien-Feldzug rüstete. Und hier ließ er alljährlich Familien- und Staatsfeste sowie den Berliner Karneval über sich ergehen, mied aber ansonsten das Hofleben. Seinem Schweizer Vorleser de Catt sagte er 1758: »Wenn ich nach Berlin komme, gebe ich manchmal eine Galatafel, zu der ich sechzig Personen einlade. In zwei Tagen bin ich mit der Sache fertig. Mit jedem spreche ich, wie es ihm gefällt, und alle gehen befriedigt heim.

Ich passe nicht mehr in die vornehme Gesellschaft.«[1]

Ein Leuchtturm fürs Schloss: Bis dessen Wiederaufbau vollendet ist, wirbt neben der Baustelle die Humboldt-Box für Zustimmung zum umstrittenen Projekt – und für Spendengelder.

Die eigentlichen Schauplätze von Friedrichs Leben und Wirken aber liegen überwiegend anderswo. Trotzdem ist das Berliner Hohenzollernschloss einer von Friedrichs Orten – als Ausgangspunkt und Grundlage, denn es steht für das »Was bisher geschah«, für die Voraussetzungen einer unverwechselbaren Herrscherkarriere. Man mag sich vorstellen, wie der kleine Kronprinz von seinen Erziehern anhand der Bauteile aus verschiedenen Epochen des Hauses Hohenzollern und ausweislich diverser Gemälde und Standbilder seiner Herrschervorfahren in die Familien- und Staatsgeschichte eingeführt wurde.

Die Baustelle der Nation

Wenn Deutschland den dreihundertsten Geburtstag eines seiner wichtigsten Monarchen begeht, ist der Schlossplatz im Herzen der Hauptstadt Berlin eine Baustelle *in spe*, besser gesagt: die Baustelle. Und man ist versucht, dem einen gewissen Symbolwert beizumessen, weil das Verhältnis der Deutschen zum preußischen Teil ihrer Geschichte gebrochen und derzeit wieder einmal im Umbruch begriffen ist. Der umstrittenen Entscheidung des Deutschen Bundestages, an der Stelle des 1950 auf Befehl des DDR-Staatschefs Walter Ulbricht gesprengten Hohenzollernschlosses in dessen Abmessungen ein »Humboldt-Forum« zu errichten, das an drei Seiten der historischen Schlossfassade nachgebildet werden und kulturellen Zwecken dienen soll, ging eine leidenschaftliche, kontroverse Debatte voraus. Ob ein Neu-Alt-Bau den entleerten Mittelpunkt Berlins mehr als nur räumlich ausfüllt und damit die Debatte als abgeschlossen wird gelten können, bleibt abzuwarten.

Dass eine Entscheidung über die Zukunft des Ortes zu einem Politikum erster Güte wurde, war unausweichlich. Aufgeladen als deutscher Schicksalsort und für viele immer noch ein historischer Un-Ort, laufen hier zahlreiche Fäden der deutschen Vergangenheit zusammen. Und einem breiten Konsens über seine Zukunft stand schon die Tatsache entgegen, dass verschiedene Erinnerungen miteinander konkurrieren: die zeitlich näher liegende DDR-Geschichte mit dem Staatsbau Palast der Republik, dem viele Ostdeutsche den positiven Teil ihrer Erinnerungen zugute halten, mit der länger vergangenen preußischen und deutschen Reichsgeschichte. Welcher Teil von Geschichte aber ist erhaltenswert? Darf man zum Zwecke der Identitätsstiftung bestimmte Erinnerungen fördern und andere vernachlässigen? Hat also die Berliner Republik eine anders zu gewichtende Vergangenheit als die Bonner oder die DDR? Und steigt die Berechtigung, erinnert zu werden, mit der zeitlichen Nähe zur Gegenwart? Ausgewogene Betrachtungen des Themas zeichnen sich denn auch notgedrungen durch Ratlosigkeit aus, weil diese Fragen nüchtern und ohne Parteinahme kaum zu beantworten sind. Geschichte ist der Reim, den sich eine Gegenwart

Der Palast der Republik 1976, im Jahr seiner Eröffnung. Er beanspruchte nur einen Teil des Standorts des Hohenzollernschlosses, das auch den nunmehrigen Parkplatz rechts im Bild einnahm. Links der Fernsehturm aus dem Jahr 1969.

auf die Vergangenheit macht, und das preußische Gedicht wurde mit viel Rotstift versehen.

Die Debatte um die Zukunft des Schlossplatzes begann mit einem Artikel des Publizisten Joachim Fest Ende 1990. Solange der ehemalige Standort des Schlosses weitgehend leer bleibe, da der Palast der Republik nur den kleineren Teil der Fläche einnehme, »bleibt Berlin eine Stadt mit einem riesigen Parkplatz als Mitte (…) Das Stadtbild verlangt an dieser Stelle einen Raumkörper, der die beziehungslosen Bauteile um den Lustgarten wieder verklammert sowie den Linden einen Fluchtpunkt gibt. Die Frage ist, wie ein Bauwerk auszusehen hätte, das diese Aufgabe mit der Würde und Zurückhaltung wie das ehemalige Schloß erfüllt.«[2] Er pries den Schlüterbau als architektonisches Glanz- und städtebauliches Herzstück der Stadt: »Der durchdachte Charakter der Anlage drängte sich dem Betrachter niemals auf und erzeugte gerade dadurch jenen Eindruck unangestrengter Harmonie, wie er nur die vollkommenen Kunstwerke auszeichnet.«

Als stärkstes Argument für den Wiederaufbau des Schlosses galten Fest die Gründe der DDR-Regierung, die Ruine 1950 zu beseitigen: die Machtdemonstration des ostdeutschen Staates, der sozialistischen Herrschaftsidee. »Wenn der Abbruch des Schlosses das Symbol ihres Siegs sein sollte, wäre die Wiedererrichtung das Symbol ihres Scheiterns.« Solches Heimzahlen mit gleicher Münze wurde von anderen als gerade nicht akzeptabel verworfen: Der Palast der Republik behalte auch nach dem Ende der DDR sein Existenzrecht; wichtige Jahrzehnte deutscher Geschichte baulich zu tilgen, sei nicht minder verwerflich als der Einsatz von dreizehn Tonnen Sprengstoff, mit denen die DDR dem Hohenzollernbau ein Ende machte. In der kontrovers, zum Teil scharf geführten Debatte spielte Preußen vordergründig eine Nebenrolle. Schlossgegner schienen den DDR-Hinterlassenschaften aber nicht zuletzt deshalb größere Rechte zuzugestehen, erhalten zu werden, weil Preußen schon länger Geschichte sei. Anderen galt Preußen als so gründlich entsorgt oder desavouiert, dass ein Wiederaufbau des Schlosses jeglicher Grundlage entbehre. Wieder andere verwiesen auf die Chance, an so zentraler Stelle visionär und zukunftszugewandt zu bauen. Entsprechende Entwürfe, die breite Begeisterung entzündet hätten, blieben jedoch aus.

Die Sache mit der DDR-Vergangenheit war heikel genug. Voll guten Willens und Baueifer meinte Wilhelm von Boddien, der die PR-Kampagne für den Wiederaufbau zum Erfolg führte, ein »Schloss der Demokratie« wäre ein Symbol für die wiedergewonnene deutsche Einheit. Bundeskanzler Schröder äußerte im Jahr 2000 gewohnt pragmatisch, es sei

> »außerordentlich befriedend und befriedigend (…), wenn man dem Volk etwas für die Seele gibt«.[3]

Nur ging das an den recht unterschiedlichen Wahrnehmungen in Ost und West vorbei – zumal die Berliner Republik eine politische Nutzung des Baus etwa als Sitz des Bundespräsidenten oder des Außenministeriums gar nicht in Betracht zog.

Die Schlossplatzdebatte

Wie also geht man mit einem solchen Platz um? Nahezu unstrittig gilt der Schlossabriss durch die DDR-Regierung als städtebauliches, ideologisch motiviertes Verbrechen, das der Stadt ihren Mittelpunkt und dem Land eines der bedeutendsten Bauwerke des deutschen Barock entriss. Und doch wirkte die Preußenfeindlichkeit der ost- wie westdeutschen Nachkriegszeit weiter, wenn das Schloss als hässlicher Kasten verunglimpft wurde, gar völlig verfehlt als isolierter, den Städtern unzugänglicher Fremdkörper inmitten des städtischen Treibens, und zu hören war, selbst die Könige hätten es nicht leiden können und lieber anderswo gewohnt. Wie der Staat Preußen insgesamt, fungierte das gesprengte Hohenzollernschloss sechs Jahrzehnte nach Kriegsende noch einmal als Teppich, unter den sich das Unbehagen an der eigenen Vergangenheit vortrefflich kehren ließ. Aber nicht nur um die Vergangenheit ging es, daneben fand hier ein gewisses Unwohlsein am eigenen, wiedervereinigten Land einen Kristallisationspunkt – in Ost und West gleichermaßen.

Für den Erhalt des Palastes der Republik sprach vom ästhetischen Standpunkt eigentlich eher wenig. Allerdings eignete er sich offensichtlich allzu gut als Symbol für die Wahrnehmung vieler Ostdeutscher, ihre Lebensleistung in der Diktatur werde nicht angemessen gewürdigt.

Dabei geriet aus dem Blick, dass gerade in der DDR-Bevölkerung der Unmut groß und durchaus vernehmbar gewesen war, als die Staatsführung den »Palazzo Protzo« errichten ließ, anstatt für das viele Geld Wohnungen zu bauen. Noch fataler aber wird bis heute nur selten akzeptiert, dass die beachtliche Leistung, unter diktatorischen Bedingungen ein anständiges Leben zu führen, mit dem Propagandabau, der eben jene Bedingungen überglitzern sollte, am allerwenigsten zu tun hat. Insofern erweist sich der Palast noch posthum als höchst erfolgreiche Propagandaschachtel.

Erstaunlicherweise blieben für geraume Zeit Überlegungen im Gespräch, den Palast der Republik zu erhalten und durch einen Anbau in der Kubatur und Anmutung des Schlosses zu ergänzen, um die städtebauliche Harmonie wiederherzustellen. Ein solches Hybridgebilde wäre vermutlich nicht nur baulich lächerlich ausgefallen – es wäre historisch gesehen auch einer zweifelhaften Gleichstellung zweier Vergangenheiten nahegekommen: hier DDR-Glanz, da Preußen-Gloria?

Letztlich kehren alle Überlegungen, so man das historische Gewebe des Ortes bedenkt, immer wieder zu einer Tatsache zurück, die sich nicht einfach ignorieren lässt: Zuvörderst ist dieser politischste aller Bauplätze eine Herrschaftsbaustelle, seitdem hier der erste Spaten in den Boden trieb: fast drei Jahrhunderte vor Friedrichs Geburt. Erweitert man solcherart den Blick, kommt man bald ab von der Haltung, es gäbe nur eine richtige, aber viele falsche Möglichkeiten, an dieser Stelle baulich – bausymbolisch – zu verfahren.

Herrschaftsnahme der Hohenzollern

Bevor der erste Herrschaftsbau errichtet wurde, verlief hier am Spreeufer, gegenüber Berlin, die nordöstliche Stadtmauer der Schwesterstadt Kölln. Bis zur Sprengung des Schlosses zeugte davon der seinerzeit berühmte »Grüne Hut«, ein Turm der mittelalterlichen Stadtbefestigung, der in der über die Jahrhunderte immer wieder ergänzten und neu gebauten Residenz erhalten blieb. Als die fränkischen Hohenzollern, Burggrafen von Nürnberg, Anfang des 15. Jahrhunderts mit dem Kurfürstentum Brandenburg belehnt wurden, gehörten die Berliner (und Köllner) zu den ersten Leidtragenden dieser politischen Veränderungen, denn die neuen Landesherren unterwarfen nach und nach die damals recht un-

Der Blick vom Berliner Ufer der Spree auf das kurfürstliche Schloss in der Schwesterstadt Kölln Ende des 17. Jahrhunderts. Bald darauf begann der Umbau zum Schlüter'schen Barockschloss.

abhängige Stadt ebenso wie das noch recht kleine Kurfürstentum. Berlin-Kölln stieg zur kurfürstlichen Residenz und bald auch zur Hauptstadt auf, verlor aber seine Privilegien und musste fortan dem Landesherrn gegenüber Gehorsam üben – seit Kurfürst Friedrich II., der mit gutem Grund den Beinamen »Eisenzahn« trug, 1442 jenen Platz an der Spree für den Bau einer Residenz beanspruchte. Zwar glichen die Impulse der Residenz die Niederlage sowohl pekuniär als auch ideell recht bald aus, trotzdem setzten die Berliner im sogenannten »Berliner Unwillen« den Bauplatz kurzerhand unter Wasser. Es sollte jedoch nichts nutzen, zumal niemand zu Hilfe eilte. In den folgenden Jahrhunderten legte das kleine Kurfürstentum Brandenburg an Fläche und Bedeutung zu – aber zunächst nicht mit Kriegen, wie sie den Staat später so sehr in Verruf bringen sollten, sondern dank kluger und glücklicher Heirats- und Erbpolitik. Mit einem neuen Schloss fand diese Entwicklung im 16. Jahrhundert ihren baulichen Ausdruck, zugleich kündete der prachtvolle Renaissancebau vom gestiegenen Selbstbewusstsein und Anspruch der Hohenzollern im Land und im Reich.

Für Friedrich den Großen, der sich in den *Denkwürdigkeiten zur Geschichte des Hauses Brandenburg* als Historiograph brandenburg-preußischer Geschichte betätigte, begann mit der Herrschaftsnahme seiner Vorfahren »die glorreiche Epoche des Hauses Hohenzollern«[4]. Allerdings handelt er die ersten Jahrhunderte knapp ab und befindet: »Es geht mit Geschichtswerken wie mit Gewässern, die erst da Bedeutung gewinnen, wo sie schiffbar werden.«[5] Den Baubeginn einer kurfürstlichen Residenz in der Doppelstadt Berlin-Kölln erwähnt Friedrich nicht einmal. Schiffbar wird für Friedrich die Geschichte seines Landes erst mit dem Dreißigjährigen Krieg, der in mehr als nur einer Hinsicht traumatisch wirkte. »Das Land wurde von befreundeten und feindlichen Heeren überflutet, die gleichermaßen barbarisch hausten. Wie sturmgepeitschte Wogen stießen sie aufeinander. Bald überschwemmten sie das Land, bald ließen sie es verwüstet liegen. Das Elend erreichte seinen Höhepunkt, als die Bewohner, die dem Schwert des Soldaten entronnen waren, an bösartigen Seuchen zugrunde gingen.«[6] Die fatale Schwäche Brandenburgs ließ ein stehendes Heer zur Landesverteidigung fortan Staatsräson werden. Die so erreichte militärische Stärke diente Friedrich als Instrument, um den Aufstieg seines Landes ein entscheidendes Stück voranzubringen – aus ihr erwuchs im 19. Jahrhundert aber auch jene unheilvolle Dominanz Preußens im deutschen Staatengefüge.

Historiker in eigener Sache

Seinen drei unmittelbaren Vorgängern – Vater Friedrich Wilhelm I., der Soldatenkönig, Großvater und erster Preußenkönig Friedrich I. sowie Urgroßvater Friedrich Wilhelm, der Große Kurfürst – räumt Friedrich in seiner Geschichtsdarstellung breiten Raum ein. Erkennbares Vorbild Friedrichs ist der Große Kurfürst, dem er die »Talente eines großen Königs« attestiert:

> »Er wurde zum Schützer und Neubegründer seines Vaterlandes, zum Ruhm und zur Ehre seines Hauses.«[7]

Auch für den Vater, mit dem er ja immerhin bis aufs Äußerste aneinandergeraten war, hat er fast ausschließlich gute Worte bereit. Der Großvater dagegen, den Friedrich persönlich nicht mehr wirklich erlebt hat, kommt in seiner Einschätzung entschieden negativ weg. Seine Abwertung ist ebenso unerbittlich wie ungerecht: Der Großvater sei im Großen klein und im Kleinen groß gewesen.

Vielleicht stand Friedrich dabei jener Bau vor Augen, mit dem der Vorvorgänger den Aufstieg zum Königtum 1701 architektonisch vollzog, sich selbst verewigte und die Staatskasse außerordentlich belastete: der Um- und Neubau des Berliner Schlosses unter den Architekten Schlüter und Eosander von Göthe. Er nahm in barocker Form zahlreiche römische Vorbilder auf, bis hin zum neuen Hauptportal an der Westseite: Den römischen Konstantinsbogen kopierend, stellte sich der erste preußische König selbstbewusst an die Seite des römischen Kaisers der Spätantike. Enkel Friedrich scheint solche Bezüge als vermessen und geckenhaft empfunden zu haben, dabei wäre er dem Großvater gerechter geworden, hätte er dessen Aussage, der Schlossbau sei eine politische »Necessität«, ernster genommen. Denn beim Neubau des Schlosses als römischer Kaiserpalast im barocken Gewand, der das Gebäude zudem erheblich vergrößerte, war keineswegs bloße Ruhmsucht am Werk, sondern vielmehr

Blick auf die Westfassade des Berliner Schlosses mit dem mächtigen Eosanderportal nach römischem Vorbild, das dritte und prächtigste der fünf Portale. Unter der Kuppel aus dem 19. Jahrhundert von Friedrich August Stüler befand sich die Schlosskapelle.

die Notwendigkeit, für alle europäischen Höfe unmissverständlich klarzumachen, dass Brandenburg-Preußen ab sofort in der Liga der Königreiche mitzuspielen verlangte. Dieser Anspruch musste durch eine stattliche Residenz regelrecht untermauert und durch eine entsprechende Hofhaltung illustriert werden – was zweifellos gelang, wenn sogar Kaiser Leopold seinen Architekten nach Berlin schickte, um das allseits gerühmte Bauwerk zu studieren.

Baupolitik war Symbolpolitik, und die auswärtigen Gesandten berichteten sehr detailliert in die Heimat, welcherart sich der frisch gebackene König in Szene setzte. Pracht und Prunk am Berliner Hof ließen die Rangerhöhung in den europäischen Augen glaubhaft und gerechtfertigt erscheinen, und das verspätete Königreich Preußen kam gar nicht umhin, für diesen Zweck viel Geld auszugeben, um den Mangel an Tradition, Ruhm und königlichem Stallgeruch ein wenig vergessen zu machen.

Zum Zeitpunkt der Geburt Friedrichs war das prachtvolle Werk des Großvaters noch nicht vollendet, der Westflügel stand noch im Rohbau und der Große Schlosshof war noch nicht geschlossen. Überhaupt bot sich dem zeitgenössischen Betrachter ein völlig anderes Bild des Schlossbezirks als heute. Der Lustgarten war bedeutend größer, weil noch keines der Museen gebaut war, die heute die berühmte Museumsinsel bilden. Mehr als Orangerie und Lusthaus standen auf der Nordseite des Schlosses noch nicht, und als Dom diente noch immer die zunehmend baufällige Kirche des ehemaligen Dominikanerklosters an der Südwestecke des Schlosses. Immerhin die geradeaus auf der anderen Spreeseite, heute vom dahinter hoch aufragenden Fernsehturm gleichsam sozialistisch domestizierte Marienkirche kannte auch Friedrich – nur konnte man von der Schlossbrücke, die damals noch Hundebrücke hieß und als Holzbau ungleich bescheidener daherkam, kaum mehr als den Turm sehen. Den freien Blick zur Marienkirche versperrte ohnehin der bereits betagte Apothekerflügel des Schlosses, der Ende des 19. Jahrhunderts gekürzt wurde, als zunehmender Verkehr der boomenden Metropole den Straßendurchstich in Richtung Alexanderplatz notwendig machte. Der stolze Turm des Berliner Rathauses hinter der Schlossbaustelle stammt aus dem 19. Jahrhundert – und der Marstall wurde um die Wende zum 20. Jahrhundert gebaut. Auch die sich über dem mächtigen Eosanderportal imposant erhebende, weithin sichtbare Schlosskuppel wurde erst Mitte des 19. Jahrhunderts aufgesetzt. Deren Rekonstruktion auf dem Neubau hat zu allerlei Streit geführt – und zu einer garstig-schnöden Aufrechnung seitens des zuständigen Bundesbauministers, der hervorzuheben für nötig hielt, die Kosten ihrer Wiedererrichtung entspreche denen für zwei Kilometer bundesdeutscher Autobahn.

Als im Jahr nach Friedrichs Geburt sein Vater die Regierung übernahm und aus dem preußischen Athen ein Sparta machte, wirkte sich das auf Schloss und Umgebung unmittelbar aus, denn Staatsmarketing durch Prachtbauten war die Sache des Soldatenkönigs nicht. Der Barockbau wurde zwar zu Ende geführt, aber in abgespeckter, preiswerterer Form. Kunstschätze aus dem Schloss, darunter das legendäre Bernsteinzimmer, gab Friedrich Wilhelm an auswärtige Fürstenkollegen weiter, wenn es politisch geboten schien. Kunsthandwerk aus Silber gab er dagegen gern in Auftrag, weil es nicht nur etwas hermachte, sondern gleichzeitig eine beständige Wertanlage war. Die Parkanlagen ließ der Soldatenkönig in einen Exerzierplatz umwandeln, seine Wohnung nahm er später in der Nordwestecke des Schlosses, von wo aus er den Soldaten zusehen konnte. Im Schlosskeller direkt unter seinen Füßen häufte der sparsame Monarch bis zu seinem Tod 1740 Sack für Sack, Fass für Fass einen stattlichen Staatsschatz von fast acht Millionen Goldtalern an, mit dem dann der Sohn seinen schlesischen Blitzkrieg finanzierte. Bis zur Reichsgründung 1871 lagerte dort der preußische Staatsschatz.

Von Friedrichs Regierungsantritt 1740 versprach sich Berlin viel. Vor allem hoffte man auf die Wiederkehr des höfischen Glanzes nach dem uniformgrauen Regiment des Soldatenkönigs. Friedrich setzte jedoch andere Prioritäten und zettelte als Erstes einen Krieg an. Bis nach dem Zweiten Schlesischen Krieg wohnte er, wenn er nicht gerade im Feld stand, in Rheinsberg, Potsdam oder Charlottenburg und hegte Pläne für einen ganz neuen Palast in Berlin. Nur den ausgedienten Alabastersaal im Quergebäude zwischen den Schlosshöfen ließ er sogleich zum Schlosstheater umbauen, die Wohnräume des Vaters hingegen wurden verschlossen und dem Ungeziefer überlassen. Die Neubaupläne ließ er alsbald fallen und ab 1746 immerhin eine kleine Wohnung im Schloss herrichten. Sie lag – wie die im Potsdamer Stadtschloss – der väterlichen Wohnung entgegengesetzt in der Südostecke des Schlosses, was aus Respekt oder Abwehr gegen den Vater geschehen sein mag – vermutlich in einer Mischung aus beidem. Hinzu kam die Bewunderung für den Urgroßvater, denn von Friedrichs königlicher Wohnung im ersten Stock mit einem sehr hübschen, runden Rokoko-Schreibzimmer konnte er die Schlüter'sche Reiterstatue des Großen Kurfürsten auf der Langen Brücke sehen. Sie steht heute im Ehrenhof des Charlottenburger Schlosses.

Ein stolzer Herrscher hoch zu Ross. Schlüters Reiterstandbild des Großen Kurfürsten war Ende des 17. Jahrhunderts das erste freistehende monumentale Reiterstandbild und befand sich auf der Rathaus-brücke neben dem Schloss. Heute steht es im Ehrenhof des Schlosses Charlottenburg.

Schauplatz deutscher Geschichte

So laufen an diesem zentralen Ort brandenburg-preußischer Geschichte für Friedrich die Fäden zusammen, gehen aber ebenso von ihm ab, mag er hier auch wenig Zeit verbracht haben. Zu den Verkürzungen über die historische Bedeutung des Berliner Schlosses gehört, es habe sowieso die meiste Zeit leer gestanden, da viele Hohenzollern vorzugsweise anderswo wohnten. Nun ist allerdings eine Residenz mehr als bloße Fürstenwohnung, und die Berliner wurde zutreffend als »Ort potenzierter Historizität«[8] beschrieben. Denn das Schloss war über die Jahrhunderte politischer und repräsentativer Mittelpunkt und Verwaltungszentrum des Staates, und bis auf Friedrich Wilhelm III., Wilhelm I. und Friedrich III. unterhielten auch alle Hohenzollernherrscher Wohnungen dort. Nur dürfte es die allermeiste Zeit einem lärmenden Taubenschlag geglichen haben, denn es war Sitz zahlreicher Behörden und Tagungsort vieler Gremien, es war Gästehaus für Staatsbesucher und Kanzlei, Ort der Rechtsprechung und Beratung, Schauplatz von Repräsentation und Festlichkeiten. Aber da den Königen eine Reihe von Residenzen zur Verfügung stand, unter denen Potsdam die wichtigste wurde, konnten sie der Geschäftigkeit der Berliner Hauptresidenz ausweichen. Unter den Nachfolgern Friedrichs zogen einige den intimeren Rahmen des Berliner Kronprinzenpalais oder des Palais Unter den Linden als Lebensmittelpunkt vor, andere nahmen programmatisch in den Wohnräumen des großen Friedrich Wohnung.

Insbesondere seit dem 19. Jahrhundert wurden angesichts zunehmender Enge durch den größer gewordenen Staat immer mehr Funktionen ausgelagert, vor allem Ministerien, Behörden und Kunstschätze, wodurch zur Staatsmitte Hohenzollernschloss andere Schauplätze traten. Politisch waren das die Wilhelmstraße mit ihren preußischen und später Reichsministerien sowie schließlich das 1894 fertiggestellte Reichstagsgebäude, naturgemäß ein wesentlicher Gegenpol zum monarchischen Schloss.

Den Lustgarten vor dem Schloss nutzte Napoleon für eine triumphierende Parade, als er 1806 Berlin besetzte und dem friderizianischen Staat den finalen Stoß zufügte. Nur wenige Jahre später wurden am selben Ort Freiwilligenkorps ausgebildet und mit geistlichem Beistand versehen in die Schlachten der Befreiungskriege verabschiedet. Den Lohn für diese Anstrengung, die von Friedrich Wilhelm III. versprochene Verfassung, verweigerte dessen Sohn Friedrich Wilhelm IV., bis er in der Revolution von 1848 vorübergehend klein beigeben musste: Am 18. März fiel auf dem Schlossplatz der Startschuss für die Revolution, als in der versammelten Menschenmenge, die vom König Zugeständnisse hören wollte, angesichts des im Schlosshof bereitstehenden Militäraufgebots Tumulte ausbrachen. Tags darauf zog der König das Militär aus Berlin ab und auf der noch in Vollendung begriffenen Schlosskuppel wurde die schwarz-rot-goldene Fahne der Revolution gehisst. Die Märzgefallenen wurden durch den Schlüterhof des Schlosses getragen und der König musste ihnen seine Reverenz erweisen – seit dieser Demütigung mied er das Schloss, wenn es möglich war, lehnte aber noch im Rittersaal des Schlosses die ihm vom Paulskirchenparlament angetragene deutsche Kaiserwürde ab, weil er die Krone nicht von einem Parlament entgegennehmen wollte.

Die sozialistische Barock-Reliquie am DDR-Staatsratsgebäude. Das frühere Schlossportal IV befand sich auf der Lustgartenseite. Karl Liebknecht nutzte es für die Ausrufung der sozialistischen Republik am 9. November 1918, deshalb wurde es von Sprengmeister Walter Ulbricht verschont.

Dass der König aber keineswegs zu grundlegenden Reformen bereit war und seine Nachfolger Anhänger eines Neoabsolutismus waren, zeigte das Kaiser-Wilhelm-Denkmal besonders eindrucksvoll. Gestiftet vom Enkel, der im Schloss die Räume Friedrichs des Großen wieder als Wohnung und den Lustgarten abermals für prächtige Militärparaden nutzte, verherrlichte es den Beitrag Wilhelms I. zur deutschen Reichsgründung 1871, als deren Ahnvater nunmehr Friedrich der Große herhalten musste.

Der erste deutsche Nationalstaat war das Werk der Hohenzollern und ihrer Armee, nicht aber einer Revolution oder eines Parlaments, gab das monumentale Standbild zu verstehen. Übersteigertes nationales Potenzgehabe war damals zwar nicht allein in Berlin zu beobachten, aber hier trug man ganz entschieden dazu bei, dass Europa 1914 in einen schrecklichen Krieg geriet. Im Jahr zuvor hatte das Schloss noch als glanzvolle Bühne für eine fürstliche Hochzeit gedient, zu der viele gekrönte Häupter des Kontinents angereist waren. Den Kriegsbeginn besiegelte Kaiser Wilhelm II. an seinem Schreibtisch im Schloss, gefertigt aus dem Holz des Schiffes »Victory«, mit dem Nelson im Jahr 1805 die berühmte Schlacht von Trafalgar befehligt hatte. Vom Balkon des Schlossportals IV, am Lustgarten, unter der dort üblicherweise aufgezogenen kaiserlichen Standarte, verkündete der Kaiser, er kenne nun keine Parteien, sondern nurmehr Deutsche, und verließ Berlin – es sollte für immer sein.

Am 9. November 1918, als das Land vom Krieg unübersehbar ausgezehrt und die alte Ordnung am Ende war, rief der Spartakist und alsbaldige Gründer der Kommunistischen Partei Karl Liebknecht vom selben Balkon die sozialistische Republik aus, nachdem der Kaiser zum Abdanken hatte bewegt werden können – solcherart geadelt passte die DDR-Regierung das Portal später als Staatsreliquie dem neuen Staatsratsgebäude ein. Im Lustgarten fanden zur Zeit der Weimarer Republik eher Maikundgebungen als Militärparaden statt, und das Schloss wurde einigermaßen geordnet in Staatseigentum und Museum umgewandelt. Das blieb es auch unter den Nazis, die vor der Lustgartenfassade ihr propagandistisches Können unter Beweis stellten, dem Barockbau aber sonst keinerlei Beachtung schenkten.

Im Zweiten Weltkrieg wurde der Barockbau schwer beschädigt, allerdings keineswegs so sehr, dass ein Abriss unumgänglich gewesen wäre. Zunächst war an einen Teilabriss gedacht, um Platz für Aufmärsche im Zentrum zu gewinnen – dafür unterschied man das Schloss in einen westlichen Teil aus der Zeit des militaristischen Preußen von dem älteren Ostteil, der deshalb verschont werden könne, weil zuvor Preußen ein Kulturstaat habe werden wollen.

Angesichts des ideellen Werts des Schlosses für Berlin dauerte es auch nach der Teilung der Stadt 1948 noch etwas, bis sich die DDR-Regierung unter Walter Ulbricht schließlich traute, die Sprengung anzuordnen. Mit ihrer Gründung übernahm die junge DDR neben anderen zweifelhaften sozialistischen Errungenschaften auch die Ideale des sowjetischen Städtebaus. Ulbricht wollte den Herrschaftsort sozialistisch umwidmen und dabei gleich noch Moskaus Roten Platz als Aufmarschfläche übertrumpfen: »Das Zentrum unserer Hauptstadt, der Lustgarten und das Gebiet der jetzigen Schlossruine, muß zu dem großen Demonstrationsplatz werden, auf dem Kampfeswillen und Aufbauwillen unseres Volkes Ausdruck finden können.«[9] Solcher Kampfes- und Aufbauwillen sollte sich eindrucksvoll in stehenden und an einer Staatstribüne vorbeiziehenden Volksmassen manifestieren; dafür brauchte es Platz.

Der Ort der großen Geste

Mit der Errichtung des Palastes der Republik krönte die DDR-Regierung den Akt der Herrschaftsnahme, den sie mit dem Abriss des Hohenzollernschlosses begonnen hatte. Dazwischen lagen zwei Jahrzehnte, in denen die öde Freifläche für Paraden und Aufmärsche zum 1. Mai und 7. Oktober genutzt wurde. Ironischerweise ist der Hintergrund der Entscheidung für den Palast der Republik in einer durchaus vergleichbaren Situation getroffen worden wie seinerzeit die zum Ausbau unter dem ersten Preußenkönig und die zum Wiederaufbau durch den Deutschen Bundestag: Es ging um den weithin sichtbaren Ausdruck gestiegener Bedeutung – aufgrund der errungenen Königswürde 1701, der Aufnahme der DDR in die Vereinten Nationen 1973 beziehungsweise der gestiegenen Bedeutung des wiedervereinigten Deutschland im Jahr 1990. Dazu passt, dass die DDR vom durch Wilhelm II. gestifteten Denkmal für seinen Großvater und Reichsgründer von 1871 nur den blanken Sockel übrig ließ, auf dem nun das Denkmal der zweiten Deutschen Einheit von 1990 errichtet wird.

Kaiserreich, DDR und Berliner Republik wagten sich an diesem Herrschaftsort gleichermaßen an bauliche Maßnahmen der großen Geste. Friedrich der Große dagegen verewigte sich am Schloss seiner Vorfahren fast gar nicht. Seine überaus starke Persönlichkeit, sein Drang nach Ruhm und unverwechselbarer Regierung verlangte nach größerem Freiraum, nach jungfräulichem Boden. Der Stammsitz seiner Familie, an dem sich bereits Generationen mit größeren und kleineren Maßnahmen verewigt hatten, eignete sich dafür nicht.

Friedrich wurde nie wirklich warm mit dem alten Schloss, wofür es verschiedene Gründe gibt. Dazu gehören sicherlich die Ablehnung des großväterlichen Prunkbaus und eine unglückliche Kindheit auch an diesem Ort. Am stärksten aber wirkte wohl seine lebenslange Abscheu gegen das Berliner Hofleben, dessen Intrigen seine Kronprinzenzeit zur Hölle gemacht hatten. Der König überließ den Familienstammsitz seiner Frau und seinen Geschwistern, die hier zwischen Herbst und Frühjahr das höfische Leben ausrichteten, in dem der König zumeist durch Abwesenheit glänzte. Seine kleine Wohnung bewohnte er nur, wenn er der Hauptstadt seine Aufwartung machen musste.

»Ich hoffe, dass schließlich einer mich aus der grausamen Sklaverei befreit«

Monbijou und Wusterhausen

Zwei Orte stehen in ihrer ganzen Unterschiedlichkeit für die Kindheit Friedrichs und ihre fatalen Aspekte, für eine frühe Prägung, deren Bedeutung für Leben und Wirken des Preußenkönigs schwerlich in Abrede gestellt werden kann. Es sind dies die bevorzugten Aufenthaltsorte seiner Eltern, der Mutter Sophie Dorothea und des Vaters Friedrich Wilhelm. Die Gegensätzlichkeit in Atmosphäre und Ausstrahlung der Orte ist noch heute unübersehbar, obwohl Monbijou nurmehr der Name eines Berliner Parks ist, obwohl das Jagdschloss Königs Wusterhausen im Brandenburgischen sich heute vermutlich einladender präsentiert als je zuvor. Heute kann man vom Monbijoupark inmitten der betriebsamen Großstadt vergleichsweise bequem mit der S-Bahn in den beschaulichen märkischen Ort vor den (heutigen) Toren der Stadt fahren und dabei für eine Dreiviertelstunde darüber sinnieren, was immaterielles elterliches Erbe für ein Menschenleben bedeuten mag und ob je ein Mensch sich dessen gänzlich entledigen konnte. Und auch, für den Fall Friedrich, welchen Urgrund manche historische Entwicklung haben mag.

Ausgangspunkt für das Dilemma, in dem Kronprinz Friedrich aufwuchs, war der grundlegende Wesensgegensatz zwischen Mutter und Vater. Die beiden waren zwar Cousin und Cousine, kannten einander von Kindesbeinen an vom Hannoveraner Hof der gemeinsamen Großmutter, aber das trug nur bedingt dazu bei, die so unterschiedlichen Temperamente und Vorstellungen miteinander zu versöhnen, zumal die Heirat von beiden Seiten nicht auf Liebe gegründet war. Die Welfin Sophie Dorothea war schon durch ihre Herkunft mit erheblichem Stolz und Standesbewusstsein ausgestattet, was zu Friedrich Wilhelms Neigung zum Schlichten, Soldatischen, Derben kaum passen konnte. Zwar wurde sie Königin, aber das Leben am preußischen Hof entsprach weder ihren Hannoveraner Gewohnheiten noch ihrer Vorstellung von königlicher Stellung und Lebensart. Als Kronprinzessin hatte sie Prunk und Pracht noch genießen können, mit dem Regierungsantritt ihres Mannes 1713 aber wurde es spartanisch. Friedrich Wilhelm I. verabscheute das überzüchtete Hofleben: Er zog den Zopf der Perücke vor, die Seife dem Puder, den einfachen Soldatenrock den prächtigen Gewändern, die Sparsamkeit der Verschwendungssucht, den Drill dem verspielten Amüsement. Diese Kehrtwende zu akzeptieren, fiel Sophie Dorothea überaus schwer, zumal nachdem ihr Vater, Kurfürst Georg von Hannover, 1714 englischer König wurde. Immerhin gestand Friedrich Wilhelm seiner Frau einen aufwendigeren Lebensstil zu, als ihm lieb war – aber weiterhin sah sich die Königin über die Maßen benachteiligt. Sie kompensierte dies mit majestätischem Auftreten, das ihr alsbald und zumal mit einer über die Jahre und Geburten zunehmenden Leibesfülle den Spitznamen Olympia einbrachte. Am nächsten kam ihr Leben dem, was sie als angemessen betrachtete, wenn sie die Sommermonate in ihrem »Kleinod« verbrachte, während der König gehörig weit entfernt in Potsdam den Regierungsgeschäften und seinen militärischen Leidenschaften nachging. In Monbijou feierte sie prachtvolle Feste und lud zu galanter Konversation, und hier oblag ihr in Friedrichs ersten Lebensjahren die Erziehung des Kronprinzen.

Schloss Königs Wusterhausen erreicht man von Berlin aus bequem mit der S-Bahn. Im Schloss befindet sich heute ein Museum.

Monbijou – Refugium der Mutter

Der Park Monbijou, am Spreeufer gegenüber der Museumsinsel, ist heute ein quirliger Ort, ganz der Atmosphäre des »neuen Berlin« entsprechend.

Das Schloss selbst jedoch ist in Vergessenheit geraten, seitdem seine Ruine Ende der Fünfzigerjahre abgetragen wurde. Wo der kleine Fritz mit seinen nächsten Geschwistern vergleichsweise unbeschwert durch einen barocken Garten tollen konnte, wurde ein Kinderschwimmbad eingerichtet – eine nicht vollends unpassende Umwidmung. Zur Spree hin locken im Sommer

Liegestühle zwischen Palmenkübeln zum kultivierten Müßiggang in eindrucksvoller Kulisse: am anderen Ufer die monumentalen Bauten der Museumsinsel, dazwischen ein lärmender Ausflugsdampfer am nächsten. In der Entfernung glänzt die Stahlkugel des Fernsehturms, während auf der Nordseite die stolze Goldkuppel der Neuen Synagoge den stark frequentierten Park überragt. Die Nähe zur Spandauer Vorstadt – angesagtes Wohnviertel der Innenstadt und der historischen Bausubstanz wegen der Altstadtersatz Berlins mit viel touristischem Zulauf – verleiht dem Park ein zumeist liebenswürdiges kosmopolitisch-babylonisches Flair. Kinder spielen hier noch immer, aber weder sie noch ihre Eltern wüssten etwas anzufangen mit der Lebensauffassung des Soldatenkönigs Friedrich Wilhelm I. und seinem Grundsatz:

»Parol auf dieser Welt ist nichts als Müh und Arbeit.«

Denn heute gilt ein glückerfülltes Leben als das Maß aller Dinge und der Anspruch darauf als durchaus gerechtfertigt.

Zum strengen Ethos des Soldatenkönigs trug seine Religiosität nicht wenig bei – und die wiederum dazu, sich die übermenschliche Verpflichtung aufzuerlegen, den eigenen Sohn nach dem Idealbild des fleißigen und frommen Herrschers zu formen, ohne dabei allzu viel auf dessen Anlagen und Charakter zu schauen oder wenigstens nach einem psychologisch klugen Plan vorzugehen. Er war alles andere als maßvoll und beherrscht, wenn es um die Durchsetzung seiner Erwartungen insbesondere an den Kronprinzen ging. Schon oft sind frommer Geist und übersteigerte Prinzipien mit einer cholerischen Veranlagung und der Angst vor Verdammnis eine fatale Melange eingegangen, und die Erziehung Friedrichs des Großen durch den Vater liefert dafür ein Musterbeispiel. So geriet sein Leben zum Exempel dafür, dass auf eine unglückliche Kindheit selten ein glückliches Erwachsenenleben folgt. Aus eigener leidvoller Erfahrung äußerte Friedrich Jahrzehnte später verschiedenen Gesprächspartnern gegenüber, er habe selten Glück erlebt, am wenigsten in der Kindheit. Seinem Vorleser de Catt sagte er: »Wenn ich Kinder hätte, überließe ich sie ihrem Genius und ließe sie selbst ihren Beruf wählen.«[10] Man dürfe Kindern nicht zu viel Zwang antun und solle sie ihre Dummheiten machen lassen. In Privatgesprächen kam er später immer wieder auf seine Kindheit zurück – und doch verlangte er,

Mütterliches Domizil: Schloss Monbijou in Berlin, 1703 erbaut. Der Kupferstich (um 1710) von Johann Boecklin zeigt den Blick von der Spree auf das Lustschlösschen und den barocken Park.

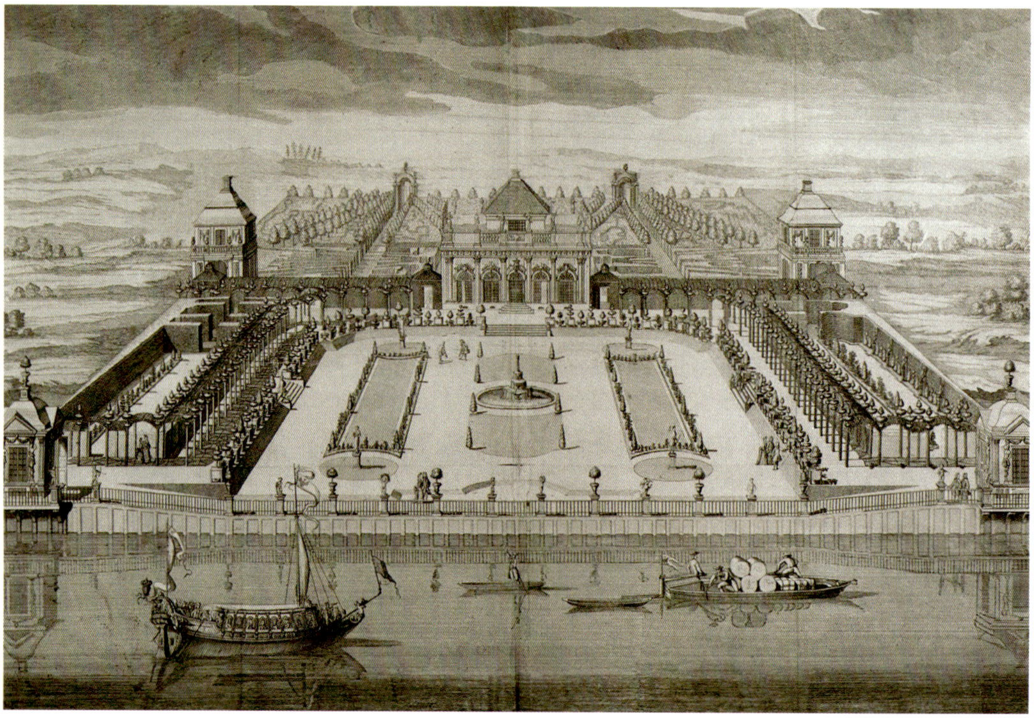

nach dem Tod des Vaters ein kaum minder gestrenger Familienvorstand, von den eigenen Geschwistern folgsamen Gehorsam, ohne sich um ihr persönliches Glück sonderlich zu scheren.

Als vor drei Jahrhunderten Friedrich einen Großteil seiner frühen Kindheit in Monbijou verbrachte, gab es das Schlösschen, nicht aber die späteren Stadtansichten. Damals befand sich das Anwesen noch in vorstädtischer Umgebung, und die heutige Museumsinsel war an ihrer Nordspitze morastig und unbebaut. Umso lieblicher erscheinen auf alten Ansichten Lustschlösschen und Barockpark, die Friedrichs Mutter Sophie Dorothea von ihrem Schwiegervater Friedrich I. 1711 zum Geschenk erhalten hatte. Alte Abbildungen zeigen ein kleines, einstöckiges Lusthaus in einem französisch gestalteten Park am Ufer der Spree, umgeben von Auenlandschaften, aus denen später die Spandauer Vorstadt werden sollte. Es wurde die Sommerwohnung Sophie Dorotheas und später durch Flügelbauten im Stil des friderizianischen Rokoko ergänzt. Das anmutige Barockgebäude mit Spiegelsaal und Chinesischem Kabinett glänzte äußerlich in viel Rosa und Gold.

Ein Herz und eine Seele: Kronprinz Friedrich mit seiner älteren Schwester Wilhelmine, der späteren Markgräfin von Bayreuth. Gemälde von Antoine Pesne, 1714.

Frühe Jahre

Der weiblich geprägte Hof der Königin bestimmte die ersten Lebensjahre des Kronprinzen Friedrich und seiner drei Jahre älteren Schwester Wilhelmine. Die schrieb später vom überaus engen Verhältnis zu ihrem Bruder:

> »Nie haben sich Geschwister so zärtlich geliebt.«[11]

Und über Friedrich äußerte sie: »Er war geistreich, seine Gemütsart war finster. Er dachte lange nach, bevor er antwortete, aber dafür antwortete er richtig. Er lernte sehr schwer, und man erwartete, dass er einmal mehr Verstand wie Geist an den Tag legen würde.«[12]

Natürlich kümmerten sich weniger die Eltern als Ammen, Erzieher und Gouvernanten Tag für Tag um den königlichen Nachwuchs. Der Vater hielt sich zunächst im Hintergrund – befahl aber, die Kinder viel im Freien spielen zu lassen, ein damals unüblicher Zeitvertreib für Fürstenkinder, die man vom Draußen eher fernhielt. Ihm lag daran, gesunden Nachwuchs aufzuziehen, nachdem er schon mehrere Kinder verloren hatte. Allen voran Friedrich sollte ein kraftvoller, widerstandsfähiger Soldat werden.

Der vergleichsweise luxuriöse Hof der Königin aber ließ im kleinen Fritz eher gegenteilige Anlagen hervortreten. Als Kind und Heranwachsender war Friedrich in der Tat seinem Vater so unähnlich, wie es sich nur vorstellen lässt – von zarter Statur, neigte er mehr der Lebenswelt seiner Mutter zu, die sich nicht zierte, Friedrich dem Vater noch zusätzlich zu entfremden. Zeitgenossen rühmen das Engelsgleiche, Bezaubernde, Anmutige, die zahlreichen Damen am Hofe der Königin muss der blonde Steppke Fritz regelrecht entzückt haben, zumal sich dessen musische Neigungen andeuteten. Auch seine Weichherzigkeit und Freigiebigkeit werden lobend hervorgehoben. Seltener wird die Angewohnheit zur Verstellung vermerkt, eine gewisse Verschlagenheit und Undurchdringlichkeit, die Zeitgenossen wie Nachgeborenen gleichermaßen zu schaffen machte. Früh kultiviert und durch Spottsucht ergänzt, teilten Friedrich und Wilhelmine dieses Verhalten – man mag ihnen zugute halten, dass der intrigante Hof solches anschaulich vorlebte.

Dem derben Soldatenkönig missfiel dies ebenso wie das Feminine, Verwöhnte und Verschwenderische im Auftreten seines Sohnes. Zur Beruhigung schrieb die Mutter dem abwesenden Vater von militärischen Spielen Fritzens, der sich über Soldatenspielzeug zu Weihnachten freue, eifrig jagen gehe und seine prinzlichen Kadetten exerzieren lasse. Im Mai 1717, Friedrich war fünf Jahre alt, lässt sie den König wissen: »Ich habe Fritz eine kleine Schanze bauen lassen, wo er mit seinen Kanonen schießen kann, das ist im Park«[13], gemeint ist der Tiergarten.

Die mütterliche Berichterstattung dokumentiert aber weniger eine soldatische Veranlagung des Jungen als das Wissen der Mutter darum, welche Art Sohn der König haben wollte. Auch die Erzieher verhielten sich sowohl bei der Umsetzung der königlichen Erziehungsvorgaben als auch bei der Information über die Fortschritte des Kronprinzen selektiv, wofür der ihnen bis ins hohe Alter dankbar war. Dankbar blieb er zeitlebens auch dafür, dass vor allem sein Lehrer Duhan und Wilhelmine den anfangs faulen Fritz zum Lernen und Lesen anspornten – Letzteres wurde Zuflucht und lebenslang erfüllende Beschäftigung.

Neben der französischen Sprache galt die religiöse Erziehung als besonders wichtig – zumal für den Kronprinzen legte der sprichwörtlich gottesfürchtige Friedrich Wilhelm Wert darauf, keinen selbstherrlichen, prunksüchtigen Monarchen heranzuziehen, sondern einen demütigen, sparsamen und verantwortungsvollen christlichen Herrscher. Das durfte nach Friedrich Wilhelms Auffassung auch kein Bücherwurm sein, weshalb das Lesen heimlich vonstatten gehen musste – Friedrich las in den raren unbeobachteten Momenten, vor allem nachts, und auch Wilhelmine versteckte die Bücher, sobald der Vater in der Nähe war.

Zwei konträren Elternpersönlichkeiten – ein jähzorniger, herrschsüchtiger Vater und eine Mutter, die verpasste Chancen in ihren Kindern verwirklicht sehen will – ausgeliefert zu sein, hätte alleine schon gereicht, um Friedrichs Kindheit zu überschatten. Dazu trat ein Wechselbad der Gefühle und Hoffnungen, das die beiden Ältesten zwischen den gegensätzlichen Eltern regelrecht aufrieb: Sophie Dorothea verfolgte über viele Jahre und mit bemerkenswerter Hartnäckigkeit den Plan, ihre beiden ältesten Kinder Wilhelmine und Friedrich in einer Doppelhochzeit mit ihrer eigenen Familie, dem englischen Königshaus, zu verbinden.

Neben der Erziehung zum Regenten ist seine standesgemäße und politisch kluge Verheiratung zentrales Projekt der Kindheit und Jugend eines Kronprinzen. Daher kam zur ohnehin heiklen familiären Atmosphäre die große Diplomatie hinzu, schon damals ein rechtes Haifischbecken. Der preußischen Königin ging es um die Befriedigung ihres Standesbewusstseins und um eine Art Kompensation für das, was sie in ihrer Stellung vermisste: wahrhaft königliche Würde. Wilhelmine und Friedrich hatte sie dieses Standesbewusstsein neben der Abscheu für den »bäuerlichen« Geschmack und Lebensstil des Vaters eingeimpft. Der König wiederum war der Sache durchaus nicht abgeneigt – nur zog sich das Heiratsprojekt aus vielerlei Gründen Jahr um Jahr hin. Diese Zeit nutzte die kaiserliche Partei am Hof, um das Projekt zu hintertreiben, denn Wien wollte Preußen enger an sich binden. Das Misstrauen des Königs, nicht zuletzt gegenüber der englischen Verwandtschaft, die familiäre Zwietracht am Berliner Hof und die Intrigen der jeweiligen Parteiungen in Sachen Hochzeit vergifteten die Atmosphäre.

Viel ist über ein Trauma im Leben Friedrichs des Großen spekuliert worden, schon um die Widersprüche seiner Person und seiner Regierung zu erklären. Nur lässt sich ein Trauma kaum festmachen, wie es Historiker zur Beweisführung vorzögen. Überhaupt ist das Psychische den Historikern in ihrer Mehrheit noch immer höchst suspekt, zu unstofflich wabert es durch die historischen Ereignisse und gilt ihnen als eher vernebelnd denn erhellend. Andererseits haben verschiedene Ereignisse in Friedrichs Biographie durchaus traumatisches Potenzial. Man kann sogar den Eindruck gewinnen, ohne den analytischen Blick auf traumatische Grundlagen seien Leben und Lebenswerk Friedrichs im Ganzen kaum zu begreifen.

Das vielleicht erste Trauma erlebte der kleine Junge mit nur sechs Jahren, als sein Vater die Erziehung an sich zog. Bis dahin war es vergleichsweise kindgerecht zugegangen. Um dem Hang zum geckenhaften Kronprinzendünkel und dem mütterlichen Einfluss entgegenzuwirken, ging der besorgte Vater dazu über, den Sohn nach eigenen Vorstellungen zu formen – dem

Königliche Männerrunde: das berühmte Tabakskollegium Friedrich Wilhelms I. Gemälde, um 1737, Georg Lisiewski zugeschrieben.

vorherigen weiblichen Laisser-faire entgegengesetzt und so brachial, dass der Kronprinz nur mit innerer und schließlich äußerer Ablehnung reagieren konnte. Statt der sorglosen Zeit im lieblichen Schlösschen Monbijou erfuhr Friedrich nun eine militärisch straffe, freudlose Erziehung unter beständiger Überwachung, für die in seinen Augen und denen der Nachwelt das Jagdschloss Wusterhausen steht.

Das Jagdschloss des Vaters

In der Tat wirkt Wusterhausen geradezu als Antipode Monbijous auf den Betrachter: noch heute vor den Toren der Stadt gelegen, weniger verspielt als streng, weniger lustvoll als preußisch, mit bedeutend weniger Zulauf gesegnet als der Monbijou-Park, obwohl hier das Schloss noch vorhanden ist und zum Besuch überaus herzlich einlädt. Und trotzdem umspült das Leben dieses Anwesen eher, als dass es von ihm Besitz ergriffe.

1698 hatte der damalige Kurfürst Friedrich III. dem zehnjährigen Kurprinzen Friedrich Wilhelm den Besitz Wusterhausen samt zugehörigen Ländereien zum Geschenk gemacht. Wie kein anderes der preußischen Schlösser steht das dortige Jagdschloss für Person und Regierung des Soldatenkönigs. Es war seine Lehrstätte, hier baute er einen Musterbetrieb auf und übte im Kleinen die Sparsamkeit, die später ein Etikett seiner Regierung werden sollte. Diese frühen Gehversuche des Kurprinzen als Verwalter und Entwickler kamen dem Örtchen sehr zugute, denn Friedrich Wilhelm ließ Straßen und Parks anlegen und sein umsichtig und sparsam geführter Kleinbetrieb prosperierte – ähnlich wie es das ganze Land tun sollte, nachdem er 1713 dem geltungsorientierten *deficit spending* seines Vaters ein jähes Ende setzte.

In Wusterhausen liegen außerdem die Ursprünge der berühmten Langen Kerls, Leibregiment des leidenschaftlichen Soldaten Friedrich Wilhelm. Hier (wenn auch nicht ausschließlich) kam – vorzugsweise im Freien – das berühmte Tabakskollegium zusammen, die ungezwungenderbe Männerrunde des Königs. Daneben ging er einer weiteren Leidenschaft nach: der Jagd. Auch als König blieb Friedrich Wilhelm Königs Wusterhausen treu, alljährlich zwischen Ende August und Anfang November kam er mit seiner Familie her. Frau und Kinder mussten in dem kleinen Anwesen arg zusammenrücken – ein Grund für ihren Unwillen, hier den Herbst zu verbringen.

Das Schlösschen geht auf eine mittelalterliche Grenzburg zwischen Mark Brandenburg und Lausitz zurück und ist bis heute ein schmuckloser Renaissancebau: weiß gekalkt, die schlichten Fenster rot umrahmt, unsymmetrisch davorgesetzt ein einfacher Treppenturm. Theodor Fontane urteilte: »Es ist gewiss ein hässliches Gebäude, aber doch mehr originell als hässlich und in seiner Apartheit nicht ohne Interesse.«[14]

Auch gesteht er einzelnen Innenräumen Gefängniszellen- und Kasernencharakter zu und kann wohl ein wenig nachfühlen, dass sich die stolzen Königskinder hier fehl am Platze fühlten: Statt Diwan gab es schlichte Schemel und statt Seide grobes Leinen. Zwar sind die Räume keineswegs so eng, dass Fontanes Vergleich mit Gefängniszellen berechtigt wäre. Das Jagdschloss ist schlicht, aber geräumig, das Ambiente entsprach dem Wunsch des Königs, dort statt eines prachtvollen Hoflebens ein bürgerliches Landleben zu führen. Mit der stetig wachsenden Familie nebst Gefolge dort unterzukommen, musste aber zwangsläufig für beengte Verhältnisse sorgen. Friedrich Wilhelm fühlte sich in der spartanischen Umgebung pudelwohl, für ihn war Wusterhausen noch zu Lebzeiten seines Vaters, dem er sich ähnlich fremd fühlte wie sein eigener Sohn ihm gegenüber, ein hoch willkommener Fluchtort vor dem verschwenderisch-überzüchteten Berliner Hofleben, das er zutiefst verachtete. Die Ideale seiner Frau und seiner Kinder jedoch waren zunächst den schwieger- und großväterlichen näher als seinen. Sie empfanden sich weit unter Stand und Würde zusammengepfercht und ohne die gewohnten Zerstreuungen der Residenz langweilten sie sich vermutlich zu Tode, allen voran Kronprinz Friedrich und seine Schwester Wilhelmine, die schon Berlin als Fegefeuer beschrieb. »Vierzehn Tage später hatte ich aber Höllenqualen auszustehen, da ich der Königin nach Wusterhausen folgen mußte.«[15] Wilhelmines drastischer Schilderung zufolge saß man auch bei Regen zum Essen draußen, unzureichend geschützt vom Blätterdach einer alten Linde, die Beine wadentief im Wasser, der Magen leidend, weil der knausrige König selbst am Essen sparte. Es ist Fontane, der das Problem der innerfamiliären Gegensätze am Beispiel Wusterhausen in eins fasst: »Ein prächtiger Platz für einen Weidmann und eine starke Natur, aber freilich ein schlimmer Platz für ästhetischen Sinn und einen weiblichen *esprit fort*.«[16]

Während die jüngeren Geschwister auch gute Erinnerungen an die Aufenthalte in Wusterhausen teilen konnten, weil ihnen der Vater eine entspanntere Kindheit zugestand, war der Widerwille der beiden ältesten unübersehbar. Einem Besucher des Jahres 1727 fiel ebendas auf: »Der Cron-Printz bediente die ganze Tafel mit Vorschneiden, war aber übrigens gantz stille und redete kein einziges Wort.«[17] Ganz im Unterschied zu Friedrichs jüngerem Bruder August Wilhelm, Liebling des Vaters und plappernder Mittelpunkt des Mittagsmahls unter freiem Himmel. Mehr als einmal sollte Friedrich Wilhelm erkennen lassen, wie viel lieber er diesen Sohn als seinen Nachfolger sähe.

Zu jener Zeit schrieb Friedrich einem kranken Freund, es falle ihm schwer, andere aufzuheitern, er benötige selber Aufheiterung, »um meine Melancholie zu zerstreuen«.[18] In einem anderen Brief vom Jahr darauf heißt es voller Ingrimm: »Morgen Parforcejagd, übermorgen am Sonntag Parforcejagd und Montag wieder Parforcejagd.«[19]

Hiebe für die Liebe

Als Friedrich Wilhelm die Erziehung seines ältesten Sohnes an sich zog, bestimmte er zwei Soldaten zu weiteren Erziehern – Feldmarschall Albrecht Konrad Finck von Finckenstein und

Oberst von Kalckstein. Sie sollten dem Jungen »die wahre Liebe zum Soldatenstande« beibringen, so der Soldatenkönig in seiner Instruktion vom Sommer 1718, denn er fand den ältesten Sohn über die Maßen verzärtelt und verweichlicht und ohne jedes Interesse am Militärischen. Das nunmehr verordnete Bildungsreglement war überaus streng, und Friedrich hat späterhin mehr als einmal bekundet, wie sehr ihn der Vater überforderte.

Aus der minutiösen Tagesplanung und der Vorgabe an die Erzieher, den Prinzen niemals alleinzulassen, geht nicht nur die verständliche Sorge des Königs hervor, den Nachfolger so gut als möglich auf sein schweres Amt vorzubereiten, ebenso spricht daraus der furchtsame Christ und absolute Vater, der den widerspenstigen Sohn regelrecht totalitär zu dem Menschen machen wollte, der ihm vorschwebte. Aus vielen Briefen, Äußerungen und Instruktionen geht wütende Verzweiflung hervor über den Sohn, der das Gegenteil des Befohlenen zu werden schien: effeminierter Geck, verschwendungssüchtig, stets grimassierend und von schlechter Haltung, ein schurkischer Kerl, so die väterliche Terminologie. Als Friedrich zwölf Jahre alt war, äußerte sein Vater im Gespräch mit Vertrauten: »Ich möchte wohl wissen, was in diesem kleinen Kopfe vorgeht. Ich weiß, dass er nicht so denkt wie ich; es gibt Leute, die ihm andere Gesinnungen beibringen und ihn veranlassen, alles zu tadeln; das sind Schufte.«[20] Seine Rede begleitete der König mit Klapsen für den Sohn, die mit jedem Wort mehr zu Schlägen wurden. Ähnlich ist überliefert, wie der Soldatenkönig bei einer Inspektionsreise durch die Provinz einen Untertanen mit dem Stock malträtierte, weil der vor dem hohen Herrn davongelaufen war.

»Lieben sollt Ihr mich, Kanaille!«,

brüllte der erboste Herrscher dabei. Mit Hieben also wollte er respektvolle Liebe, auch des Sohnes, erzwingen. Durchaus aufschlussreich ist, was der Alte Fritz Anfang 1760 seinem Vorleser de Catt anvertraute: »Er hatte sehr viel geträumt; einmal, dass man ihn festgenommen hätte und nach Magdeburg brächte, auf Befehl seines Vaters; er fragte seine Schwester, was der Grund sei, und erhielt zur Antwort, es geschähe, weil er seinen Vater nicht genug liebe. Er wollte sich rechtfertigen, aber man brachte ihn im Wagen fort.«[21]

Friedrich musste sich geknechtet fühlen, lebte er doch Tag für Tag nach einem Reglement, das seinem Charakter und seinem Temperament zuwiderlief – ohne Chance, daraus zu entfliehen. Wurde der Kronprinz nicht unterrichtet, sollte er möglichst unter Aufsicht des Vaters stehen, der ihn auch auf seine häufigen Inspektionsreisen mitnahm. Außenstehenden entgingen die Folgen der Überanstrengung nicht; ein auswärtiger Diplomat befand, dass der gerade dreizehnjährige Kronprinz »so ältlich und steif aussieht, als ob er schon viele Campagnen getan hätte«.[22] Kleine Fluchten fanden ihr Ende, sobald der Vater

Porträt des gestrengen Vaters: Friedrich Wilhelm I. von Preußen, im Hintergrund ist das 1715 belagerte Stralsund dargestellt. Gemälde von Antoine Pesne, 1729.

Nach dem Tod des Soldatenkönigs fiel es in einen langen Dornröschenschlaf, das Lieblingsdomizil Friedrich Wilhelms I.: Schloss Königs Wusterhausen. Aquarell, um 1830, von Wilhelm Barth.

dahinterkam, der mal des Sohnes geliebte Querflöte zerbrach und ins Feuer warf, mal dessen heimlich erworbene französische Bibliothek verkaufen ließ. Schlimmer noch, gleichzeitig äußerte er immer wieder tiefe Geringschätzung für diesen Sohn, der sich derart demütigen lasse. Hätte sein Vater ihn so behandelt, er an seiner Stelle hätte sich totgeschossen, warf er Friedrich einmal an den Kopf. Am schlimmsten aber empfand Friedrich die meist auch körperliche Demütigung vor anderen, die der Vater ihm häufig zuteil werden ließ.

Wie verzweifelt er war, geht aus einem Bericht des sächsischen Gesandten Suhm hervor, der im Oktober 1728 zum Hubertusfest die königliche Familie besuchte: «Als ich in Wusterhausen ankam, schüttete er mir sein Herz mit solcher Offenheit aus, daß ich in Verlegenheit geriet. Er schwor, dies Leben nicht mehr ertragen zu können. ›Ich spreche das‹, sagte er, ›allen meinen Freunden aus, auf die ich glaube rechnen zu können, und ich hoffe, daß schließlich einer mich aus der grausamen Sklaverei befreit, in der ich gehalten werde‹«[23]

Als Friedrich während des Siebenjährigen Krieges die Nachricht vom Tod der Mutter erhielt und unter diesem Eindruck dem im Felde mitreisenden englischen Gesandten Mitchell aus seinem Familienleben erzählte, ging er auch auf das schwierige Verhältnis zum Vater ein. Danach war es eine väterliche Demütigung zu viel, als Friedrich Wilhelm bei einem preußisch-sächsischen Manöver 1730 seinen Sohn schlug und ihn an den Haaren zog. Tief gedemütigt, in erkennbar desolatem Zustand und mit zerzaustem Haar musste der Kronprinz gleich anschließend eine Parade abnehmen. Von diesem Moment an sei er entschlossen gewesen, koste es, was es wolle, die Flucht zu wagen.

Dilettantisch ausgeführt, scheiterte das Vorhaben jedoch, dessen politische Dimensionen der Kronprinz in seiner Verzweiflung und mangelnden Reife wohl nicht hatte ermessen können. Auf einer Reise mit dem verhassten Vater wollte er vom kurpfälzischen Steinsdorf bei Sinsheim über die Grenze nach Frankreich fliehen, hatte sich aber durch unachtsame Vorbereitungen verdächtig gemacht, wurde überwacht und schließlich festgesetzt. Diese dramatische Wendung ließ den Vater-Sohn-Konflikt vollends ausbrechen, den tobenden Vater noch die letzte Achtung und Zurückhaltung verlieren und Friedrich klar werden, dass die vermeintliche Hölle von Wusterhausen in Wahrheit nur ihr Vorhof gewesen war.

Monbijou und Wusterhausen nach dem Tod Friedrichs

Königs Wusterhausen geriet mit dem Tod Friedrich Wilhelms I. in Vergessenheit. Über 100 Jahre war es dem Verfall preisgegeben, erst Wilhelm I. schenkte ihm durch seine Anwesenheit erneut Beachtung. Fortan wurden wieder königliche Jagden abgehalten, die letzte 1913. Nach dem Ende der Monarchie wurde das Schloss Museum, nach dem Zweiten Weltkrieg in wechselnde Dienste der sowjetischen Militärverwaltung und der DDR genommen, was seinem Zustand entschieden abträglich war. In den 1990er-Jahren saniert, ist es heute wieder als Museum zugänglich und hat einiges seiner Würde zurückerlangt. Die Persönlichkeit des preußischsten aller preußischen Könige, mitsamt seiner Widersprüchlichkeit, lässt sich hier nachvollziehen – sofern man hinter das Klischee vom Soldatenkönig zu blicken gewillt ist, ohne zugleich die bösen Folgen seiner inneren Zerrissenheit in Abrede zu stellen.

Schloss Monbijou wurde nach dem Regierungsantritt Friedrichs als Witwensitz der Königin-Mutter abermals erweitert und zwar so, dass es nunmehr auch im Winter bewohnt werden konnte. Mit dem Tod Sophie Dorotheas wurde es außer Dienst gestellt, bis 1789 Friederike Luise einzog, Gattin von Friedrich Wilhelm II., Friedrichs Neffe und Nachfolger.

Danach nutzten es die Königlichen Museen der Museumsinsel, 1877 wurde es Hohenzollernmuseum, das es bis zum Zweiten Weltkrieg blieb. Zuvor schon hatte es den gigantomanischen Speer'schen Planungen für die »Welthauptstadt Germania« weichen, immerhin aber in den Schlosspark Charlottenburg umgetopft werden sollen – erst die sozialistische Halbstadt verweigerte dem kriegsversehrten Schlösschen die Fortexistenz rundheraus.

»So strafen Sie mich, wie Sie nur wollen«

Küstrin

Der spektakuläre Fluchtversuch des Kronprinzen Friedrich und seine dramatischen Folgen gehören bis heute zur preußischen Folklore – kaum ein Ereignis der hohenzollerischen Familiengeschichte ist so häufig dargestellt und bewertet worden. Der Stoff hat ja auch zweifellos das Zeug zum großen Drama: Zwar kommen handfeste Vater-Sohn-Konflikte im brandenburg-preußischen Fürstenhaus immer wieder vor – schon weil mehrmals in Herrscher und Nachfolger ebenso konträre wie starke, wenn nicht halsstarrige Charaktere aufeinandertrafen –, aber so weit wie 1730 kam es sonst nie. Die Publikationen darüber sind Legion, Berichte aller Couleur verherrlichen vorzugsweise zwei heldenhafte Tyrannenfeinde und Freiheitskämpfer namens Fritz und Katte. Die Einschätzungen über die biographische Bedeutung für Friedrich reichen von charakterlicher Verkrüppelung infolge der traumatischen Ereignisse bis hin zu drastischer, aber erfolgreicher Reifung zum Erwachsenen. Mit nuancelosem Hell-Dunkel jedoch ist schon die Einordnung der Hauptkontrahenten problematisch: Hier der tyrannische Soldatenkönig, der aber nie einen Krieg anzettelte, da der schöngeistige Philosophenkönig *in spe*, der jedoch später mit militärischen Abenteuern sein Land dem Abgrund nahe bringen sollte.

Flucht vor dem Vater

Je mehr sich der Konflikt ins Unerträgliche zuspitzte und der Vater sich in massiven Druck und drastischen Spott regelrecht hineinsteigerte, desto verzweifelter sah Friedrich als einzigen Ausweg, sich dem Vater völlig zu entziehen – durch Flucht ins Ausland. Als aus der Idee ein fester Vorsatz geworden war, bemühte sich Friedrich um Mitverschwörer. Zwei Vertraute gingen darauf ein – trotz aller Gefahr auch für sich selbst. Denn halsbrecherisch war das Ganze nicht nur wegen der politischen Dimension des Vorhabens und der absehbaren Rache des Königs für den Fall des Misslingens, sondern auch, weil alle drei in militärischen Diensten standen und das Delikt der Fahnenflucht und der Beihilfe dazu drakonische Strafen nach sich zog. Außerdem ließ der ohnehin misstrauische König den Kronprinzen aufs strengste überwachen. Trotzdem sprangen Friedrichs ehemaliger Page Peter von Keith, inzwischen vom König aufgrund seines allzu großen Mitgefühls für das Los des Kronprinzen ins preußische Wesel weit im Westen wegbefördert, und der ungleich berühmtere – und unglücklichere – Hans Hermann von Katte Friedrich zur Seite. Letzterer war ein bekanntermaßen abenteuerlustiger und leichtfüßiger, überaus charmanter, aber auch musisch interessierter und weltläufiger Leutnant vom Elite-Regiment Gens d'armes, dem Berlins berühmter Platz seinen Namen verdankt. Jahrzehnte später äußerte Friedrich über die beiden:

> »Alle beide überaus liebenswert, aber genauso leichtsinnig wie ich.«[24]

Gelegenheit zur Flucht bot eine Reise des Königs nach Südwestdeutschland, auf der ihn der Kronprinz begleiten sollte. Als man der rettenden Rheingrenze zu Frankreich nahe genug kam, wollte Friedrich am frühen Morgen des 5. August 1730 vom sogenannten Lerchennest im kurpfälzischen Steinsfurt bei Sinsheim in die ersehnte Freiheit aufbrechen. Allerdings waren die Vorbereitungen nicht konspirativ und sorgfältig genug vonstatten gegangen – der Thronfolger wurde an der Flucht gehindert, ohne dass aber zunächst der König von der Sache in Kenntnis gesetzt worden wäre. Die Reise ging wie geplant weiter, auch noch, als Friedrichs Page, der jüngere Bruder und Nachfolger des nach Wesel abkommandierten Keith, dem König das Vorhaben offenbarte. Als aber schließlich Friedrich Wilhelm fälschlich den Eindruck gewann, das Ganze sei ein groß angelegtes Komplott, an dem auswärtige Mächte beteiligt waren und womöglich einen Anschlag auf sein Leben planten, handelte er. Nunmehr wurde der Kronprinz festgesetzt und unter strenger Bewachung auf die nächstgelegene preußische Festung in Wesel am Rhein gebracht. Keith der Ältere hatte sich von dort bereits in die nahen Niederlande abgesetzt. Der in Berlin verbliebene Katte hingegen floh nicht – Friedrich selbst

Ein Kreuz markiert den Standort der Kirche in der Altstadt von Küstrin. Seit einigen Jahren ist der geschundene Ort zugänglich, Stadtpläne und Straßennamen lassen erahnen, wie viel Leben hier einst war.

Die Oder zwischen Frankfurt und Küstrin ist eine durchlässige Grenze geworden. Als »Friedensgrenze« zu sozialistischer Zeit war das nicht wirklich der Fall.

Ehren des hier enthaupteten Eliteleutnants 1929 so benannt wurde, schaut man zur einen Seite über die ursprünglich wirkende Oder und die sich anschließenden malerischen Auenlandschaften und zur anderen Seite über reiches Grün zwischen Kastanienbäumen und Holunderbüschen, das die gnädige Natur über die Schuttberge hat wachsen lassen. Ein milder, wenn nicht malerischer Anblick, aber nach der Zerstörung am Ende des Zweiten Weltkrieges muss das alte Küstrin ein elendes Trümmerfeld gewesen sein, wenn auch das Schloss und andere Gebäude durchaus noch zu retten gewesen wären. Die Trümmer verbergen sich unter Gestrüpp wie noch unentdeckte Ruinen der Mayastädte im mittelamerikanischen Regenwald, aber die gepflasterten Straßen sind wieder freigelegt: Die Grundmauern von Pfarrkirche und Schloss entblößen sich vor dem Besucher, Häuserstümpfe mit zwei, drei ausgetretenen Treppenstufen verweisen hartnäckig auf Jahrhunderte der Bewohnung. Mit etwas Phantasie kann man sich auf dem Marktplatz keifende Marktweiber und kecke Stadtbengels oder galante Offiziere und verlegene Hausmädchen im Alltag der Festungsstadt vorstellen. Geblieben sind die Mückenschwärme, deren reichen Bestand die umliegenden Sumpfgebiete sichern helfen, auch wenn der größere Teil davon längst trockengelegt wurde.

Eingesperrt in einem Zimmer im ersten Stock des von einem Graben umgebenen Küstriner Schlosses, einen Steinwurf vom Ufer der Oder entfernt, brauchte Friedrich offenbar einige Zeit, um die Tragweite der Situation zu ermessen – dass nämlich der König nicht etwa einsehen würde, ein gar zu despotischer Vater gewesen zu sein, sondern vielmehr entschlossen war, mit äußerster Härte vorzugehen. Nichts weniger als Todesangst überkam den Achtzehnjährigen, wurde er doch über sein Schicksal völlig im Dunkeln gelassen. Je länger die Einzelhaft dauerte und Friedrich auf sich selbst zurückgeworfen war, desto bewusster wurde ihm der Ernst der Situation und dass er sogar damit rechnen musste, hingerichtet zu werden. Ein charakterlicher Zusammenbruch jedoch kann nicht konstatiert werden, wohl aber ein emotionaler – und der denkbar krasseste Übergang ins Erwachsenenleben, der sich für einen Fürstensohn denken lässt. Unterdessen waren die europäischen Höfe in heller Aufregung angesichts der dramatischen Entwicklungen. Fürstenbriefe appellierten an Friedrich Wilhelm, väterliche Milde walten zu lassen. Aus Wien drang Kaiser Karl VI., dessen Politik am Konflikt keinen geringen Anteil hatte, darauf, »vermöge der zwischen uns beyden fürseyenden so wahr festen und nützlichen Freundschaft« in der »zu Herzen gehenden Sache (...) mein Vorwort bei Euer Liebden dahin einzulegen, damit Euer Liebden in dieser Gnade vor Recht ergehen laßen mögen«.[28] Der Kronprinz bedankte sich später auf das Artigste beim »unüberwindlichsten Kaiser« für diese Fürsprache: Er wolle »lebenslang mich auf das kräftigste befleissigen, Eurer Kaiserlichen Majestät solche aufrichtige und überzeugende Proben meiner schuldigen Ergebenheit und hohen patriotischen Eifers zu geben, daß Dieselben mir so itzt als künftig Dero hochschätzbare Affektion zu entziehen nie Ursach finden werden« [29].

Friedrich rang sich nach anfänglich stolzer und uneinsichtiger Haltung zur völligen Unterwerfung unter den Vater durch – in der Erkenntnis, dass allein so die Angelegenheit noch einigermaßen glimpflich für ihn abgehen konnte. Er gab zu Protokoll, in vollem Umfang unrecht gehandelt zu haben, und bedauerte, dem König solchen Kummer gemacht zu haben. Seine Absichten seien aber nicht krimineller Natur gewesen und auch nicht gegen den König gerichtet: »Er submittiere sich in allem des Königs Willen und Gnade, Se. Majestät möchten es mit ihm machen, wie Sie es gut finden würden, und bäte Dieselbe um Vergebung.«[30]

Die Vergebung ließ auf sich warten, stattdessen zerriss der König das Gnadenersuchen und verlängerte die strenge Haft in kärglicher Umgebung hinter vergitterten Fenstern. Friedrich musste Sträflingskleidung tragen, durfte nur bis zum frühen Abend bei Talglicht in Bibel und Gebetbuch lesen, zum Essen kein Messer benutzen und mit seinen Wärtern nicht sprechen.

Ende Oktober ließ der König im Wappensaal des Köpenicker Schlosses das Kriegsgericht zusammentreten, um über Friedrich und seine Mitverschwörer zu urteilen. Die Angeklagten Friedrich und Katte wurden nach üblicher Praxis anhand eines vorgefertigten Fragenkatalogs vernommen. 185 Fragen, viele davon vom Vater-Ankläger formuliert, wurden Friedrich vorgelegt – und ganz am Ende der langen Liste wurde es besonders heikel: Mit welcher Strafe er rechne? Er unterwerfe sich des Königs Gnade und Willen. Was ein Mensch verdiene, der seine Ehre breche und ein Komplott zur Desertion mache? Er glaube nicht, gegen seine Ehre gehandelt zu haben. Ob er denn Landesherr werden wolle? Er könne sein Richter nicht sein. Ob er sein Leben geschenkt haben wolle? Er unterwerfe sich des Königs Gnade und Willen. Und schließlich: Wolle er auf den Thron verzichten, um sein Leben zu retten? »Sein Leben wäre ihm so lieb nicht, aber Se. Königl. Majestät werden so sehr ungnädig nicht auf ihn werden.«[31]

Die Verhandlung selbst erfolgte im schriftlichen Verfahren. In fünf Rangklassen wurde getrennt beraten und entschieden, sodann erhielt der Vorsitzende eine eigene Stimme. Die Militärs im Köpenicker Schloss erklärten sich in Sachen Kronprinz für nicht zuständig und verurteilten Leutnant Katte zu ewiger Festungshaft. Die Abstimmung war 3:3 zwischen Todesstrafe und Festungshaft ausgegangen, der getroffene Spruch lautete dann nach üblichem Brauch auf das mildere Urteil. Der König drang auf ein härteres Urteil, aber bemerkenswerterweise beharrten die Militärrichter trotz der königlichen Vorwürfe auf ihrem Spruch. Also verschärfte Friedrich Wilhelm das Urteil höchstpersönlich – nach geltender Rechtslage stand das dem Herrscher zu. Dies war ihm erkennbar misslich, aber unabdingbar, und er rechtfertigte sich damit, einem Offizier des ihm unmittelbar unterstellten Regiments Gens d'armes könne man ein solches Vergehen nicht durchgehen lassen, sonst könne der König »auf keinen Officir, noch Diener, die in Amt und Pflicht seien, sich verlassen«[32]. Er müsse im Interesse des Landes und seiner Familie so handeln. Wie ein Hohn klang außerdem vielen über den vermeintlichen Willkürtäter Urteilenden seine Order, Katte vor seiner Hinrichtung mitzuteilen, »daß seiner königlichen Majestät es leid thäte, es wäre aber beßer daß er stürbe, als daß die Justitz aus der Welt käme«[33].

Katte wurde nach Küstrin gebracht und verbrachte seine letzte irdische Nacht mit Briefeschreiben und Gebetsgesängen in den Diensträumen über dem Berliner Tor. Am frühen Morgen des 6. November wurde er unweit von Friedrichs Zellenfenster enthauptet. So befahl es der König. Das immerhin war ein ehrenvoller Tod, mit dem der König der Familie Achtung erwies, denn gemäß geltendem Militärstrafrecht hatte Katte sich der Beihilfe zur Desertion und des Hochverrats schuldig gemacht und wäre danach eigentlich von glühenden Zangen zerrissen und anschließend aufgehängt worden. Katte zeigte sich erstaunlich gefasst, als es ans Sterben ging – von Friedrich ist überliefert, dass er die Hinrichtung nicht mehr, wie vom Vater ebenfalls angeordnet,

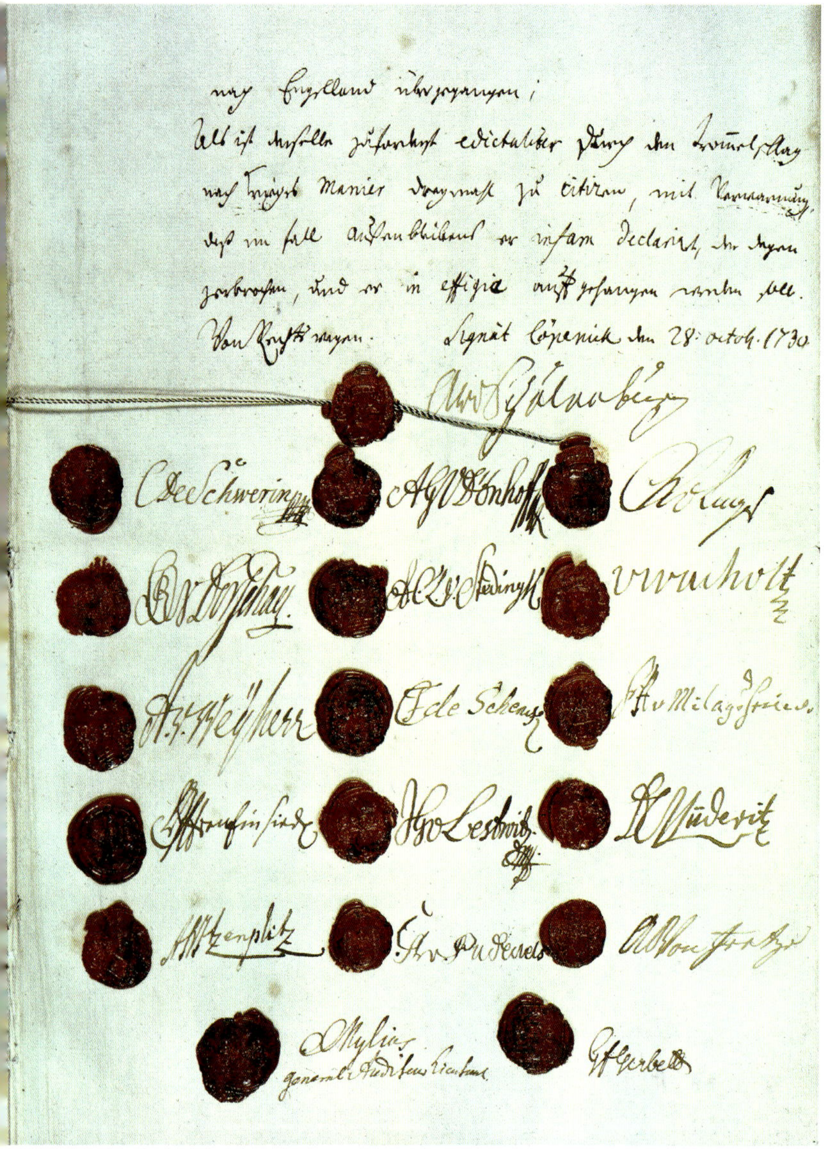

Signat Cöpenick den 28. octob. 1730

Enthauptung statt lebenslange Festungshaft: Auf allerhöchste königliche Intervention besiegelte ein Kriegsgericht in Köpenick das Schicksal des Hans Hermann von Katte. Er wurde nach Küstrin überführt und vor den Augen des untröstlichen Kronprinzen hingerichtet.

mitansehen musste, weil ihn zuvor eine gnädige Ohnmacht ereilte. Die Tragweite seines Handelns war Friedrich drastisch vor Augen geführt worden: Für seine Tat wurde mit dem Tode gebüßt, wenn auch nicht von ihm selbst.

Bedingungslose Unterwerfung

Die bedingungslose Unterwerfung unter den unerbittlichen Vater zog allerdings keine unmittelbare Rehabilitierung nach sich. Zunächst wurde wenigstens die strenge Einzelhaft aufgehoben und er galt wieder als Kronprinz. Immerhin erhielt Friedrich seinen Degen zurück, nicht aber die Offizierswürde. Er durfte von der Festung in ein Haus in der Stadt umziehen, aber Stadt und Festung nicht verlassen. Da er vorerst nicht wieder in die Armee aufgenommen wurde, blieben ihm im täglichen Umgang die sonst üblichen militärischen Ehrerweisungen versagt. Als Zivilist sollte Friedrich stattdessen in der Küstriner Kriegs- und Domänenkammer Wirtschafts- und Verwaltungspraxis lernen, weil, so schrieb der König »an den Kronprinzen von Preußen«, das Wohl des Landes davon abhänge, dass der Landesherr darin seine Sache verstehe. Auf ein oder zwei Jahre solle dies Friedrichs Lebenswelt sein – in der örtlichen Hierarchie weit unter seinem Stand angesiedelt. Den drei Männern, die ihn begleiten und überwachen sollten, erteilte der König peinlich genaue Anweisungen: Friedrich durfte zu keiner Zeit alleingelassen werden, keinen Briefverkehr führen außer mit dem König, kein Französisch sprechen – selbst die Gesprächsthemen waren reglementiert. Bücher und Musik blieben verboten, der präzis vorgegebene Tagesablauf war strikt einzuhalten, auch beim Essen sollte es frugal zugehen. Nun aber erlernte der Kronprinz im kleinen Küstrin auf vergleichbare Art wie ehedem sein Vater in Wusterhausen, was im größeren Maßstab die innere Führung des ganzen Staates ausmachte – nur unter gänzlich anderen Umständen und gezwungenermaßen. Mit dem Klein-Klein wurde er zwar nicht recht warm, die Inhalte jedoch sollten ihm ebenso zugutekommen wie zuvor seinem Vater: Lokalverwaltung, Wirtschaftsführung, Handelsangelegenheiten, Bauwesen, Ackerbaukunde und anderes mehr. Tief versenkte er sich immerhin in ein Projekt über den Oderhandel.

Das erste Wiedersehen von Vater und Sohn fand erst Mitte August 1731 statt – der König kam nach Küstrin, sah den Sohn vor sich auf die Knie fallen, sprach mit gestrengen Worten alle vermeintlichen Missetaten Friedrichs abermals an und stellte ein weiteres Mal klar, dass allein sein, des Königs Wille geschehe. Dann aber vergab er dem Sohn, der weinend dem Vater die Füße küsste, und umarmte ihn, ein weiteres Mal in aller Öffentlichkeit.

In der Folge wuchs Friedrichs Bewegungsspielraum; er durfte jetzt tagsüber Küstrin verlassen und ins Umland fahren, womit der triste Alltag ein wenig farbiger wurde. Die briefliche Bitte Friedrichs zu jener Zeit auf Wiederaufnahme ins Militär muss den Vater jedoch erzürnt haben, denn der Brief wurde zerrissen zu den Akten gelegt: »Machen Sie mich zu was in der Welt Sie wollen, ich werde mit Allem zufrieden und vergnüget sein, wenn es nur Soldat ist. Sein Sie so gnädig und glauben mir, dass es aus purer Inklination ist, und wo Sie mir die Gnade tun, meine Bitte zu erhören, so werden mein allergnädigster Vater sehen, ob es aus dem Herzen, oder nicht, gehet, und wo Sie es nicht also finden, als ich es sage, so strafen Sie mich, wie Sie nur wollen. Woferne ich vor Diesem nicht so Lust dazu gehabt habe, als ich es gesollt, so habe ich sie jetzunder, daher, weil man das Gute niemalen besser erkennet, als wenn man das Übel gehabt hat.«[34]

Diesen Haltungsumschwung nahm ihm der König nicht ab und teilte ihm das auch mit. In der Tat klingen die Zeugnisse aus jener Zeit so unterschiedlich, dass man sich den Reim darauf machen muss, Friedrich habe taktiert und laviert. Besonders augenfällig tritt das zutage, als es um die anstehende Verheiratung des Kronprinzen geht: An einem Tag schreibt Friedrich einen mehr als unterwürfigen Brief an den Vater, wonach er sich in allem fügen wolle, auch bei der Wahl seiner künftigen Frau. Am nächsten Tag wendet er sich erkennbar verzweifelt an den Minister und Vertrauten des Königs, Grumbkow, wohl in der Hoffnung, damit die drohende Zwangsverheiratung noch abwenden zu können. Eine abermals ganz andere Sprache sprechen launige Briefe an Frau von Wreech auf Schloss Tamsel nicht weit von Küstrin, der Friedrich damals in schwärmerischer Verehrung zugetan war. Aus Briefen an seine Schwester Wilhelmine wiederum geht hervor, dass Friedrich um keinen Preis abermals das notorische Misstrauen des Vaters wecken wollte. Die verfahrene Situation nach der vereitelten Flucht ließ nur den einen Ausweg zu, die Gunst des Vaters wiederzugewinnen. Fürstenhöfe waren seit jeher eine Schule des Verstellens und Taktierens, und Friedrich konnte darauf zurückgreifen. Es sollte seine längst vorhandene Abscheu gegen das Hofleben vertiefen.

Als Ende November seine geliebte Schwester heiratete – nicht den englischen Kronprinzen, sondern den Erbprinzen von Bayreuth –, durfte Friedrich erstmals wieder nach Berlin, wo er schließlich wieder in die Armee aufgenommen wurde und ein Infanterieregiment erhielt. Bald darauf ging die Küstriner Zeit Friedrichs zu Ende – erkauft durch die Zustimmung zur Hochzeit mit einer Prinzessin der väterlichen Wahl. Obwohl er hier einige der schlimmsten Momente seines Lebens durchzustehen hatte, obwohl er den darauf folgenden Sühneaufenthalt als »Galeere Küstrin« bezeichnete: Während Friedrich nach dem Tod des Vaters Wusterhausen mied, kehrte er nach Küstrin regelmäßig zurück. Das Schloss allerdings hat er seither nie wieder betreten. Als die Festung im Siebenjährigen Krieg und nach der verlorenen Schlacht von Kunersdorf 1758 von russischen Truppen zerstört wurde, unterstützte Friedrich großzügig den Wiederaufbau. Die Stadt blieb eine wichtige und gut unterhaltene Festung, die 1806 den napoleonischen Truppen gleichwohl kampflos übergeben wurde. Mit den Entwicklungen der Militärtechnik jedoch sank ihre Bedeutung, noch vor dem Ersten Weltkrieg wurde sie zur Entfestung vorgesehen. Mit den Bestimmungen des Versailler Vertrages nach dem Ersten Weltkrieg wurde Küstrin wie viele andere Festungen geschleift, nach und nach schüttete man die Festungsgräben zu und sprengte große Teile der militärischen Anlagen, sodass die Altstadt einen gänzlich anderen Charakter erhielt. Als im klirrend kalten Winter des letzten Kriegsjahres 1945 die Rote Armee heranrückte, sollte die ehemalige Festung noch einmal als Bollwerk dienen. Aber der diesbezügliche Befehl Hitlers war ebenso realitätsfremd wie seine wirren Erwartungen, der alsbald eingekesselten Reichshauptstadt würde noch eine rettende Wehrmachtsdivision zu Hilfe kommen. Mit den Flüchtlingstrecks aus Richtung Osten als Vorboten traf Ende Januar die Rote Armee ein, gegen die Küstrin noch einige Wochen verteidigt werden konnte. Im März schließlich war Küstrin erobert und zerstört. Mit dem malerischen Altstadtleben war es vorbei, nachdem die vorrückende Rote Armee 1945 die noch einmal zur Festung erklärte Stadt in Grund und Boden geschossen hatte. Und weil die Ruinenstadt nunmehr unmittelbar zum neuen Grenzgebiet gehörte, konnte von Wiederaufbau keine Rede sein, vielmehr wurden in den Fünfziger- und Sechzigerjahren die Ruinen abgetragen und Küstrin stellvertretend für das Unheil namens Preußen sprichwörtlich dem Erdboden gleichgemacht.

»Wie segne ich mein Schicksal, wenn ich erst in Rheinsberg bin«

Rheinsberg

Bei Friedrichs viel zitierter Rheinsberger Zeit handelt es sich in einem insgesamt durchaus langen Leben um bescheidene vier Jahre, in denen er zudem häufig abwesend war. Aber es war der lang ersehnte Schritt in die Unabhängigkeit, so weit das zu Lebzeiten des Vaters überhaupt möglich war. Bereits 1737 datierte er den Beginn seines wirklichen Lebens mit dem Jahr zuvor – mit dem Einzug ins ersehnte Domizil von Rheinsberg, nach beschwerlichen bis unerträglichen Kindheits- und Jugendjahren in Berlin, Potsdam und Königs Wusterhausen. Das Städtchen Rheinsberg liegt malerisch in einem waldreichen Seengebiet in der brandenburgischen Prignitz, nicht weit von der Grenze nach Mecklenburg, und das Schloss wird wieder rege besucht, nachdem man zu Zeiten der DDR Diabetiker sein musste, um Zugang zu erhalten. Denn es wurde 1953 in ein Sanatorium umgewandelt, das es bis 1990 blieb, und nach einem verdienten Gewerkschafter »Helmut Lehmann« benannt. Inzwischen wurde es mit viel Aufwand und Sachverstand restauriert. Man begreift sofort, warum Friedrich rückblickend die kurze Zeit, die er hier Hausherr war, als die glücklichste seines Lebens bezeichnet hat. Selbst die zahlreichen Schwalben bestätigen den gesegneten Charakter des Hauses, indem sie seinen Fassaden ihre Nester anvertrauen.

Vor dem Stadtportal des Schlosses steht heute wieder die Statue des Kronprinzen Friedrich, mit der er sich so empfiehlt, wie man ihn sich hier vorstellen darf in den letzten Jahren seiner Kronprinzenzeit: lässige Haltung, das Spielbein entspannt ein wenig nach vorn gesetzt und mit offenem Rock, der einen gewissen Tatendrang vermittelt. Die linke Hand auf einen Baumstumpf gestützt, die rechte forsch und selbstbewusst in die Seite gelegt. 1903 auf bürgerliche Initiative hin aufgestellt, fiel die Statue 1950 dem sozialistischen Bildersturm zum Opfer und wurde nach Potsdam verfrachtet.

Dieser Friedrich der 1730er-Jahre lässt kaum noch den widerspenstigen, todunglücklichen Teenager-Kronprinzen durchscheinen, und den Scheidepunkt hin zum erwachsenen, zielstrebigen, aber auch verantwortungsbewussten König in Ausbildung bildete die Küstriner Haft. In diesen dunkelsten Tagen (und Nächten) hatte er sich dazu durchgerungen, nach der bedingungslosen Unterwerfung die verbleibende Zeit bis zum ersehnten Regierungsantritt im Einvernehmen mit dem Vater zu überstehen. Dadurch errang Friedrich allmählich den väterlichen Respekt – zunächst und mit verhaltenem Erfolg durch seine Arbeit an der Küstriner Kriegs- und Domänenkammer, dann als Offizier seines eigenen Regiments in Nauen und Ruppin. Und so, wie Schritt für Schritt der Groll des Vaters allmählich wachsendem Wohlwollen wich, vergrößerte sich des

Blick über den Grienericksee auf die Kronprinzendatsche Rheinsberg. Der Preis für den eigenen Haushalt weit weg vom Zugriff des Vaters war die Heirat mit einer ungeliebten Prinzessin.

In lässiger Pose nimmt der Kronprinz die vielen Besucher seines kronprinzlichen Domizils in Empfang.

Sohnes Spielraum in der eigenen Lebensgestaltung. Auf die »Galeere Küstrin« brachte ihn die vereitelte Desertion vor dem despotischen Vater, ins heitere Rheinsberg schaffte er es mittels devoter Unterwerfung unter den väterlichen Willen.

Die Zwangshochzeit

Die Krönung dieser Unterwerfung, das sahen König und Kronprinz gleichermaßen so, stellte die Hochzeit mit einer Prinzessin dar, die der König für Friedrich ausgesucht hatte. Nachdem verschiedene Kandidatinnen erwogen und begutachtet worden waren, fiel die Wahl des Königs auf die vom Kaiserhaus in Wien bevorzugte Kandidatin Elisabeth Christine von Braunschweig-Bevern, eine Nichte der Kaiserin. Friedrich wand sich abwehrend, zumal er von der ihm nicht bekannten Prinzessin wenig Gutes gehört hatte, gab jedoch dem Vater gegenüber den folgsamen Sohn. Die väterliche Absicht, ihn zu verheiraten, setzte im Kronprinzen aber noch einmal einiges Aufbäumerische frei – nun allerdings nicht mehr dem König gegenüber, aber anderen teilte er seine Verzweiflung mit. In die Hochzeit fügte er sich gleichwohl, schon weil nur damit die Genehmigung des Vaters zu erreichen war, endlich mit eigenem Hausstand sein eigener Herr zu werden. An seines Vaters Minister Grumbkow, der noch am ehesten das Kommende hätte verhindern können, hätte er nicht aus Wien Geld für gewogene Dienste bezogen, schrieb er hingegen: »Was die Prinzessin von Bevern betrifft, so kann man auf eins rechnen: Wenn ich gezwungen werde, sie zu heiraten, werde ich sie verstoßen, sobald ich der Herr bin. (…) Ich will keine Gans zur Frau haben.« Zwar kündigte er an, gegen alle Neigung dem Vater willfahren zu wollen, setzte aber hinzu:

> »Ich bedaure diese arme Person, denn damit wird eine unglückliche Prinzessin mehr in der Welt sein.«[35]

In zahlreichen Briefen verlieh er seiner Verzweiflung Ausdruck. Abermals Grumbkow erhält zu lesen: »Ich bin unglücklich gewesen mein ganzes Leben lang und ich glaube, es ist mein Verhängniß, unglücklich zu bleiben. (…) Ich habe genug ausgestanden für ein Verbrechen, das nichts als eine Verirrung war, und ich will mich nicht verwetten, mein Leid bis in alle Zukunft auszudehnen; ich habe noch Mittel, und ein Pistolenschuß kann mich befreien von meinem Leid und von meinem Leben, und ich glaube, daß der liebe Gott mich deshalb nicht verdammen und aus Erbarmen mir statt des elenden Lebens das ewige Heil geben würde.«[36] Hier vermischen sich wohl tiefe Verzweiflung im Wissen, dass er wird gehorchen müssen, mit einiger Überheblichkeit und Selbstgerechtigkeit sowie einem Zipfel letzter Hoffnung, Grumbkow als engster Vertrauter des Vaters könnte noch etwas richten. Der aber lässt sogleich wissen, dass er sich diesbezüglich nicht verwenden werde – die finanziellen Zuwendungen aus Wien waren Friedrich nicht bekannt, sonst hätte er sich solche Briefe vermutlich rundheraus verkniffen.

Und so kam es knapp zwei Wochen nach Friedrichs Rückkehr nach Berlin 1732 zur Verlobung mit Elisabeth Christine. Minister Grumbkow erhielt darob aus Wien eine Einmalzulage von 40000 Gulden – und weitere Briefe des Kronprinzen, der sich nur mit Mühe abfinden wollte: »Man will mich verliebt machen mit Stockschlägen; da ich aber nicht das Naturell der Esel habe, so fürchte ich, daß man nicht erfolgreich sein wird. Mein Gott, man soll sich doch ein klein wenig daran erinnern, daß mir diese Ehe nolens volens vorgeschlagen worden ist und daß die Freiheit der Kaufpreis war. Ich will nicht hoffen, daß sich der König, wenn ich erst verheiratet bin, in meine Sachen einmischt. Die Ehe macht mündig; sobald ich es werde, bin ich Souverän in meinem Hause, und meine Frau hat nichts zu sagen. (…) Bin ich denn aus dem Holze, aus dem man die guten Ehemänner schnitzt? Ich liebe das schöne Geschlecht, aber meine Liebe ist sehr flatterhaft; ich bin für den Genuß, daher verachte ich sie. Ich werde mein Wort halten, ich werde mich verheiraten, aber dann ist es genug: Bon jour, Madame, et bon chemin.«[37]

Mit dem eigenen Haus dauerte es noch eine Weile, und Friedrich wohnte zunächst ohne seine junge Frau in Ruppin, wo sein Regiment stand. Damals konnte das kleine Städtchen seine beiden größten Söhne Friedrich Carl Schinkel und Theodor Fontane noch nicht feiern; heute liegt zwischen Caffè Latte mit Brownies und Wurstgulasch mit Spirelli nur ein Steinwurf. Der Kronprinz residierte vergleichsweise bescheiden in einem Bürgerhaus unweit der Stadtmauer und unternahm erste entschiedene Schritte in die beiden Richtungen, für die er bis heute berühmt ist: als engagierter Offizier, der sein Goltz'sches Regiment schon wegen des soldatenseligen Vaters zu einer Vorzeigetruppe machen wollte, sowie als Bauherr, wenn auch noch überaus bescheiden: Er gestaltete einen kleinen Park auf dem Festungswall der Stadt, nur einen kurzen Gang von seiner Wohnung entfernt, ließ seinen Freund und späteren Architekten Knobelsdorff einen kleinen Gartenpavillon in Tempelform errichten und versammelte dort im Zeichen Apollos zum ersten Mal zwanglose Freundesrunden, wie später in Rheinsberg und noch später in Sanssouci. Je näher aber der Umzug nach Rheinsberg rückte, desto ungeduldiger wurde Friedrich, wie er seiner Lieblingsschwester Wilhelmine schrieb: »(…) wie segne ich mein Schicksal, wenn ich erst in Rheinsberg bin, wenn ich mein eigener Herr und zufrieden sein kann, weitab von einem Orte, wo nur Undank, Hochmut und Roheit herrschen!«[38]

Ende 1733 hatte König Friedrich Wilhelm I. von der hugenottischen Adelsfamilie de Beville die Herrschaft Rheinsberg erworben, einige Meilen nördlich von Ruppin gelegen. Die Stadt mit rund 100 Häusern war zuvor über Jahrhunderte in Besitz verschiedener brandenburgischer Adelsfamilien gewesen, darunter die in der Mark Brandenburg unvermeidlichen Bredows. Als das Schloss für den Kronprinzen hergerichtet wurde, war vom Erstgebäude wenig mehr als der mittelalterliche Burgfried erhalten, der den Namen Klingenturm trug, vermutlich, weil einst von ihm aus die Bredow'sche Obrigkeit mittels Schlaguhr den Stadtbewohnern den Beginn des Tagewerks oder das Ende der Marktzeit angezeigt hatte. Es lag auf einer rechteckigen Insel am Nordufer des Grienericksees.

Heute gehören zum Ensemble außer dem Schloss selbst noch Marstall und Manege, Kavalierhaus und das wiedererrichtete Schlosstheater sowie ein ausgedehnter Park, der sich um die Südspitze des Sees weit herumzieht. Die alte Burg war Mitte des 16. Jahrhunderts von einem Brand heimgesucht und von den Bredows durch einen L-förmigen Renaissancebau ersetzt worden. Diesen nun ließ Friedrich Wilhelm I. von dem Architekten Kemmeter, allerdings unter Vorgabe strenger Sparsamkeit, wie sich denken lässt, zu einer zweiflügeligen Anlage erweitern.

Als Friedrichs Baumeister Knobelsdorff von einer Bildungsreise nach Italien zurückkehrte, konnte er außen nur noch wenig, im Inneren aber umso emsiger tätig werden. Zum Seeufer hin trat zum alten, dem Zeitgeschmack gemäß umgestalteten Burgfried ein neuer, gleich aussehender, beide verbunden durch eine elegante Kolonnade aus zwei Reihen ionischer Säulen. Dahinter erstrecken sich Nord- und Südflügel, verbunden vom Corps de Logis, sodass ein an drei Seiten umschlossener Ehrenhof entstand, der durch die Kolonnaden den Blick zum Wasser freigibt. Von der Stadt kommend, grüßen den Besucher vier Statuen über dem Durchgang zum Hof, Allegorien von Rhetorik und Musik, Bildhauerei und Malerei. Im Südteil des Corps de Logis und im Klingenbergflügel lagen die Wohnungen des Kronprinzen und der Kronprinzessin.

Den schönsten Anblick bietet Schloss Rheinsberg vom anderen Ufer des Sees, da wo Friedrichs Bruder und nächster Schlossherr Heinrich 1791 einen großen Obelisken errichten ließ. Den

Viel länger als Friedrich lebte sein Bruder Heinrich in Rheinsberg. Er ließ einen Obelisken erinnern – im Gedenken an jene Offiziere des Siebenjährigen Krieges, die der König nach Auffassung seines Bruders nicht genügend würdigte. Darunter war der zweitälteste der Brüder, August Wilhelm.

widmete er seinem Bruder August Wilhelm sowie 28 weiteren Feldherren, die sich nach seinem Urteil im Siebenjährigen Krieg verdient gemacht hatten, aber zu wenig gewürdigt worden waren. Friedrich selbst wird darauf nicht erwähnt. Steht man am Zaun des Denkmals, dessen schmiedeiserne Pfosten mit antiken Feldherrnhelmen bekränzt sind, oder sitzt man bei gutem Wetter neben vergnügten Picknickern und Hobbymalern auf den terrassenförmig angelegten Rasenstücken, schaut man übers Wasser auf den Barockgarten und das anmutige Schloss.

Umzug ins Kronprinzendomizil

Im Sommer 1736 bezog Friedrich endlich sein ersehntes Refugium und schrieb beseelt an Schwester Wilhelmine in Bayreuth: »(…) Nun bin ich auf meinem Landsitz und genieße die ländlichen Freuden mit vollen Zügen. Ich führe hier ein ebenso behagliches, aber geregelteres Leben wie unsere Urväter im Paradies.«[39] In Rheinsberg konnte Friedrich, bei allen militärischen und politischen Verpflichtungen, seine Tage erstmals so gestalten, wie er es wünschte, führte einen eigenen Haushalt, verfügte über ein eigenes Einkommen und war, vor allem, der väterlichen Aufsicht weit entzogen. In unterwürfigen Briefen an den Vater sah sich Friedrich zwar weiterhin bemüßigt, sich als vorbildlichen Kronprinzen zu empfehlen. Seiner Schwester in Bayreuth dagegen beschrieb er sein Rheinsberger Leben wahrheitsgetreuer: »Wir haben hier ziemlich zahlreiche Gesellschaft. Wenn wir alle beisammen sind, besteht unsere Tafel gewöhnlich aus zwei- bis vierundzwanzig Gedecken. (…) Wir unterhalten uns mit Nichtigkeiten und kümmern uns nicht um Dinge, die einem das Leben verleiden und die Freuden verekeln. Wir spielen Tragödie und Komödie, haben Bälle, Maskenfeste und Musik jeder Art. Soviel von unseren Vergnügungen. Dabei geht die Philosophie stets ihren Gang; ist sie doch die sicherste Quelle unseres Glückes.«[40]

Friedrich scharte Freunde um sich, ließ sie im zwanglosen, geistvollen, aber entspannten Miteinander an seiner Freude über die endlich erlangte Fast-Unabhängigkeit teilhaben und gab diesem Rokokotreiben im Geist der Zeit den romantischen Rahmen eines eigenen, des Bayard-Ordens. In Rheinsberg feierte man im anmutigen Spiegelsaal des Schlosses, der zur Stadt und zum

Der Spiegelsaal von Schloss Rheinsberg war ein Ort zugleich heiterer und kultivierter Zerstreuung. In seinem Kronprinzendomizil versammelte Friedrich eine kleine, exklusive Freundesrunde um sich und gab den liebenswürdigen Gastgeber.

Park hin hohe Fenster hatte und festlich ausgestaltet war, oder im französisch angelegten Park, des Abends musizierte man gemeinsam. Oder man unternahm Bootstouren zur nahe gelegenen Remusinsel, die ihren Namen von einer hübschen, wenn auch haltlosen Sage erhielt, derzufolge der Bruder des Romgründers Romulus einst hierher geflohen war. Friedrich glänzte als charmanter Gastgeber, der die Freunde als Seinesgleichen um sich wollte. Unter den Gefährten dieser glücklichen Jahre in Rheinsberg waren Militärs, die sich aber nicht durch ihren Beruf, sondern durch Kultur und Bildung empfahlen, darunter vor allem der »Caesarion« genannte Keyserlingk, sodann neben weiteren vor allem der Maler Antoine Pesne, der Architekt Knobelsdorff, der Violinist Benda, der Komponist Graun, der Flötenlehrer Quantz, die Literaten von Stille und de la Motte Fouqué sowie der Hugenotte Charles Ètienne Jordan, der Friedrichs Korrespondenz und Schriften bearbeitete und sein Französisch vervollkommnen sollte. Hinzu kamen die Hofdamen der Kronprinzessin und einige andere Damen sowie Übergangsbesucher, darunter auch Gesandte auswärtiger Mächte, die nach Hause berichteten, was den künftigen König so umzutreiben schien. Man mag sich vorstellen, dass von solch kultivierter Runde viel geistige Anregung zu beziehen war.

Neben den baulichen Veränderungen am Schloss, die Knobelsdorff ausführte, kümmerte sich Friedrich auch um die Landschaftsgestaltung, worüber er sich mit der ebenfalls damit befassten Wilhelmine austauschen konnte:

»Ich lasse jetzt einen Platz zum Garten herrichten, und das ist keine Kleinigkeit. Wenn ich einen tüchtigen Gartenbaumeister finde, werde ich ihn dir schicken. Das Landleben sagt mir tausendmal mehr zu als das Stadt- und Hofleben. Es ist natürlicher, behaglicher, ehrlicher und ungezwungener.

»Wahrhaftig, es hat keinen Sinn, um eines Titels willen zu bluten, wo das Leben zu kurz ist!«[41]

Es war wohl aber viel Koketterie dabei, wenn Friedrich das Rheinsberger Landleben dem Königsgeschäft vorzuziehen schien, und seine Studien hatten keineswegs nur philosophische und wissenschaftliche Themen zum Inhalt. Denn der König war ein kranker Mann, und schon 1734 hatte alles darauf hingedeutet, dass er nicht mehr lange leben würde. Mit Feuereifer hatte Friedrich damals detaillierte Pläne entworfen, welche Schritte er sogleich nach der Thronbesteigung unternehmen würde. Als jedoch Friedrich Wilhelm unversehens wieder gesundete, war Friedrich sichtlich enttäuscht, in seine Warteposition zurückkehren zu müssen, genoss und nutzte gleichzeitig aber die heitere Zeit in seinem Schlösschen Ohnesorg, wie er damals Rheinsberg bezeichnete: als Sanssouci. Seither bereitete sich Friedrich sehr konkret auf sein künftiges Amt vor, zumal ihm klar geworden war, wie viel zu lernen er bisher versäumt hatte, was er seinem früheren Lehrer Duhan de Jandun 1737 verslich mitteilte:

»(…) Sind wir den Sinnenreizen hingegeben,
Umsonst ist alles Mühen, alles Streben.
Da ich in solchen Freuden mich gefiel,
War ich der blinden Leidenschaften Spiel.
Des Lebens Sommer kam, ernst ward mein Sinn,
Minerven wählte ich zur Führerin.
Doch selten ist's, daß Weisheit da gedeiht,
Wo wild sich tummeln wirrer Lärm und Streit.
Ist es auch spät, in stillem Friedenshort,
Geborgen, lausch' ich nun der Weisheit Wort (…)«[42]

Kronprinzlicher Autodidakt

Friedrich war also keineswegs zum hedonistischen Partylöwen geworden – vielmehr widmete er sich höchst intensiv der umfassenden Vorbereitung auf sein künftiges Amt: der Lektüre philosophischer, literarischer, historischer und wissenschaftlicher Werke, der Korrespondenz, nicht zuletzt mit dem verehrten Philosophen Voltaire, die bald nach dem Bezug von Rheinsberg ihren Anfang nahm, sowie mit dem Schreiben eigener Werke. Darunter sticht der berühmte *Antimacchiavell* hervor, der sich moralisch argumentierend gegen die noch berühmtere Schrift *Il Principe* des Italieners Macchiavelli richtete, eine Apologetik unumschränkter, absoluter Fürstenmacht. Aber auch seine *Betrachtungen über die gegenwärtige Lage Europas*, in denen er Historisches und Gegenwärtiges einander gegenüberstellt, aus dem Vergangenen Schlüsse fürs Gegenwärtige zu treffen versucht und Grundlinien preußischer Geschichte und Politik nachspürt, entstanden im runden Turmzimmer von Schloss Rheinsberg. Und schließlich war Friedrich weiterhin mit Pflichteifer bei der Arbeit mit seinem Regiment und begleitete als Königslehrling seinen Vater auf Inspektionsreisen durchs Land. So finden sich in mehrlei Hinsicht Grundlagen der späteren Königspolitik am nur vordergründig leichtfüßigen Musenhof von Rheinsberg.

Was unter all diesen Beschäftigungen litt, war aber wohl weniger das Rheinsberger Vergnügen als der Schlaf. Denn einen möglichst großen Teil auch der üblichen Schlafenszeit verbrachte Friedrich in seinem Turmzimmer im ersten Stock des Klingenbergturms, dessen runde Form stilgebend wurde auch für die Studierzimmer in Schloss Sanssouci und im Berliner Schloss. Umgeben von seinen Büchern – wohl überwiegend neu angeschafft, weil nach dem Fluchtversuch der wutentbrannte Vater die kronprinzliche Bibliothek hatte veräußern lassen – verbrachte Friedrich hier an seinem Schreibtisch mit schräger Arbeitsplatte, über dem das Deckengemälde von Pesne »Minerva als Beschützerin von Kunst und Wissenschaft« das mußevolle Studium preist: Ein Genius mit Stundenglas reicht der Minerva ein Buch, das die Namen Horaz und Voltaire trägt, ein weiterer entfernt sich aus dem Bild, in der Hand ein Schwert. Beim Aufblicken von Papier und Buchstaben schaute der künftige König auf den Park, über den See und den Boberowwald – wenn nicht alles längst im Nachtdunkel versunken war. Alles in allem entsprachen die Jahre hier also durchaus dem Motto, das Friedrich über dem Schlossportal anbringen ließ:

Friderico tranquillitatem colenti –
Dem Friedrich, der hier der Muße frönt.

Wobei Muße in einem Sinn verstanden werden muss, der auch die zeitintensive Vorbereitung auf das künftige Amt einbezieht.

Mit dem Zustand der Ehe hat sich Friedrich, wenngleich notgedrungen, für diese Rheinsberger Jahre durchaus erfolgreich arrangiert, mögen auch die Meinungen auseinandergehen, ob die Ehe je fleischlich vollzogen wurde. Dafür spricht,

Elisabeth Christine von Braunschweig-Bevern wusste, dass Friedrich sie nicht hatte heiraten wollen. In Rheinsberg genoss sie aber noch das Privileg, an der Seite des bewunderten Mannes leben zu dürfen. Gemälde von Antoine Pesne.

dass Friedrich ungeachtet der Zu- oder Abneigung sich der Bedeutung eines Nachkommen und künftigen Thronfolgers bewusst war. Ein solcher blieb jedoch aus. Durchaus aber entsprach das gemeinsame Leben auch Elisabeths Vorstellungen, und die beiden nebeneinander ausgesprochen harmonisch wirkenden Porträts des Kronprinzenpaars vom preußischen Hofmaler Antoine Pesne aus dem Jahr 1738, die noch heute in Rheinsberg zu sehen sind, sind wohl keine bloße Schönfärberei. Angesichts der heiteren Zeit konnte sie sich in Rheinsberg durchaus der Hoffnung hingeben, es würde eine gute Ehe werden, auch wenn aus dem Kronprinzen der König von Preußen geworden war.

Einstweilen hatte Friedrich auch allen Grund, sich zu überwinden und Elisabeth Christine gut zu behandeln: Zum einen stand seine Gattin unter dem fürsorglichen Schutz des Schwieger-

Friedrich als Kronprinz und Hausherr von Schloss Rheinsberg. Gemälde von Antoine Pesne.

vaters, der Friedrich mit Sicherheit scharf verwarnt, wenn nicht gemaßregelt hätte, wären ihm Klagen der Kronprinzessin zu Gehör gekommen. Des Weiteren lebte Friedrich auch vom Geld seiner Frau – zwar war der Vater nunmehr etwas großzügiger und die Rheinsberger Besitzungen warfen ebenfalls Geld ab. Nur reichte das bei Weitem nicht, um seine Vorstellungen für die Gestaltung von Rheinsberg und den erwünschten Lebensstil zu finanzieren. Schon den Kaufpreis des Besitzes hatte Friedrich Wilhelm I. zu einem Drittel aus der Mitgift der »Bevern'schen« bestritten, wie Friedrich sie abfällig genannt hatte. Nebenbei war sich Friedrich auch nicht zu schade, das Geld auswärtiger Mächte anzunehmen, insbesondere Österreichs, das sich den künftigen König damit warmhalten wollte.

Ergänzt und verändert wurde Rheinsberg über die gesamte Zeit, die Friedrich hier wohnte, allerdings je nach den ihm zur Verfügung stehenden Geldmitteln. Geld war stets knapp, aber zu Zeiten müssen die angeregten Gespräche, heiteren Gesellschaften und stillen Studien von Arbeiten im und um das Schloss durchaus beeinträchtigt worden sein. 1740 erst vollendete Pesne das Deckengemälde »Der Tag vertreibt die Finsternis« des Spiegelsaals im Obergeschoss des Nordflügels. Es zeigt den frühen Morgen, im Zentrum die Venus als Morgenstern, der dem Sonnenaufgang vorausgeht – eine passende Allegorie für den Regierungsantritt Friedrichs, der eben 1740 erfolgte, nachdem im Frühling sein Vater in Potsdam starb.

Damit endete denn auch Friedrichs Rheinsberger Zeit, und als nur Wochen vor dem Tod des Soldatenkönigs, am 17. April 1740 nachmittags um drei, die Stadt bis auf Schloss, Pfarrkirche und 19 Bürgerhäuser abbrannte, muss das Unheil manchem Stadtbewohner rückblickend als symbolisch erschienen sein. Denn dass Friedrichs Weggang sich wirtschaftlich negativ auswirken musste, lag auf der Hand. Friedrich zeigte sich angesichts des Unglücks aber großzügig und ließ die Stadt nach Plänen Knobelsdorffs größer, moderner und gegen neuerliches Feuer besser gewappnet wieder aufbauen. Friedrich konnte die Wiederaufbauarbeiten noch in Augenschein nehmen, aber 1746 kam er zum letzten Mal nach Rheinsberg, unter anderem, um die Überführung seiner Bibliothek in sein neues, Potsdamer Sanssouci in die Wege zu leiten.

Rheinsberg nach Friedrich

Die zahlreichen Besucher des Schlosses bekommen heute nur noch wenig Originales aus der Zeit des Kronprinzenpaares Friedrich und Elisabeth Christine zu sehen, wenn auch vieles in den 1990er-Jahren wieder freigelegt werden konnte. Allerdings machten dem nicht erst medizinische Apparaturen, gekachelte Untersuchungszimmer und triste Speisesäle der DDR-Zeit den Garaus, sondern bereits zu Lebzeiten Friedrichs sein Nachfolger als Hausherr, Prinz Heinrich. Er ließ im ganzen Schloss nur fünf Räume unverändert. Auch Heinrich musste heiraten, um einen eigenen Hausstand gründen zu dürfen, mochte Friedrich seine Kronprinzenbleibe auch schon vorher an den Bruder weitergegeben haben. Friedrich hatte ihn 1752 mit der hübschen Wilhelmine von Hessen-Kassel verheiratet, was für

Friedrich mit seinen drei Brüdern: Ferdinand, der jüngste, deutet auf den künftigen König, neben ihm der spätere Kronprinz August Wilhelm, der jung starb – er war der Vater von Friedrich Wilhelm II., Friedrichs Nachfolger. Ganz rechts Prinz Wilhelm, der Schloss Rheinsberg von Friedrich übernahm.

den Bruder kaum weniger einer Zwangsheirat entsprach als für Friedrich die eigene Hochzeit, und in der Behandlung ihrer Frauen unterschieden sich die Brüder nur unwesentlich. Wilhelmine wurde später, wegen eines Techtelmechtels, das Heinrich als willkommener Vorwand diente, gar ganz aus Rheinsberg verbannt.

Von den zahlreichen Gemälden im Schloss mag man beim Anblick eines Bildes in Heinrichs Bildergalerie nachdenklich werden und sinnieren, wie sich das Verhältnis Friedrichs und seiner vielen Geschwister darstellte: »Kämpfende Kinder« von Bartolomé Esteban Murillo. Sind Geschwister zahlreich, so pflegen sich Altersgruppen zu bilden, und dies war im Falle der Kinder des Soldatenkönigs umso mehr der Fall, als Jahrzehnte zwischen den Geburten lagen. Heinrich war vierzehn Jahre jünger als Friedrich, und als der Vater 1740 starb und Heinrich gerade einmal vierzehn Jahre alt, war der neue König für dessen weitere Erziehung ebenso verantwortlich wie für die der anderen jüngeren Geschwister. Er kümmerte sich darum mit Engagement und auch Liebe, aber er nahm seine Rolle als Familienoberhaupt ausgesprochen ernst, nicht selten zum Missvergnügen seiner Geschwister, die ihm gehorchen mussten.

Der Eindruck entsteht, Friedrich habe die jüngeren, vom väterlichen Despotismus weniger gequälten Geschwister ein wenig nachfühlen lassen, was er sozusagen stellvertretend erlitten hatte. Das hatte vor allem Heinrich zu erdulden, der dem älteren Bruder intellektuell mindestens ebenbürtig war, aber zu einer bescheidenen Nebenrolle verdammt war, sowie August Wilhelm, der nach 1740 zur Nummer eins der Thronfolge aufstieg. Beide Brüder waren wichtige Feldherren, Heinrich der glücklichere, August Wilhelm mit weniger Fortüne gesegnet. Als Letzterer sich nach einer verlorenen Schlacht des Siebenjährigen Krieges vor versammelter Militärführung von Friedrich wegen mangelnder Befähigung und schwerer Fehlentscheidungen zusammenstauchen lassen musste, zog er sich tief getroffen in sein Schloss Oranienburg zurück und starb bald darauf. Nicht nur die Familie, vor allem aber Heinrich machte Friedrich für den Tod des Thronfolgers verantwortlich. Heinrich hingegen überlebte Friedrich um fast zwei Jahrzehnte. Wenn er seiner bedurfte, bediente sich der König der guten Kontakte, der Wertschätzung, die ihm die Fürstenhäuser europaweit entgegenbrachten und der großen diplomatischen Fertigkeiten Heinrichs, achtete aber eifersüchtig darauf, ihm nicht zu viel politischen Einfluss zuzugestehen. Zweimal verhinderte er überdies, dass Heinrich polnischer König wurde, weil es der preußischen Staatsräson zuwiderlief.

Auch für Heinrich wurde Rheinsberg die geliebte Zuflucht, und da er nicht nur vier Jahre, sondern fast fünf Jahrzehnte am Grienericksee verbrachte, prägte er Schloss und Park ungleich mehr, als Friedrich das vermocht hatte. Auch war die wirtschaftliche und kulturelle Blüte zu seiner Zeit nachhaltiger, zumal Heinrich sich ebenfalls um Ausbau und Verschönerung der Stadt kümmerte. Im Schloss selbst gestaltete er die Innenräume um, weshalb unter anderem die Wohnungen des Kronprinzenpaars nicht erhalten sind, fügte Pavillons an und erweiterte den Park zu einem Landschaftspark. Dieses frühe Beispiel für einen Park nach englischem Vorbild kann man heute bewundern, ebenso Heinrichs Sommerwohnung, die die Natur förmlich ins Schlossinnere holt, seine Bibliothek, seinen Muschelsaal sowie Gästewohnungen unter anderem für die Familie oder befreundete französische Revolutionsflüchtlinge. Zu Heinrichs Architekten zählt Carl Gotthard Langhans, der Schöpfer des Brandenburger Tors in Berlin, und mit der Heinrich-Zeit vollzog sich in Rheinsberg der Übergang vom friderizianischen Rokoko zum Frühklassizismus. Von ehedem zahlreichen Objekten im weitläufigen Park, den Heinrich besonders liebte, sind noch einige erhalten, darunter der erwähnte große Obelisk, andere im Wiedererstehen begriffen. Neben verspielten Anlaufpunkten wie dem Naturtheater und künstlichen Grotten birgt der Park auch Heinrichs Mausoleum, eine abgebrochene Pyramide, in der er sich begraben ließ. Und doch ist bis heute Friedrichs kurze Rheinsberger Kronprinzenzeit bekannter als Heinrichs halbes Jahrhundert dort, das Schloss, Park und Städtchen so viel mehr geprägt hat.

Nach Heinrichs Tod 1802 ging das Schloss auf den jüngsten Bruder Ferdinand und sodann auf dessen Sohn August über, seit Mitte des 19. Jahrhunderts kamen aber nur noch selten Mitglieder der königlichen Familie nach Rheinsberg. Mit Fontanes Würdigung in seinen *Wanderungen durch die Mark Brandenburg* traten Ort und Schloss wieder ins Bewusstsein, und eine Eisenbahnlinie beförderte seit 1899 den Fremdenverkehr, der schließlich auch Kurt Tucholsky nach Rheinsberg brachte. Dessen 1912 erschienenes *Bilderbuch für Verliebte* machte Rheinsberg populär und lockte abermals mehr Besucher an. Den Zweiten Weltkrieg überstand das Schloss weitgehend unbeschädigt, und selbst die Zweckentfremdung als Sanatorium bot einen gewissen Schutz – vermutlich wäre das Schloss ansonsten schlechter aus der DDR-Zeit hervorgegangen.

Mit Friedrich und Heinrich haben zwei Gartenliebhaber den Park von Rheinsberg geprägt. Heutigen Besuchern bringen Schloss und Anwesen beide Persönlichkeiten nahe.

»Ein Werk der Eitelkeit erwies sich in der Folge als ein Meisterwerk der Politik«

Königsberg

Nicht alles hat ausgedient: Ein Königsberger Gullydeckel aus deutscher Zeit im heute russischen Kaliningrad.

Ein Stück Königsberg, ein Stück Kaliningrad: Blick auf den einstigen Stadtteil Kneiphof. Der inzwischen restaurierte Dom steht im Grünen – früher war die Insel im Pregel eng bebaut. Dahinter die sozialistischen Plattenbauten, die die Innenstadt da prägen, wo sie nicht leer wirkt.

Ein Spaziergang durch das Zentrum von Kaliningrad nötigt unweigerlich zur Überlegung, wo in dieser so unverkennbar russischen Stadt sowjetischer Bauart sich die früheren preußischen und deutschen Zeiten denn überhaupt noch zu erkennen geben. Natürlich gibt es den stolzen Dom, der seit einigen Jahren auch wieder ein Dach hat, es gibt die alte Börse und diverse Stadttore, außerdem ein paar Denkmäler, die den Kaliningradern, die ihre Stadt auch liebevoll Kjonig nennen, als Hintergrundmotiv für Hochzeitsfotos dienen. Aber während ehemals deutsche Städte in Polen, allen voran Breslau, durch den vorbildhaften Wiederaufbau architektonisch zur historischen Stadtsubstanz zurückkehrten, mögen sie deren Geschichte auch erst in jüngerer Zeit in Gänze und entideologisiert beikommen, ging die Sowjetunion an ihrem nunmehr nordwestlichsten Stückchen rabiat vor. An den Trümmern der infolge britischer Phosphorbomben 1944 niedergebrannten Innenstadt setzte man den ideologischen Radiergummi an und wollte Neues schaffen, also eine moderne Siedlung nach den Vorgaben des sozialistischen Städtebaus. Das gelang nicht recht, weshalb die Stadt in ihrer Mitte wie eine hässlich vernarbte Wunde aussieht, auch ohne das Wissen, was hier einst gewesen. Großspurige Projekte wie der Sowjetpalast, der sich triumphierend an der Stelle des alten Schlosses erheben sollte, blieben unvollendete Betonruinen. Steht man auf einem großen Prospekt der Kaliningrader Innenstadt und lässt den Blick schweifen, schaut man auf sehr viel leere Fläche zwischen sozialistisch-tristen Plattenbauten – da wo früher einmal die stolze Stadt Königsberg war. Man muss kein Sehnsuchtstourist mit ostpreußischen Wurzeln sein, um wehmütig an Vorkriegsfotos zu denken, die sich nur an wenigen Stellen im Stadtzentrum zur Orientierung vor Ort in das Heutige einpassen lassen. Da hilft es wenig, wenn der Blick schließlich nach unten geht und man feststellt, dass man gerade auf einem Kanaldeckel aus deutscher Zeit steht, der noch den Schriftzug »Königsberg i. Pr.« trägt. Die Stadt darüber ist unverkennbar eine andere.

Vor rund zwei Jahrhunderten schrieb der bekannteste Einheimische über die vormalige Stadt am selben Ort: »Eine große Stadt, der Mittelpunkt eines Reiches, in welchem sich die Landeskollegien desselben befinden, die eine Universität zur Kultur der Wissenschaften und dabei noch die Lage zum Seehandel hat, welche durch Flüsse aus dem Innern des Landes sowohl mit angrenzenden als auch entlegenen Ländern von verschiedenen Sprachen und Sitten einen Verkehr begünstigt – eine solche Stadt wie etwa Königsberg am Pregelflusse, kann schon für einen schicklichen Platz zur Erweiterung sowohl der Menschenkenntnis als auch der Weltkenntnis genommen werden, wo diese, auch ohne zu reisen, erworben werden kann.«[43] Dies schrieb Immanuel Kant, und man möchte dem großen und scharfen Geist nicht unterstellen, er sei vor lauter Zuneigung zu seiner Geburtsstadt und Hauptwirkungsstätte in seiner Beschreibung ein wenig übers Ziel hinausgeschossen. Und doch: Mittelpunkt eines Reiches? Schicklicher Platz zur Erweiterung der Weltkenntnis?

Für Letzteres ist der Philosoph Kant selbst der beste Beweis, denn er kam aus Königsberg und der näheren Umgebung zeitlebens nicht mehr als ein paar preußische Meilen heraus. Allzusehr geschadet hat es nicht, sonst gälte er heute nicht als einer der bedeutendsten Philosophen überhaupt, dessen Hauptwerk von 1781, *Kritik der reinen Vernunft*, als Wendepunkt in der Philosophiegeschichte angesehen wird. Eine andere Königsbergerin, Hannah Arendt, schrieb über Kant, so einen Philosophen habe es seit Sokrates nicht mehr gegeben, und mehr als lauen Widerspruch durfte sie dafür nicht ernten. Und Ersteres? Welches Reiches Mittelpunkt war Königsberg? Es war der Ort, an dem die Geschichte des preußischen Königtums begann, als 1701 Friedrichs Großvater sich hier die Königskrone aufsetzte. Der Name der Stadt geht aber nicht erst auf dieses Ereignis von 1701 zurück, sondern ist sehr viel älter.

Der Deutsche Orden

Als die Hohenzollern sich in Berlin daran machten, das kleine, arme und reichsgeographisch eher abgelegene Kurfürstentum Brandenburg fortzuentwickeln, existierte Königsberg längst. Die Stadt wurde 1283 vom Deutschen Orden gegründet – jener jüngste der drei großen Kreuzritterorden, während des Dritten Kreuzzugs aus einem Feldspital in Akkon hervorgegangen.

Die Rangerhöhung Kurfürst Friedrichs III. zum König im Königsberger Schloss, 18. Januar 1701. Friedrich II. verurteilte den ungeheuren Aufwand, den sein Großvater trieb – vom königlichen Rang aber profitierte er durchaus. Gemälde des Malers Anton von Werner aus dem späten 19. Jahrhundert.

Wo heute das nie fertiggestellte, dem Antlitz eines Roboters nachempfundene Rätehaus steht, erhob sich bis zum Untergang Königsbergs das Schloss, in dessen Kellern am Ende des Zweiten Weltkrieges vermutlich das legendäre Bernsteinzimmer verbrannte. Es ging zurück auf eine Ordensburg des Deutschen Ordens, die bereits Jahrzehnte vor der Stadtgründung errichtet wurde. Der mächtige Premyslide Ottokar II., König von Böhmen, soll die Errichtung der Burg angeregt haben, ihm zu Ehren nannte man die Stadt Königsberg.

Außer im Heiligen Land und im Reich engagierte sich der Deutsche Orden im siebenbürgischen Burzenland und auf Zypern, am nachhaltigsten aber im Kampf gegen die Heiden am östlichen Rand des christlichen Europas, denn auch hier waren Kriegszüge im Namen des Christentums bald als Kreuzzug anerkannt. Auf dem Gebiet des späteren Ostpreußen lebten die heidnischen Prußen – keine Slawen, sondern Balten, deren Name übrigens eine Fremdbezeichnung ist. Trotz der doch durchaus bemerkenswerten Tatsache, wem Preußen seinen Namen verdankt, gibt sich Friedrich der Große diesem Völkchen wenig geneigt, als er sie in seinen *Denkwürdigkeiten* kurz abhandelt: »Diese Völkerschaften steckten noch in der rohesten Abgötterei: Sie beteten die Gottheiten der Wälder, der Seen und Flüsse, ja selbst Schlangen und Elentiere [Elche] an. Ihr bäurisch-wilder Glaube wußte nichts vom Tempelbau. Der Kult ihrer Hauptgötzen, Potrimpos Percunos und Picollos, hatte seine Stätte unter den Eichen. Dort waren ihre Abbilder aufgestellt, zu Romove beispielsweise und zu Heiligenbeil. Ihren falschen Göttern opferten die Preußen sogar ihre Kriegsgefangenen. Der heilige Adalbert war der erste, der diesem Volk (um das Jahr 1000) das Christentum predigte. Er erwarb sich die Märtyrerkrone.«[44]

Dem aufgeklärten Friedrich galt das Mittelalter als düstere Zwischenzeit – noch schlimmer aber waren barbarische Völker, die obskuren Naturreligionen verfallen waren und Menschenopfer darbrachten. Nach einem solchen dubiosen Völkchen also wurde Preußen benannt – und zwar zunächst eben jenes Gebiet zwischen Weichsel und dem noch heidnischen Litauen, das zum Ordensstaat wurde; später aber und lange nachdem es erbschaftshalber dem Herrschaftsgebiet der brandenburgischen Hohenzollern zugeschlagen werden konnte, übertragen auf den ganzen Hohenzollernstaat.

Die Bekehrung der Prußen ging, wie es mit Religionen als Herrschaftsinstrument zumeist der Fall ist, durchaus gewaltsam vonstatten. Auf der Suche nach einem zusammenhängenden Herrschaftsgebiet kam dem Orden der Hilferuf des Piastenfürsten Konrad von Masowien zupass, der um Unterstützung bat im Kampf gegen die heidnischen Prußen, gegen die bereits zwei Kreuzzüge gescheitert waren. Allerdings wurde Konrad die gerufenen Geister im weißen Mantel mit schwarzem Kreuz darauf fortan nicht mehr los, denn sie gründeten mit kaiserlicher und päpstlicher Unterstützung einen Ordensstaat. Nachdem der Hauptsitz des Deutschen Ordens im Heiligen Land, Akkon, verlorenging, wurde nach einem kurzen venezianischen Intermezzo Anfang des 14. Jahrhunderts Marienburg, das heutige Malbork, Hauptsitz des Ritterordens. Dort kündet noch immer die eindrucksvolle

Ordensburg von stolzen Zeiten. Im zweiten Frieden von Thorn musste der Deutsche Orden 1466 den bedeutenderen westlichen Teil des Ordensstaates an Polen abtreten und für den östlichen, in dem er weiter herrschen durfte, dem polnischen König den Lehenseid leisten. Weil man damit auch der Marienburg als Hauptsitz verlustig ging, verlegte der Orden sein Zentrum nach Königsberg, wo seither die Hochmeister residierten. Preußen hieß das Ganze aber weiterhin, nach der Säkularisierung des Ordensstaates unterschied man lediglich in Königlich- oder Polnisch-Preußen und Herzoglich-Preußen, später dann in West- und Ostpreußen, was angesichts der Grenzverschiebungen nunmehr ihrerseits historische Bezeichnungen sind.

1525 wurde aus dem Ordensstaat Preußen, der nunmehr zugunsten Polens geschrumpft war, auf Anraten Luthers und Melanchthons das säkulare und erbliche Herzogtum Preußen, das damit dem Deutschen Orden verlorenging und die Reformation einführte. Zum Herzog machte sich in diesem veritablen Staatsstreich der letzte Hochmeister des Ordens in Preußen, der fränkische Hohenzoller Albrecht von Brandenburg-Ansbach. Durch diesen Zufall aber wurde für die Kurfürsten von Brandenburg ein Erbfall des Herzogtums eine Option – die 1618 auch tatsächlich eintrat, als der Sohn Herzog Albrechts starb, ohne einen männlichen Erben zu hinterlassen. Seine Tochter aber war mit dem Sohn des brandenburgischen Kurfürsten Johann Sigismund verheiratet, der für den geistig umnachteten Herzog bereits die Regentschaft übernommen hatte, und nunmehr fiel das Erbe ganz an die Berliner Hohenzollern. Die brandenburgischen Kurfürsten waren seither in Personalunion auch Herzöge von (Ost-)Preußen, das hohenzollerische Staatengebilde hieß fortan Brandenburg-Preußen.

Grundlage des preußischen Königtums

Diesen Teil seiner Besitzungen namens Preußen nutzte Kurfürst Friedrich III. als Grundlage für eine Rangerhöhung zum König. Bis zur

prunkvoll inszenierten Krönung 1701 aber war es ein schwieriger Weg, den Friedrichs Großvater mit viel Geduld und Umsicht beschritt. Preußen gehörte nicht zum Reich, weshalb die Rangerhöhung sich auf diesen Teil der hohenzollerischen Besitzungen bezog und in Königsberg, nicht etwa in der Hauptstadt des Kurfürstentums Brandenburg, Berlin, vollzogen werden musste. Ähnlich hatten auch Kurfürst August von Sachsen und Kurfürst Georg von Hannover den Aufstieg bewerkstelligt, indem sie die polnische bzw. englische Königskrone erwarben, also Kurfürsten im Reich blieben und in Personalunion über ein Königreich außerhalb regierten. Zudem durften sich die brandenburgischen Kurfürsten nur Könige *in* Preußen nennen, nicht *von*, weil sie lediglich über den östlichen Teil Preußens herrschten, während der westliche Teil polnisch war. Und doch rechtfertigen diese Umstände Kants Formulierung von Königsberg als Mittelpunkt eines Reiches: Hier lag das Zentrum der königlichen Macht der Hohenzollern. Eben deshalb führte 1740, kurz nach dem Tod seines Vaters, Friedrichs erste Dienstreise nach Königsberg, um dort die Huldigung der preußischen Stände entgegenzunehmen, was zwar mittelalterlich-feudal war, verfassungsrechtlich aber der Regierungsübernahme in der Provinz Preußen gleichkam. Und weil dort die Königswürde ihre Quelle hatte, fand diese Huldigung vor allen anderen statt, selbst vor der in Berlin.

Mit dem Pfund der Königswürde sollte namentlich Friedrich der Große wuchern. Aber statt seinem Großvater dankbar zu sein, zeigte er sich in seinen *Denkwürdigkeiten* höchst ungnädig:

»Dem Kurfürsten Friedrich III. schmeichelten in der Tat nur die Äußerlichkeiten des Königtums,

das Gepränge der Repräsentation und eine gewisse Wunderlichkeit der Eigenliebe, die sich darin gefällt, andere ihren geringen Stand fühlen zu lassen. Was aber in seinem Ursprung das Werk der Eitelkeit war, erwies sich in der Folge als ein Meisterwerk der Staatskunst. Durch die Königswürde entzog sich das Haus Brandenburg dem Joch der Knechtschaft, unter dem der Wiener Hof damals alle deutschen Fürsten hielt.«[45]

Diesen Spielraum weiter auszubauen, sollte Friedrichs wichtigste – und folgenreichste – politische Leistung werden. Anfang Juli brach Friedrich mit nur drei Wagen, eskortiert von ein paar Dragonern, von Berlin nach Königsberg auf – kein Vergleich zu dem Aufwand, mit dem einst sein Großvater zur Krönung gereist war. 1701 sollen, mitten im tiefsten Winter, 1800 Kutschen nach Königsberg unterwegs gewesen sein, die mehrtägigen Feierlichkeiten waren prunkvoll und verschwenderisch. Eine eigens erhobene Steuer deckte nur einen Bruchteil der immensen Kosten von geschätzten sechs Millionen Talern, eine astronomische Summe für das arme Land. Höhepunkt war die Selbstkrönung Friedrichs I. im Königsberger Schloss am 18. Januar, der fortan preußischer Staatsfeiertag war – und wohlberechnet für den Akt einer weiteren Rangerhöhung ausgewählt wurde: die des preußischen Königs zum deutschen Kaiser 1871. Drei Jahrzehnte nach der ersten preußischen Krönung ging es für Friedrich den Großen zwar nur um die traditionelle Huldigung der ostpreußischen Landstände – dennoch ein Rechtsakt, der ihm seine Macht verlieh.

Der junge König aber zelebrierte Effizienz und Bescheidenheit und handelte damit, was allseits mit Verwunderung aufgenommen wurde, ganz im Geiste des verstorbenen Königs: »Übrigens wollen Wir unterwegens in den Städten keine Zeremonien und Gelärme mit Aufzügen, Turmblasen, Schießen, Haranguieren, Blumen-, Kalmus- oder Grasstreuen und dergleichen, es habe Namen wie es wolle, leiden, sondern es soll wie vorhin gehalten werden.«[46] Über Lebus, Stargard und Gumbinnen ging es nach Königsberg, wo am 20. Juli im Hof des Schlosses die Huldigung stattfand, nachdem Friedrich in den Tagen zuvor die Stadt inspiziert hatte.

Aufgeklärte Preußen

Vor seiner Reise nach Königsberg hatte sich der selbstgewisse junge König in einem Brief an Voltaire erklärt. Er wolle »ohne heiliges Salbgefäß und ohne die unnützen, lachhaften Zeremonien, welche die Unwissenheit und Gewohnheit befestigt hat, die Huldigung«[47] entgegennehmen. Darin tritt der aufgeklärte Monarch hervor, der den Tand der Tradition als anachronistisch abtut. Im selben Jahr, in dem Friedrich in Königsberg jene »lachhafte Zeremonie« über sich ergehen ließ, nahm am dortigen Albertinum ein weiterer junger Mann seine Studien auf: besagter Immanuel Kant, gerade einmal 16 Jahre alt. Die beiden kleinwüchsigen Männer sind als herausragende Gestalten des 18. Jahrhunderts einander ebenbürtig, aber während Kant seine Epoche als »das Jahrhundert FRIEDERICHS«[48] bezeichnete, brachte dieser dem Königsberger Professor weniger Ehrerbietung dar als anderen Geistesgrößen, allen voran dem Franzosen Voltaire. Friedrichs Interesse an der Aufklärung richtete sich eher gen Westen, auch wenn er den bedeutenden Hallenser Aufklärer Christian Wolff, den der gottesfürchtige Soldatenkönig wegen allzu demutsferner Lehren von dort vertrieben hatte, in seinen Schriften wertschätzte und, ebenfalls 1740, sogleich nach Halle zurückrief. Friedrich scherte sich nicht um Wolffs mangelnden Respekt vor der Kirche, den der Soldatenkönig nicht hatte durchgehen lassen. Religion war für Friedrich zwar notwendig für die unaufgeklärten Massen, aber dennoch vom erhellten Standpunkt aus absonderlich und überkommen – mehr noch als die protestantische Religion die katholische, mehr noch als die katholische die jüdische.

»Furcht schuf die Götter, Macht schuf die Könige«[49],

sagte er seinem Vorleser de Catt im Herbst 1758, im Feldlager des Siebenjährigen Krieges. Gleichwohl beließ er es beim Gebot der Toleranz, das im Kurfürstentum Brandenburg seit einem Jahrhundert Teil der Staatsräson war: »Die Religionen müssen alle toleriret werden, und muß der Fiskal nur das Auge darauf haben, daß keine der anderen Abbruch tue; denn hier muß ein jeder nach seiner Façon selig werden.«[50]

Immerhin wurde der pedantische Kant, nach dem die Königsberger ihre Uhren stellten, bevor die Eisenbahn dafür herangezogen wurde, unter Friedrich Professor an seiner *alma mater*, nämlich 1770. Die königliche Ernennungsurkunde rühmte ihn wegen seines »Uns allerunterthänigst angerühmten Fleißes und Geschicklichkeit, auch besonders in den philosophischen Wissenschaften erlangten gründlichen Erudition«.

Allerdings hatte da der alte König inzwischen längst den Anschluss an die Geistesentwicklung verloren. Kant dankte es seinem König, als er ihn aus der in Deutschland üblichen Niederhaltung des unabhängigen Geistes seitens der Obrigkeit heraushob: »Nur ein einziger Herr in der Welt sagt: Räsonniert, soviel ihr wollt und worüber ihr wollt, aber gehorcht!«[51] Man möchte es als Kernprogramm des fritzischen aufgeklärten Absolutismus verstehen, so es denn ein solches gegeben hätte. Aber der Begriff des aufgeklärten Absolutismus wurde nachträglich geprägt, um dem irgendwie doch eigenartigen, gleichwohl im Rückblick schlüssigen Phänomen jener Monarchen, die sich als aufgeklärte Geister absolut begriffen oder als absolute Herrscher aufgeklärt verstanden, gerecht zu werden. Sowieso ist es ein widersprüchlicher Begriff, denn Absolutismus als Monarchie in Höchstform und Aufklärung als Veredelung des Denkens in seiner mündigen Anwendung können schwerlich in Harmonie verschmelzen. Der herrscherliche Anspruch, in der eigenen erhobenen, wenn nicht erhabenen

Der berühmteste Sohn der Stadt, der Königsberg und Umgebung nie verließ: Immanuel Kant, dem auch das russische Kaliningrad viel Ehre zuteil werden lässt. Anonymes Gemälde, um 1790.

Die (ost-)preußische Hauptstadt Königsberg zur Regierungszeit Friedrichs des Großen. Die eindrucksvolle Vielzahl der Kirchtürme ist verloren, von den alten Stadttoren aber noch einige erhalten. Kupferstich von Johann Georg Ringlin, koloriert.

Person gerinne der Staat zu seiner Essenz, und der Anspruch der Aufklärung, Bestimmung des Menschen sei die selbstverantwortliche Anwendung seines Denkvermögens, gehen schwerlich eine harmonische Beziehung ein. Es passt aber doch irgendwie zu einem Charakter wie Friedrich, dessen Biographie ein weiterer (zeitweiliger) Königsberger Professor den viel zitierten Untertitel »Königtum der Widersprüche«[52] gab.

Friedrichs Liaison mit der Aufklärung verdankt sich indirekt seiner Schwester Wilhelmine, die ihn zum Lesen aufforderte und dazu, seine Talente nicht zu vernachlässigen – sozusagen als Aufbruch aus der selbst verschuldeten Trägheit. Eine Tür tat sich auf für den Kronprinzen, rettende Zuflucht und geistige Gegenwelt zum ungeschlachten, bildungsfernen Vater, der wenig mehr als die Bibel als angemessene Lektüre ansah. Im Geistigen errang Friedrich die so drängende Unabhängigkeit vom Vater, an dessen allgegenwärtigem Zugriff er fast zerbrochen wäre. Insofern waren Literatur und Philosophie vor allem eine private Leidenschaft Friedrichs, eine lebenslange Selbstaufklärung über das geschriebene

Wort, die aber natürlich sein Königtum befruchtete und prägte. Kein anderer Monarch stand so rege mit den großen Geistern seiner Zeit in Kontakt, kein anderer betätigte sich neben den Staatsgeschäften so fleißig als Schriftsteller gerade philosophischer, historischer und staatstheoretischer Betrachtungen. Der Philosoph von Rheinsberg und Sanssouci – eine seiner ersten Amtshandlungen 1740 war die Abschaffung der Folter, durchaus eine Entscheidung von Symbolcharakter. Bei aller Kontinuität im Hause Brandenburg ist Friedrichs Regierung im Gestus zunächst schon etwas anderes als die des Vaters, der als paternalistischer Gutsherr mit Stock, Gebet und Schulterdrücken das Land regierte. Auf die besser und moderner werdende Verwaltung übertrug sich wohl durchaus die Haltung eines Fürsten, der in Anspruch nahm, Entscheidungen nach rationalen Erwägungen zu treffen. Dass der Mensch als psychisches Wesen dem rationalen Anspruch der Aufklärung nicht in Gänze gerecht werden kann, liegt auf der Hand – ein widersprüchlicher Charakter wie Friedrich zumal.

Den Widerspruch, vernunftgeleitet zu regieren, aber seinen Königsposten dem Zufall der Geburt zu verdanken, konnte Friedrich nicht auflösen. Aber er rückte ab vom althergebrachten Gottesgnadentum, konsequenter als jeder andere Monarch, und begründete seine Legitimation als Herrscher naturrechtlich mit einem Vertrag zwischen Fürst und Volk: »Die Aufrechterhaltung der Gesetze war der einzige Grund, der die Menschen bewog, sich Obere zu geben; denn das bedeutet den wahren Ursprung der Herrschergewalt. Ihr Inhaber ist nur der erste Diener des Staates.«[53] Aus dem Vertrag zwischen Herrscher und Volk leitete Friedrich fürstliche Pflichten ab: »Wenn er der erste Richter, der erste Feldherr, der erste Finanzbeamte, der erste Minister der Gemeinschaft ist, so soll er das nicht sein, um zu repräsentieren, sondern um seine Pflichten zu erfüllen. Er ist nur der erste Diener seines Staates, ist verpflichtet, mit Redlichkeit, mit überlegener Einsicht und vollkommener Uneigennützigkeit zu handeln, als sollte er jeden Augenblick seinen Mitbürgern Rechenschaft über seine Verwaltung ablegen. Er macht sich also schuldig, wenn er das Geld des Volkes, den Ertrag der Steuern in Luxus, Festgepränge oder Ausschweifungen vergeudet – er, dem es obliegt, über die guten Sitten, die Hüterinnen der Gesetze, zu wachen und die Volkserziehung zu vervollkommnen, nicht aber durch schlechte Beispiele noch zu verderben.«[54]

Für vergnügungssüchtige Fürsten, wie sie für Europa zwischen Dreißigjährigem Krieg und Französischer Revolution geradezu notorisch wurden, hatte er kein Verständnis. Deren eigensüchtiges Verhältnis zum Staat stellte er vom Kopf auf die Füße: Nicht die eigene Stellung zu missbrauchen, um sich den Staat dienstbar zu machen, sondern umgekehrt die eigene Stellung als Verpflichtung und Aufgabe zu betrachten, um dem Staat zu dienen – so verstand er das Wesen der Fürstenregierung. Wenn der Herrscher seine Pflicht gewissenhaft erfülle, sei das Königtum die beste Staatsform.

Wie für seine wichtigsten Vorgänger war für Friedrich nur die Alleinregierung akzeptabel,was ein enormes Arbeitspensum einschloss, weil der König über alles wohlunterrichtet sein musste, um entscheidungsfähig zu sein. Das gab er 1744 auch seinem Bruder August Wilhelm mit auf den Weg, damals Nummer eins der Thronfolge:

> »Unser Staat braucht einen Herrscher, der mit eigenen Augen sieht und selbst regiert.«[55]

Ob August Wilhelm dies beherzigt hätte, muss dahingestellt bleiben, da er vor der Zeit starb. Die Aufforderung an dessen Sohn und schließlichen Nachfolger, Friedrich Wilhelm II., in Friedrichs Politischem Testament von 1768 lief jedenfalls ins Leere – der Neffe wurde kein König nach den Idealen seines Onkels.

Grenzen der Mündigkeit

Freies Denken kann Revolutionen hervorrufen, aber weder Friedrich der Große noch Immanuel Kant waren bei aller aufgeklärten Geisteshaltung umstürzlerisch veranlagt. Kant war der Ansicht, die nachhaltige und vernunftgeleitete Indienstnahme des menschlichen Denkvermögens würde auf lange Sicht ohnehin ihre Wirkung entfalten. Er begriff Aufklärung als einen Prozess, weshalb man auch keine revolutionären Neuerungen vom Zaun brechen musste. Das wäre seinem beschaulichen professoralen Alltag auch allzu abträglich gewesen. Friedrich wiederum ordnete die philosophischen Überzeugungen der Staatsräson unter,

Friedrich der Große, um 1745. Domestiziert der Beruf den Philosophen oder erhellt die Aufklärung ein Königtum? Gemälde des preußischen Hofmalers Antoine Pesne.

was eine erzwungene »Aufklärung von oben« ausschloss. Sein Ziel war nicht, aus Preußen ein aufgeklärtes Vorzeigeländle zu machen, sondern durch kluge Landesentwicklung Macht und Wohlstand des Staates zu mehren, um den Mangel an natürlichem Reichtum, im Unterschied etwa zu Frankreich, auszugleichen. Daneben wollte er die so unterschiedlichen Provinzen zusammenführen, auf dass man sich überall, ob in Kleve, Tapiau oder Bunzlau, in Aurich, Mohrin oder Poratz, als Teil Preußens verstünde.

Die aufklärerische Konsequenz des Herrschers endete da, wo sie den Staat in seiner Funktionsfähigkeit erschüttert hätte – also zumeist schon recht früh. Friedrich wusste um die Beharrungskräfte der existierenden Strukturen, in die er nur behutsam eingriff. Das führte beispielsweise dazu, dass die Stellung der Bauern – schon im Hinblick auf ihre Rolle als Produzenten und Soldaten – zwar ein wenig verbessert wurde, keineswegs aber in einem Maße, das dem aufgeklärten Ideal der Menschlichkeit entsprochen hätte. Seine Regierung ist daher auch zurückhaltender als Reformabsolutismus bezeichnet worden. Mit welcher Wucht eine aufgeklärte Brechstange unvermittelt auf den Kopf des Reformers selbst niedersausen konnte, erlebte Joseph II., Sohn und Nachfolger Maria Theresias, in Österreich am eigenen Leib. Er musste seine als brachial empfundenen Reformen großenteils wieder zurücknehmen. Mit Friedrich regierte ein aufgeklärter Geist als absoluter Monarch in der Spannung zwischen eben diesen Polen: Aufklärung und Absolutismus. Und wieder lässt sich mit Kant befinden, dass das friderizianische Jahrhundert eben kein aufgeklärtes Zeitalter war, sondern das Zeitalter der Aufklärung.

Beide machten sich auch keine Illusionen, dass etwa alle Menschen von heute auf morgen – oder auch nur übermorgen – zu aufgeklärten Geistern werden könnten. Kant sah in der Aufklärung einen Prozess, keinen Zustand. Und Friedrich lag nicht einmal daran, jedem Menschen dasselbe Potenzial zuzugestehen, wie aus seinen recht unterschiedlichen Vorstellungen von Schulbildung hervorgeht. Auf guten Unterricht in den Städten legte er Wert, auf dem platten Land aber genügten ihm ausgediente Soldaten als Lehrer. »Sonsten ist es auf dem platten Lande genug, wenn sie ein bischen lesen und schreiben lernen. Wissen sie aber zu viel, so laufen sie in die Städte und wollen Secretärs oder so was werden. Deshalb muß man auf dem platten Lande den Unterricht der jungen Leute so einrichten, daß sie das Nothwendige, was zu ihrem Wissen nothwendig ist, lernen, aber auch in der Art, daß die Leute nicht aus den Dörfern weglaufen, sondern hübsch da bleiben.«[56]

Das Glück eines Bauern war klar unterschieden vom Glück eines Prinzen, und die Befähigung zum mündigen Denken war eher Letzterem zuzuordnen: »Der Mensch ist ein vernünftiges, zweibeiniges Wesen ohne Federn – so hat die Schulweisheit einmal über unsere Art entschieden. Für den einen oder andern mag's mit dieser Begriffsbestimmung seine Richtigkeit haben; für die große Mehrheit trifft sie durchaus nicht zu, denn vernünftig ist nur eine kleine Minderzahl, und selbst diese vielleicht in einer Hinsicht nur; in zahllosen anderen Fällen ist das Gegenteil richtig. Der Mensch, kann man allenfalls sagen, ist ein Lebewesen, das Gedanken faßt und Gedanken verkettet. Das gilt allgemein für das ganze Geschlecht. Hierin treffen sich der Weise wie der Schwachkopf, der, welcher hohe, wie der, welcher niedrige Gedanken in sich hegt, der Freund der Menschlichkeit wie ihr Widersacher (…)«[57]

Für Friedrich hatte jeder Stand seine Aufgabe, und der Bauer war der Produzent von Lebensmitteln, nicht von Freiheits- oder anderen anspruchsvollen Gedanken: Jeder Einzelne müsse »nach Maßgabe seiner Mittel, seiner Talente und seines Standes zum Wohl des gemeinsamen Vaterlandes« beitragen. »Die Notwendigkeit der Selbsterhaltung und der eigne Vorteil wirken auf den Geist des Volkes und treiben es an, um des eignen Nutzens willen für das Wohl seiner Mitbürger zu arbeiten. Daher der Land-, Wein- und Gartenbau, die Viehzucht, die Manufakturen, der Handel; daher die vielen tapferen Vaterlandsverteidiger, die dem Staat ihre Ruhe, ihre Gesundheit und ihr ganzes Dasein weihen.«[58]

Dass ein jeder dem Staat nach vorgegebener Façon dienen sollte, was eine individuelle Freiheit unserer Vorstellung natürlich nicht vorsieht, stand für ihn nicht im Widerspruch zu der naturrechtlichen Einsicht, die ein Herrscher stets im Kopf behalten müsse,

»daß er ein Mensch ist wie der geringste seiner Untertanen«.[59]

MUZEUM MIEJSKIE WROCŁAWIA

»Meine Sache ist gerecht und ich vertraue auf mein Glück«

Das Schlachtfeld von Mollwitz

Im restaurierten Breslauer Königsschloss ist heute das Historische Museum der Stadt Wroclaw untergebracht. Die Stelen im Ehrenhof verweisen auf die wichtigsten Daten der Stadtgeschichte, darunter 1741, das Jahr der Schlacht von Mollwitz.

Friedrichs nüchtern vollzogener Regierungsantritt erwies sich als programmatisch – wer eine klare, umfassende Abkehr vom Stil seines Vaters erwartet hatte, sah sich eines Besseren belehrt. Zwar schaffte der junge König sogleich und weitestgehend die Folter ab, löste das Regiment der Langen Kerls auf und setzte weitere persönliche Akzente.

Gewichtiger aber schlug zu Buche, dass er seinem Vater nacheiferte: Er behielt wichtige Berater des verstorbenen Königs, ließ keinen Zweifel daran, dass auch er beabsichtigte, selbst zu regieren, und wertete das gesellschaftliche Leben am Berliner Hof nur verhalten auf. Der Glanz, den sich viele erhofft hatten, legte sich nicht über die preußische Hauptstadt. In militärischer Hinsicht stach Friedrich den Soldatenkönig sogar sehr bald aus: Während Friedrich Wilhelm I. seinen militärischen Leidenschaften zumeist auf dem Exerzierplatz nachgegangen war und Preußen nie in einen Krieg geführt hatte, zeigte sein Sohn in einer ersten, kleineren Konfrontation mit dem Fürstbischof von Lüttich schon die Muskeln und zettelte nur Monate nach der Regierungsübernahme einen Krieg gegen die Großmacht Habsburg an, indem er die österreichische Provinz Schlesien überfiel. Das hatten dem schöngeistigen Friedrich allenfalls die zugetraut, die seine Entwicklung nach den Ereignissen von 1730 aufmerksam verfolgt hatten.

Denn seit der Wiederaufnahme in die Armee hatte Friedrich die militärische Lehrzeit überaus ernst genommen, mochte auch jede Abwechslung vom Exerzieren willkommen sein, zumal wenn er sich ans Flötespielen und Lesen machen oder sich mit Freunden zerstreuen konnte. Aber er bemühte sich und errang den Respekt des Vaters, der ihn im Rang aufsteigen ließ. Zu seiner Selbstausbildung im Rheinsberger Rundkämmerlein zählte natürlich das Studium bedeutender Schlachten, vor allem aber nahm sich der wichtigste General seines Vaters, der Fürst von Anhalt-Dessau, seiner technisch-militärischen Schulung an. Daneben kümmerte sich Friedrich um sein Ruppiner Regiment. 1734 dann, anlässlich des Polnischen Erbfolgekrieges, konnte Friedrich erste Erfahrungen im Feld sammeln und den damals berühmtesten Feldherrn kennenlernen: den in kaiserlichen Diensten stehenden Prinz Eugen von Savoyen, der seine beste Zeit da allerdings schon hinter sich hatte.

Friedrichs schlesisches Abenteuer war schon zu seiner Zeit umstritten und die verschiedenen Beweggründe Friedrichs, nur Monate nach Regierungsantritt und noch dazu kurz vor Wintereinbruch seine Truppen loszuschicken, sind immer wieder diskutiert worden. Abgesehen von seinen Ressentiments gegen Habsburg hat er aus seinem Streben nach Ruhm keinen Hehl gemacht.

Seinem Vertrauten Charles Étienne Jordan schrieb Friedrich wenige Wochen vor seiner ersten Schlacht offenherzig: »Meine Jugend, die Glut der Leidenschaft, der Ruhmesdurst, ja selbst die Neugier, um Dir nichts zu verhehlen, kurz ein geheimer Instinkt hat mich den Freuden der Ruhe entrissen.

Die Genugtuung, meinen Namen in den Zeitungen und später in der Geschichte zu sehen, hat mich verführt.«[60]

Schon zuvor hatte er seinem verehrten Brieffreund Voltaire anvertraut: »Wahrhaftig, es ist ein großer Wahnsinn, aber einer, von dem man schwerlich loskommt, wenn man einmal davon ergriffen ist.«[61] Hinzu kam zweifellos der Drang, dem verstorbenen Vater zu beweisen, dass in ihm ein ganzer König steckte. Daneben sah er sich für diesen Feldzug gut gerüstet: Nicht nur war die väterliche Armee umfänglich sowie bestens ausgebildet und ausgerüstet, im Keller des Berliner Schlosses warteten außerdem acht Millionen Taler, ihrer Bestimmung zugeführt

Friedrichs Vorgehen versetzte die europäischen Hauptstädte in helle Aufregung. Die entstand nicht so sehr wegen eines Feldzuges, wie er in Europa zu dieser Zeit nicht gerade selten war. Der Schlag gegen das militärisch einst so starke, derzeit aber geschwächte Habsburg kam wegen der jahrzehntelang freundlichen Beziehungen beider Länder überraschend; die Entfremdung der letzten Jahre war international kaum wahrgenommen worden. Darüber hinaus überraschte die Kaltblütigkeit des jungen preußischen Königs und beunruhigte vor allem die Tatsache, dass das politische Gleichgewicht Europas aus den Fugen zu geraten drohte. Sollte nämlich Friedrichs Vorhaben gelingen, machte er Preußen damit zu einem europapolitischen Schwergewicht, das fortan nicht mehr so leicht zu umgehen wäre. Das wusste auch Friedrich, eben das lag in seinem Kalkül. In seiner Ansprache an seine Berliner Offiziere vor dem Aufbruch nach Schlesien sagte er: »Meine Sache ist gerecht und ich vertraue auf mein Glück. (...) Brechen Sie auf zum Rendezvous des Ruhmes, wohin ich Ihnen ungesäumt folgen werde.«[64]

Eine Konfrontation musste das Ende des Winters bringen. Anfang April 1741 ergriff Habsburg die Initiative, österreichische Truppen erreichten von Mähren aus Schlesien. Zunächst zogen die beiden Heere parallel zueinander auf beiden Seiten der Neiße in Richtung Norden – die Österreicher voraus, weil ihr Vormarsch den Preußen zunächst entgangen war, Friedrich mit seinem Heer schließlich in Eilmärschen und bei widrigem Wetter hinterher.

Südöstlich von Breslau kam es nahe der Festung Brieg am 10. April 1741 zur ersten Schlacht des Ersten Schlesischen Krieges.

Im Bewusstsein, dass es ab jetzt wirklich aufs Ganze ging, hatte Friedrich am Abend zuvor ein knappes Testament verfasst. Anlässlich eines ge-

Friedrichs Feuertaufe als Feldherr: die Schlacht bei Mollwitz, 10. April 1741. Preußen unter dem Befehl des Königs und des Feldmarschalls von Schwerin siegt über die österreichischen Truppen unter Feldmarschall Neipperg. Zeitgenössische Radierung.

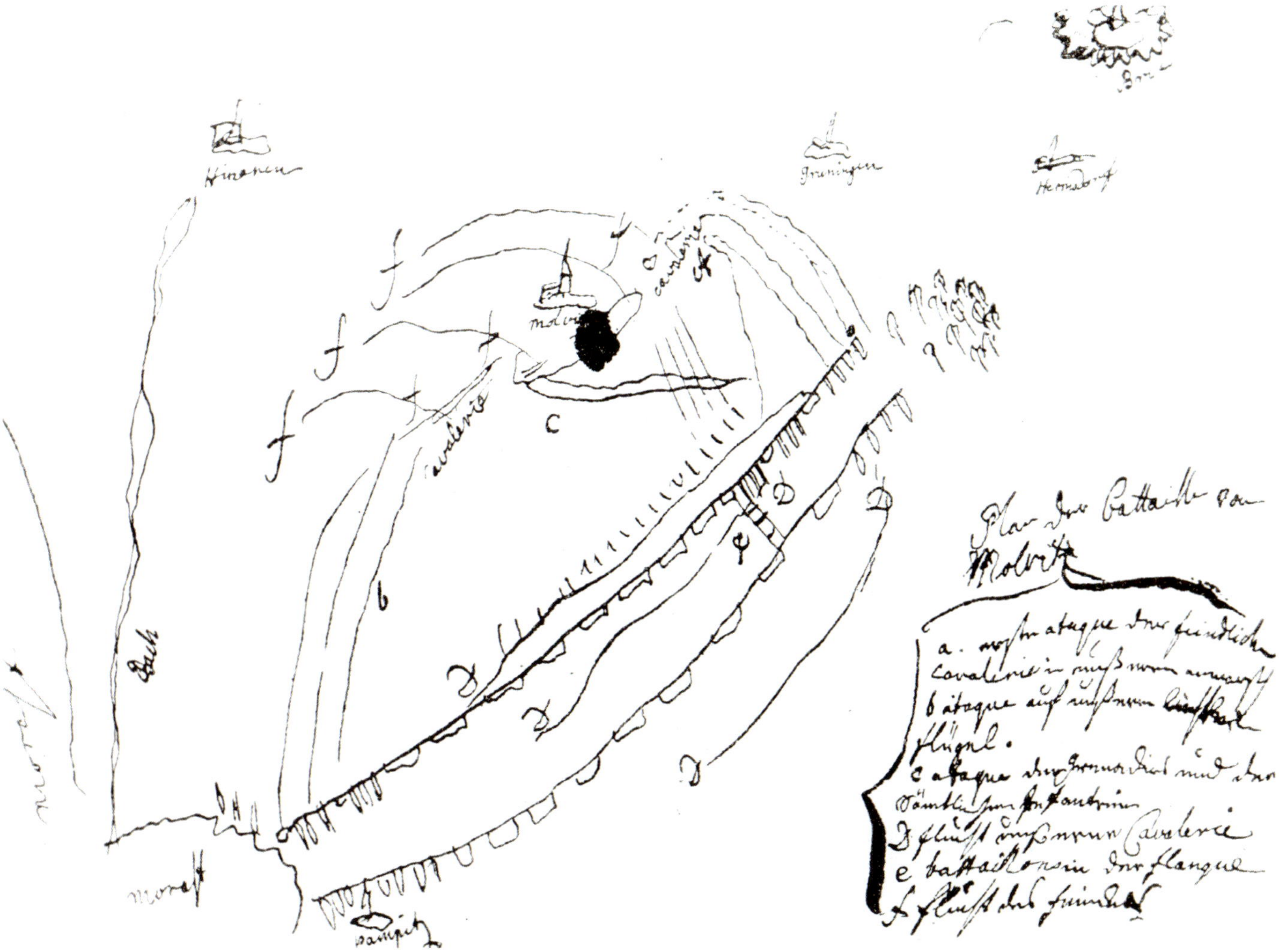

Nach der Schlacht schickte Friedrich eine eigenhändige Zeichnung vom Geschehen an seinen militärischen Lehrmeister, Fürst Leopold von Anhalt-Dessau, genannt der alte Dessauer.

fährlichen Vorfalls Ende Februar 1741, als eine Schwadron österreichischer Husaren Friedrich unvermittelt in höchste Gefahr brachte, hatte er Anweisung gegeben, wie im Fall seiner Gefangennahme durch den Feind zu verfahren sei: »Wenn mir das Unglück zustieße, lebend gefangen genommen zu werden, so befehle ich Ihnen unbedingt, und Sie stehen mir mit Ihrem Kopfe dafür ein, daß Sie in meiner Abwesenheit auf meine Befehle keine Rücksicht nehmen, daß Sie meinem Bruder mit Rat zur Seite stehen und daß der Staat zu meiner Befreiung keine unwürdige Handlung begeht. Im Gegenteil, in diesem Falle wünsche und befehle ich, daß man nachdrücklicher handelt als je.

Ich bin nur König, solange ich frei bin.«[65]

Schlacht von Mollwitz

Friedrichs Gegner war der österreichische Feldmarschall Neipperg. Vormittags um 10 Uhr hatte der Abmarsch der Preußen vom Nachtquartier südlich von Brieg in Richtung Nordwesten bei frostklarem Himmel begonnen, der König ritt an der Spitze der zweiten von fünf Kolonnen. In Brieg untergekommene österreichische Heeresteile konnten den preußischen Marsch von den Festungstürmen ausmachen, während die Preußen nicht recht wussten, wo genau sich der Gegner befand. Um Mittag erging, taktisch gesehen verfrüht, der Befehl zum preußischen Aufmarsch in Gefechtsstellung in zwei Linien auf der frostharten, schneebedeckten Ebene zwischen den Dörfern Mollwitz, Hermsdorf und Pampitz. 21600 preußischen Soldaten, nachteilig gedrängt, standen alsbald rund 19000 österreichische gegenüber. Während die preußische Infanterie hervorragend gedrillt und diszipliniert war, hatten die Österreicher den Vorteil einer starken Kavallerie. Um halb zwei gab Friedrich seinen ersten Befehl zur Schlacht, und jetzt wie später wirkte der preußische Drill auf den Gegner einschüchternd, beängstigend und respektheischend zugleich: Als unüberwindliche, unerbittlich näher rückende Mauer erschienen die unentwegt feuernden Preußen, unterstützt von Kanonenfeuer, auf die Österreicher, die in und um Mollwitz lagen.

Zunächst stand Friedrich selbst an der Spitze seiner Truppe, schon um den europäischen Höfen unmissverständlich klarzumachen, mit wem sie es zu tun hatten: mit einem Philosophen zwar, jedoch keineswegs mit einem Papiertiger und einer Memme. Aber eben als solches schätzte ihn der Gegner leichtsinnigerweise ein, und von österreichischen Soldaten wurde berichtet, sie hätten ihre schlesischen Wirtsleute gebeten, die Suppe warm zu halten, man müsse nur mal eben dem »naseweisen Schneekönig« aus Berlin eine Lektion erteilen. Neipperg äußerte selbstgewiss, man werde den Eindringling umgehend zurückschicken zu Musen und Apoll. In der Tat wurde es für Friedrich und seine Männer zunächst wirklich heikel, denn zur tief stehenden Sonne trat ein scharfer Wind, Feuernebel und Schneegestöber behinderten die Sicht, als plötzlich am linken Flügel der Österreicher nordöstlich von Mollwitz die Kavallerie hervorbrach. Die entstehende Verwirrung auf preußischer Seite veranlasste Friedrich vorzupreschen, aber er kam mit seinen Leuten zu spät und geriet gar abseits des eigenen Heeres. Der Kampf wurde immer heftiger, die Preußen mussten sich Attacke um Attacke der Österreicher erwehren, wobei mehrere preußische Offiziere fielen.

Feldmarschall Schwerin behielt den Überblick und bewog Friedrich, ihm das Oberkommando zu übergeben; der König entfernte sich auf einem Grauschimmel seines Vaters in schnellem Galopp Richtung Südosten vom Schlachtfeld und musste annehmen, die Sache sei verloren. Erst im sicheren Nachtquartier der Stadt Löwen erreichte ihn die Nachricht, dass Marschall Schwerin die versprengte Kavallerie zusammengeholt, in einem Gegenangriff mitsamt der Infanterie, deren bewundernswerte Disziplin sich als schlachtentscheidend erwies, das Blatt noch gewendet und die Österreicher aus Mollwitz vertrieben hatte. Friedrich rühmte später Soldaten und Offiziere der siegreichen Infanterie, verteufelte die Kavallerie und gewährte dem verdienten Fluchtschimmel das Gnadenbrot im Potsdamer Lustgarten am Havelufer, da wo heute Touristen die Ausflugsboote besteigen. Die Gefühle seinem Feldmarschall gegenüber dürften zwiespältig gewesen sein: Dessen Geschick verdankte sich der Sieg, an dem aber Friedrich nicht wirklich Anteil gehabt hatte. Doch war die erste Schlacht seiner Regierung – vier lange Stunden hatte sie gedauert – für Preußen siegreich ausgegangen und Mollwitz die Feuertaufe und eine hilfreiche Lektion für den jungen Feldherrn.

So war das damals wie heute verschlafene Dorf Mollwitz (Malujowice) für einen Tag in den Brennspiegel der großen Geschichte gerückt. Wie die meisten der unzähligen Schlachtfelder des jahrhundertelang so martialischen Kontinents Europa lässt das vor den Bauernhöfen gelegene einstige Kampfgebiet dieses Ereignis nicht mehr erkennen. Da wo preußische Soldaten über frostharten Boden herzogen und ihr junger König seiner ersten militärischen Bewährungsprobe entgegenfieberte, wo österreichische, böhmische und kroatische Soldaten leichtsinnig den Sieg schon im Tornister wähnten, ziehen heute Traktoren ihre Furchen, wachsen Gewerbeansiedlungen aus dem Boden und rotten aufgegebene sowjetische Militäranlagen vor sich hin. Auf einer Zeichnung, die Friedrich nach der Schlacht vom Geschehen zeichnete und seinem militärischen Lehrherrn, dem alten Dessauer, zur Information schickte, ragt der Mollwitzer Kirchturm heraus. Der frühgotische Bau aus dem 13. Jahrhundert – »Unserer Lieben Frauen«, vormals »Pfarrkirche aller Heiligen« –, mit prachtvollen Fresken reich ausgemalt, wird liebevoll unterhalten. Lange durfte Malujowice ebenso wenig an die Schlacht erinnern wie Schlesien im sozialistischen Polen seine preußische Vergangenheit pflegen durfte, und weder der Gedenkobelisk für die Schlacht noch ein nachfolgendes Denkmal von 1876 haben die Zeit überdauert. Heute aber verweist eine große Informationstafel auf das mutmaßlich größte Ereignis der Dorfgeschichte, aufgestellt am Jahrestag der Schlacht, dem 10. April 2010.

Der Österreichische Erbfolgekrieg

Andere europäische Staaten nutzten diese blamable Schwächung Habsburgs und der jungen Regentin Maria Theresia und schickten ihre

Truppen los – ob italienische Besitzungen Habsburgs oder Böhmen, Wien schien angezählt. Friedrich bezog einstweilen Quartier nördlich von Mollwitz und betrieb die Übernahme Breslaus. Auswärtige Gesandte lernten dort einen König kennen, wie sie ihn wohl nicht erwartet hatten – einer, der allmorgendlich um 4 Uhr aufstand, sich im Lager auch um die kleinsten Kleinigkeiten kümmerte, stets präsent war und trotzdem die Regierung seines Königreiches selbst besorgte. Abends zerstreute er sich bei Gesellschaften, las oder schrieb, spielte Flöte oder komponierte. Anfang November zogen die Preußen in der schlesischen Hauptstadt Breslau ein – kampflos wie schon im Winter zuvor. Die schlesischen Landstände huldigten dem neuen Herrscher, ein großes Stadtfest wurde ausgerichtet und Friedrich ließ alsbald ein Palais zum Königsschloss herrichten. Dort ist heute das Historische Museum untergebracht, das wie die ganze Stadt völlig unverkrampft mit dem preußisch-deutschen Teil der Stadt- und Landesgeschichte umgeht – eine Sensation, waren doch zu Zeiten des Eisernen Vorhangs Habsburg- und Hohenzollernzeit tabu. Hilfreich war dabei sicherlich auch die späte Anerkennung Deutschlands seiner

7. November 1741: Die schlesischen Stände huldigen im Breslauer Rathaus ihrem neuen Landesherrn, dem preußischen König. Friedrich bemühte sich sehr um die Gunst der Schlesier und kam häufiger nach Breslau als das Haus Habsburg. Ölskizze von Adolph von Menzel, 1855.

heutigen Ostgrenze sowie die versöhnlichere Haltung der Vertriebenen beider Seiten einander gegenüber: der deutschen Altschlesier ebenso wie der polnischen Neuschlesier, die zu großen Teilen aus dem für Polen 1945 verloren gegangenen, heute ukrainischen Raum Lemberg stammen – sowie die Tatsache, dass die Osterweiterung der EU auch den mitteleuropäischen Grenzen das unerbittlich Trennende genommen hat. Zu den markanten Daten, die im Ehrenhof des Breslauer Königsschlosses auf Stelen vermerkt sind, gehört ganz selbstverständlich 1741, das Jahr der Schlacht von Mollwitz und, nach mährischer, böhmischer, polnischer und Habsburger Zeit, des Beginns der preußischen Herrschaft in Schlesien, die im Untergang des Deutschen Reiches 1945 ihr Ende fand.

Schlesien war sowohl wirtschaftlich als auch strategisch ein wertvoller Gewinn für Preußen. Und ein schmerzhafter Verlust für Österreich, über den Wien nicht so schnell hinwegkam. Zeitgenössische Karte mit Ansicht der schlesischen Hauptstadt Breslau.

Im Januar 1742 kürten die Gegner Maria Theresias den bayrischen Kurfürsten Karl Albrecht zum neuen Kaiser Karl VII., der als Kaiser von Frankreichs Gnaden angesehen wurde und sich nicht recht behaupten konnte. Monate später schlossen Friedrich und Maria Theresia im schlesischen Breslau einen Vertrag, der den größten Teil Schlesiens Preußen zusprach und Ende Juli im Frieden von Berlin bestätigt wurde. Damit war der Erste Schlesische Krieg beendet. Friedrich hatte einstweilen sein Ziel erreicht – und im eigenen Interesse die anderen Gegner Habsburgs im Stich gelassen. Allerdings war das schlesische Abenteuer damit noch lange nicht zu Ende, denn die Erzherzogin von Österreich hatte Schlesien keineswegs aufgegeben, sondern sich nur Luft verschafft, um an anderer Front ihr Erbe zu verteidigen.

Im Sommer 1744 aber griff Friedrich erneut ins Geschehen ein, zog ins habsburgische Böhmen und eroberte gar Prag, um so Österreichs Vorgehen gegen Bayern zu torpedieren und einer österreichischen Rückeroberung Schlesiens zuvorzukommen. Den Zweiten Schlesischen Krieg beendete an Weihnachten 1745 der Friede von Dresden, der Preußens schlesische Herrschaft abermals bestätigte. Der glücklose Wittelsbacher Karl VII. war inzwischen im Frankfurter Exil gestorben – Bayern war noch kurz zuvor österreichisch besetzt – sodass nunmehr Österreich wieder auf den Kaiserthron zugreifen konnte. Im Frieden von Dresden erkannte Preußen den Gemahl Maria Theresias, Franz Stephan, als römischen Kaiser an.

Die Tatsache, dass aus dem verweichlichten kleinen Fritz ein Feldherr werden würde, den die Militärgeschichtsschreibung unter die Großen zählt, macht nachdenklich. Wie sein Vater trug Friedrich, wenn auch in einer Luxusausführung, stets Uniform, die er ehedem als »Sterbekittel« verabscheut hatte. In seiner Herrschaftsvorstellung muss ein Fürst gleichzeitig sein eigener oberster Feldherr sein: »Welch ein Ruhm für einen Fürsten, der mit Gewandtheit, Klugheit und Tapferkeit seine Staaten vor Invasionen schützt, der durch Kühnheit und Gewandtheit über alle Gewalttaten seiner Feinde triumphiert und durch seine Standhaftigkeit, Besonnenheit und seine Tugenden als Soldat sein gutes Recht behauptet.«[66] An zahlreichen Stellen beschreibt Friedrich das Kriegführen als Pflicht und Recht eines Fürsten zugleich. Man darf annehmen, dass genau so der Mensch Friedrich das Kriegswesen verstand und erlebte: als quälerische Last im Feld, wo er Wert darauf legte, bei seinen Soldaten zu sein und Beschwerlichkeiten nicht aus dem Weg zu gehen; als freudig ausgeübtes Recht, weil der Krieg das Mittel zum Ruhm war, nach dem es ihn so sehr dürstete. Diese Ruhmsucht ließ ihn zwar zuzeiten im Feld leichtsinnig werden, gleichwohl steckten die kühlen Überlegungen des Rationalisten hinter seinen politischen Entscheidungen. Das gilt bereits für seinen ersten Krieg, denn die Umstände waren gar zu günstig. So groß der Akzent aufs Militärische auch wurde und so gewieft der Taktiker in Friedrich, war das Soldatentum selbst für Friedrich vor allem Mittel zum Zweck, um seine politischen und territorialen Ziele zu erreichen, wohl vor allem auch Pflichterfüllung und Akzeptanz seiner herrscherlichen Aufgabe.

Es waren trotz allen Schwächelns die Preußen, die die Schlacht von Mollwitz für sich entschieden, wenn auch unter enormen Verlusten, und die Welt gewahrte Friedrich als einen ernst zu nehmenden, wenn nicht gewichtigen neuen Faktor europäischer Politik. Allerdings hatte der Sieg den Makel, dass Friedrich zuvor das Schlachtfeld verlassen hatte. Trotzdem begann auf dem Schlachtfeld die Karriere des Preußenkönigs als ruhmvoller Feldherr: Hier ging es erstmals ums Ganze, während Exerzieren, Truppenbesuche und militärische Studien zuvor Friedrichs kriegerische Vorschule gewesen waren. Diese erste Bewährungsprobe sollte nicht die einzige bleiben.

Das souveraine Herzogthum Ober- und Nieder-SCHLESIEN, nebst der souverainen Grafschaft GLATZ, wie solches nach dem Frieden Tractact d. 28. Julij 1742. an Se. Königl. Maj. von Preussen von der Königin von Ungarn Maj. auf ewig abgetreten worden.
BRESSLAU
GLATZ
OPPELN
RATIBOR
TESCHEN
LIEGNITZ
CROSSEN
SAGAN
OELS
BRIEG
MÆHREN

»Führen wir Krieg nur auf dem Theater und sehen die Wut der Menschen galant dargestellt«

Das Forum Fridericianum

In der Mitte Berlins steht Unter den Linden das berühmte Reiterstandbild Friedrichs des Großen von Christian Daniel Rauch und markiert den westlichen Eingang zum Forum Fridericianum. In gemäßigter Feldherrenpose reitet der König in Richtung Schlossbezirk, den Blick leicht nach links gewandt, die rechte Hand in die Seite gelegt, auf dem Kopf den charakteristischen Dreispitz. Zu Lebzeiten hat Friedrich das Ansinnen, ihm ein Denkmal zu setzen, stets abgelehnt. Nach seinem Tod – die erste Wettbewerbsausschreibung erging bereits 1789 – wurden insgesamt über 100 Entwürfe für das schließlich ausgeführte Denkmal gefertigt. Zum Getöse um Standort und Aussehen gehörte ein heftiger Kostümstreit um die Frage, ob dem großen König antike Gewänder besser anstünden als zeitgenössische – selbst Goethe meldete sich darob zu Wort. Schließlich nahm man aber Abstand von der Idee, den König in antiker Tracht abzubilden. Nicht nur wegen solcher Auseinandersetzungen ließ das Denkmal auf sich warten. Friedrichs Neffe und Nachfolger, Friedrich Wilhelm II., hatte es nicht übermäßig eilig damit, dem Überonkel ein Denkmal zu setzen, und der auf ihn folgende dritte Friedrich Wilhelm bot kaum mehr Eifer dafür auf, zumal die napoleonische Besatzung den Prozess ohnehin unterbrach.

In den 1830er-Jahren wurde das Projekt wieder aufgenommen, 1839 erhielt Rauch den Auftrag, sodass schließlich unter dem vierten der Friedrich Wilhelms eine pompös inszenierte Einweihung vorgenommen werden konnte, auf vier Säulen von vier Amtsvorgängern Friedrichs überwacht. Seither gewann die geschichtspolitische Vereinnahmung des Königs an Fahrt – sei es in der Behauptung, in der Reichsgründung unter preußischer Führung 1871 vollende sich, was Friedrich begonnen, sei es mit der ebenso zweifelhaft wie gekonnt gezogenen Parallele Thomas Manns zwischen Friedrichs Standhalten gegen das vereinte Europa mit dem des Deutschen Reiches 1914, zu Beginn des Ersten Weltkrieges.

Das Preußen der Sozialisten

Es ist eines von nur noch drei Reiterstandbildern hohenzollerischer Herrscher in Berlin, die Kriege und Zeitläufte übrig ließen. Vom Sattel aus mag der König einschätzen, ob es gut war, was er zu seinen Füßen errichten ließ, denn das Forum ist die Essenz friderizianischen hauptstädtischen Bauens. Aber er sitzt über den Baumwipfeln hoch genug zu Ross und Sockel, um überblicken zu können, wie er das Stadtbild der preußischen Hauptstadt insgesamt verändert hat. Allerdings haben spätere Baumaßnahmen und Kriegszerstörungen vom friderizianischen Berlin nur wenig übrig gelassen. Und das erst später nach ihm benannte Forum hatte sich gar nicht erst so verwirklichen lassen, wie es sich Friedrich noch in Rheinsberg ausgemalt hatte.

Die Bomben des Zweiten Weltkrieges ließen von der letztlich zur Ausführung gekommenen Gesamtanlage nur Ruinen übrig, einzig das eingemauerte Reiterstandbild überdauerte den Krieg einigermaßen unbeschädigt. Aber während die kriegsversehrten Gebäude in den Fünfzigerjahren sorgsam und mit viel Sachverstand wiederaufgebaut wurden, musste das Friedrich-Denkmal 1951 weichen. Für den längeren Teil ihrer Existenz wollte die DDR den Preußenkönig nicht an so hervorgehobener Position sehen, zog man doch gerne, ebenso kühn wie ideologisch, eine Kausalkette vom Wirken des Königs geradewegs zum Hitlerfaschismus. Derart verfemt, wurde er in Potsdam zunächst eingelagert und dann an abgelegener Stelle im Hippodrom des Schlossparks Sanssouci wieder aufgestellt. Des Erinnerns wert erachtete das DDR-Geschichtsbild an der preußischen Vergangenheit zunächst wenig mehr als die deutsch-russische Waffenbrüderschaft gegen Napoleon, die einfache Herkunft des Generals Scharnhorst, nach dem der höchste Militärorden benannt wurde, das Feldgrau der Landwehr, das die Uniform der NVA übernahm, und allenfalls noch die Verdienste der Reformer Stein und Hardenberg.

Wo Friedrich seine Hauptstadt Berlin am markantesten geprägt hat, wurde ihm im 19. Jahrhundert ein Denkmal errichtet. Nach dem Zweiten Weltkrieg verbannt, reitet Friedrich seit 1980 am Forum Fridericianum wieder hoch über den Linden.

Erst 1980 kehrte das Reiterstandbild an seinen Stammplatz zurück – und markiert damit einen Wandel im stets offiziösen und von der zuständigen Abteilung Propaganda und Wissenschaft des Zentralkomitees der SED eng begleiteten Geschichtsbild der DDR, die ihr preußisches Erbe nunmehr etwas ganzheitlicher akzeptierte. Über die Zeit davor befand der britische Publizist Timothy Garton Ash:

»Die DDR pickt sich die Rosinen aus dem Kuchen der deutschen Vergangenheit.«[67]

Jetzt aber reklamierte der Staatsratsvorsitzende Honecker für eine eigenständige »sozialistische Nation DDR«, die er 1971 auf dem VIII. Parteitag der SED propagiert hatte, das bislang weitgehend ausgeschlagene Erbe: »Dazu gehört auch die Geschichte Preußens.«[68] Der sozialistische Staatschef nannte den Rückkehrer auf dem hohen Ross gar wieder den »Großen« – und konnte sich damit immerhin auf Friedrich Engels berufen.

Schlosspläne für Berlin

Der heute landläufigen Meinung zufolge konzentrierte Friedrich sein bauliches Wirken als König auf Potsdam und ließ seine Hauptstadt links liegen, weil er sie verabscheute. Dass Friedrich bei der Wahl seiner Wohnung gleich nach Regierungsantritt die damals noch selbstständige Stadt Charlottenburg der Hauptstadt vorgezogen hatte, dürften die selbstgewissen Berliner ihrem König übel genommen haben. Zumal Berlin mit über 100000 Einwohnern längst zur zweitgrößten Hauptstadt des Reiches nach Wien aufgestiegen war. Dass Friedrich Berlin aber keineswegs vernachlässigte, belegt die lange Reihe der Berlin betreffenden Baumaßnahmen aus Friedrichs Regierungszeit. Ein erheblicher Teil davon wurde in den Jahrzehnten nach dem Siebenjährigen Krieg getätigt und ist sicher auch als Konjunkturpaket für die gebeutelte Wirtschaft zu begreifen. Insgesamt jedoch wurde in Berlin, mit Unterbrechungen zu Kriegszeiten, immer irgendwo gebaut – ganz so wie heute. Abgesehen von Um- und Ausbauten zahlreicher Schlösser in und um Berlin verfügte Friedrich den Neubau eines Doms im Lustgarten, stattliche steinerne Brücken, die ältere Holzkonstruktionen ablösten, und an die zweihundert Bürgerhäuser. Daneben ließ er für die zahlreichen Versehrten seiner Kriege das Invalidenhaus errichten, außerdem Kasernenbauten, Manufakturgebäude, Stadttore und das weithin gerühmte Bauensemble des Gendarmenmarktes. Und schließlich ließ Friedrich schon zu Beginn seiner Regierungszeit das Jagdgebiet vor dem Brandenburger Tor, den Tiergarten, von seinem Freund Knobelsdorff zur Erholung der Berliner in einen barocken Lustgarten umgestalten. Knobelsdorff war nach der gemeinsamen Rheinsberger Zeit aufgestiegen, als »Sur-Intendant aller Kgl. Schlösser, Häuser und Gärten wie auch Directeur en chef aller Bauten in denen sämtlichen Provinzen« seit 1742 gar zum obersten Baubeamten in Preußen.

Dass Friedrich sich gleichwohl vorzugsweise anderswo als in Berlin aufhielt, dürfte auf seine schlechten Kindheitserinnerungen und seine tiefe Abneigung gegen das Hofleben zurückzuführen sein. Dass aber das aufstrebende Preußen einer Hauptstadt mit architektonischer Ausstrahlung bedurfte, war Friedrich sehr bewusst. Seine Bautätigkeit zielte nicht zuletzt auf die ausländischen Fürstenhöfe und sollte seiner Regierungsprogrammatik architektonischen Ausdruck verleihen. Darin entsprach er der Notwendigkeit eines großen Auftritts, den er seinem Großvater nicht hatte zugestehen wollen, obwohl der mit dem Bau des prächtigen Berliner Schlosses ein paar Jahrzehnte zuvor ja nichts anderes im Sinn gehabt hatte.

Friedrichs Pläne für das Forum Fridericianum lassen sich in die Rheinsberger Zeit zurückverfolgen. Aussehen und Maßstab gehen dabei in erheblichem Maß auf königliche Entwürfe und Vorgaben zurück; Friedrich zeichnete selbst und korrigierte Aufrisse, die Knobelsdorff für ihn erstellt hatte. Umgehend nach Regierungsantritt nahm Friedrich die Baumaßnahmen in Angriff, binnen Monatsfrist nach dem Tod des Vaters berichtete die *Berlinische Privilegierte Zeitung* von den königlichen Plänen. Sie machen deutlich, dass Friedrich einen kraftvollen städtebaulichen Akzent setzen wollte. Stadtauf, landab verbreitete sich die Nachricht, dass der junge König eben hier, zwischen Lindenboulevard und Schlossbezirk, prachtvoll und im großen Maßstab zu bauen gedachte. Der Bereich harrte ohnehin der Gestaltung, seitdem einige Jahre zuvor die alten

Festungsanlagen niedergelegt worden waren. Gerade an dieser Stelle hatten sie den Schlossbezirk am Rand der alten Stadt von den westlichen barocken Neusiedlungen Friedrichstadt und Dorotheenstadt unvorteilhaft getrennt, folglich lag auf der Hand, dass ein neuer König dort Maßnahmen ergreifen würde.

In Sichtweite des Schlüter'schen Schlosses wollte er einen gewaltigen Palast bauen, dessen Gärten bis an die Spree und zum Schlosspark Monbijou reichen sollten, wo Knobelsdorff den Wohnsitz seiner Mutter bereits zum repräsentativen Witwensitz der Königinmutter ausbaute. Die Gartenanlagen der drei Schlösser hätten sich zu einem ausgedehnten Park am nördlichen Stadtrand vereint, durchflossen von der Spree.

Das neue Schloss, Arbeitstitel Pallais du Roy, sollte auf der Nordseite eines neuen Residenzplatzes stehen. Die Linden hätten aus westlicher Richtung auf diesen riesigen Platz geführt, dem Palast gegenüber sollten ein Opernhaus und ein Ballhaus, eine Art höfische Turnhalle, errichtet werden. Dessen Standort wurde schon bald für ein neues Akademiegebäude vorgesehen. Geplant waren mehrere lange Sichtachsen, die quer durch die westlichen Vorstädte reichen sollten. Der sächsische Gesandte König berichtete im Sommer 1740 nach Hause: »Das alte Schloß will er vorerst gar nicht bewohnen, vielleicht mehr aus einem Widerwillen gegen dasselbe, weil er in seinem Leben so vielen Verdruß darin ausstehen müssen, als weil, wie er gesagt, doch nichts gescheutes daraus zu machen sein, wie viel er auch daran wenden würde. Also soll ein sehr großes neues Schloß, nicht weit von dem alten, nebst einem kostbaren Garten und nahe dabei die große Königl. Akademie erbauet werden.«[69] Die Abkehr vom Stammsitz seiner Familie wäre gleichzeitig ein unmissverständlicher Ausdruck von Eigenständigkeit und persönlichem Stil gewesen.

Welch herrschaftlichen Maßstab Friedrich für seinen neuen Herrschaftsbezirk anstrebte, lässt sich leicht nachvollziehen, wenn man auf dem heutigen Bebelplatz steht und über die Linden auf die Humboldt-Universität an der Nordseite schaut. Etwa doppelt so breit sollte Friedrichs neuer Stadtpalast werden, also neben der heutigen Humboldt-Universität auch den jetzigen Standort der Staatsbibliothek umfassend, wo sich damals das alte Gebäude der Akademie befand. Die nötigen Stadtraumproportionen hätte die um ein Vielfaches größere Place Royale davor geliefert. Im Ganzen wäre das Schloss mit drei Flügeln, einem großen Ehrenhof und seitlich zwei weiteren Innenhöfen 300 Meter lang und 150 Meter tief geraten – mithin um die Hälfte umfänglicher als das ohnehin schon stolze hohenzollerische Stammschloss ein paar Steinwürfe weiter.

Zuerst wurde bald nach Friedrichs Regierungsantritt das Opernhaus gebaut, einstweilen floss daneben noch Wasser im Festungsgraben. Wegen der Umplanungen stand die Oper lange Zeit recht einsam auf dem ehemaligen Festungsgelände zwischen Schlossbezirk und Lindenboulevard. Links auf der Ansicht von 1778 die Hedwigskirche.

Doch daraus wurde nichts, weil der Erwerb der notwendigen Grundstücke nicht gelang. Ausgerechnet die eigene Familie durchkreuzte Friedrichs ehrgeizige Residenzpläne – die Verwandten aus Brandenburg-Schwedt, denen ein Palais an der Westseite des heutigen Bebelplatzes gehörte, wollten nicht verkaufen. Friedrich und Knobelsdorff planten daraufhin den Palast und die Gesamtanlage um, insgesamt aber kam das neue Schloss gar nicht mehr zur Ausführung, und auch nicht das geplante Ballhaus. Erst kam der schlesische Feldzug dazwischen, dann entschied sich der König ganz gegen den Bau eines neuen Residenzschlosses und ließ im alten Schloss nun doch und mit viel Aufwand eine Wohnung für sich herrichten – für die wenigen Wochen im Jahr, in denen er der Hauptstadt seine Aufwartung machen musste. Gegenüber der Öffentlichkeit gab man gesichtswahrend an, der sumpfige Untergrund lasse den ehrgeizigen Schlossbau nicht zu.

Das einzige Stein gewordene Stückchen des Ursprungsentwurfs ist das dem geplanten Palast gegenüberliegende Opernhaus. Friedrich wählte nicht ohne Bedacht ein kulturelles Gebäude als erstes Bauprojekt nach Regierungsantritt. Man durfte es als komplementäre Ergänzung zur Europa aufschreckenden Kriegstätigkeit sehen – und viel mehr dem entsprechend, was man von Friedrich erwartet hatte, als es der schlesische Feldzug war. Immerhin lautet ein Satz seines Antimachiavel:

»Nichts gibt einem Reich mehr Glanze, als wenn die Künste unter seinem Schutz erstehen.«[70]

Unübersehbar rehabilitierte die Oper die schönen Künste, die der Soldatenkönig so ausgehungert hatte. Sinnfällig steht es schräg gegenüber vom Zeughaus, als königliche Waffenkammer das wichtigste Bauwerk der preußischen Armee.

Grundsteinlegung war Anfang September 1741, während Friedrich sich in Schlesien befand; die Einweihung beging man bereits Anfang Dezember 1742, mit der Graun-Oper *Cleopatra e Cesare*. Seiner Bayreuther Schwester schrieb Friedrich tags darauf: »Du scherzt über unsere Zerstreuungen, aber das ist alles, was müßigen Menschen wie uns übrig bleibt. Während die europäischen Großmächte sich bekriegen [gemeint ist der andauernde Österreichische Erbfolgekrieg, aus dem sich Friedrich mit dem Frieden von Berlin bis auf Weiteres verabschiedet hatte], führen wir Krieg nur auf dem Theater und sehen die Wut der Menschen galant dargestellt (...)«[71] Wilhelmine, die von der Vollkommenheit des Bauwerkes gehört hatte, das schon seit seiner Errichtung für Aufsehen sorgte, bat um einen Plan, worauf Friedrich antwortete: »(...) werde ich Knobelsdorff befehlen, Dir den Plan des Opernhauses zu schicken. Es ist jetzt ganz vollendet; das Gebäude wird hoffentlich Deinen Beifall finden; denn es ist von außen schön und im Innern bequem.«[72] Knobelsdorffs Vorbilder waren englische Landhäuser in der Tradition Palladios, vor allem Wanstead House in East London. Den sonst eher schlichten Baukörper prägt der eindrucksvolle korinthische Säulenportikus an der Straßenfront; der Giebel mit der Inschrift *Fridericus Rex Apollini et Musis* zeigt die Musik inmitten der Künste. Das Bildprogramm der Fassaden verweist auf antike Theaterschreiber und auf die griechische Mythologie, darunter zuvörderst Apoll, dem das Opernhaus gewidmet ist. Der Figurenschmuck ist heute nicht mehr vollständig, zudem haben Umbauten seither die Proportionen des Gebäudes verändert. Beispielsweise wird der Blick auf die dahinterstehende Hedwigskathedrale durch seitlich vorspringende Erweiterungen behindert, die auch der Wiederaufbau nach dem Zweiten Weltkrieg beließ.

Das Opernhaus wurde umgehend zum maßgeblichen Ort musikalischer Veranstaltungen – und natürlich auch gesellschaftlich zu einer wichtigen Bühne. In den Monaten Januar und Februar fanden zweimal wöchentlich Aufführungen statt, mit meist zwei Premieren pro Saison. Die Darbietungen waren auf Italienisch und (überwiegend) von Italienern, aber unter den Komponisten und Musikern waren durchaus Deutsche, darunter Kapellmeister Graun, Agrikola und Quantz. Zumal Friedrich zur Opernsaison meist in Berlin weilte, aber vor allem wegen seiner Musikleidenschaft nahm er großen (und mitunter höchst eigenwilligen) Einfluss auf das künstlerische Geschehen des Hauses. Berühmt wurde die Tänzerin Barbara Campanini, genannt Barbarina, die Friedrich 1743 gegen ihren Willen von Venedig nach Berlin bringen ließ, wo sie das Publikum einige Jahre begeisterte. Nachdem sie in königliche Ungnade gefallen war, ging sie 1748 nach England. Während des Siebenjährigen Krieges wurde das Haus geschlossen und hernach wohl mit geringeren Geldmitteln als zuvor bespielt.

Kunstwerk mit Abstrichen

Abgesehen vom Opernhaus blieb das ehemalige Festungsgelände vor dem Beginn der Prachtmeile Unter den Linden aufgrund der gescheiterten Planung zunächst weitgehend frei. Das konnte auf Dauer nicht befriedigen – mochte auch Knobelsdorff unverdrossen die Vorteile der isoliert stehenden Oper hervorheben: »(...) stehet von allen Seiten frei und hat von außen so viel Platz um sich herum, dass 1000 Kutschen gemächlich alda halten können.«[73]

Die Berliner hatten Grund zu befürchten, dabei könne es womöglich auch bleiben, denn Friedrich betrieb längst in Potsdam den Bau des Sommersitzes Sanssouci und den Ausbau des dortigen Stadtschlosses. Und doch schwand Friedrichs Interesse am hauptstädtischen Bauen keineswegs. Zunächst kam das Forum zu protokollarischen Ehren, als im Januar 1746 die Feierlichkeiten zum Frieden von Dresden hier abgehalten wurden – und nicht etwa im Lustgarten vor dem Schloss, der vom Soldatenkönig allerdings in einen staubigen Exerzierplatz umgewandelt worden war. Der neuerliche Friede hatte nunmehr auch den Zweiten Schlesischen Krieg zu einem für Preußen leidlich befriedigenden Ende gebracht.

Das Land feierte den Frieden, und die Hauptstadt feierte den heimgekehrten König. Am Beginn der Linden, wo heute das Reiterstandbild des Königs steht, war eigens eine dreitorige Ehrenpforte errichtet worden, die festlich erleuchteten Straßen quollen über vor Menschen. Gegenüber der Oper wurde ein Friedenstempel gebaut, knapp 16 Meter hoch, 22 Meter breit und von zwei kleinen Obelisken flankiert. Hier wurde ein großes Feuerwerk abgebrannt. Zu diesem Anlass wurde Friedrichs Namen erstmals der Zusatz »der Große« angefügt, die allgemeine Euphorie wird zumeist als Beginn eines preußischen Patriotismus angesehen.

Bald nach den Festlichkeiten wurde als zweites Bauwerk eine katholische Kirche in Angriff genommen. Abermals erfuhr die königliche Bautätigkeit internationale Beachtung, denn welcher europäische Monarch ließ 100 Jahre nach dem Westfälischen Frieden an einem so zentralen Ort der anderen Konfession ein repräsentatives Gotteshaus errichten? In der Tat war der Kirchenbau nicht zuletzt politisch bedingt: Religiöse Toleranz gehörte schon aus wirtschaftlichen Gründen seit Langem zur brandenburg-preußischen Staatsräson, und mit der Einverleibung Schlesiens war der katholische Teil der Untertanenschar um das Acht-fache gewachsen. Da war es nur folgerichtig, dem Katholizismus in der Hauptstadt eine repräsentative Kirche zuzugestehen und sie nach der Schutzheiligen Schlesiens zu benennen, der heiligen Hedwig. Friedrich hatte der katholischen Gemeinde Berlins, bis dato noch nicht im Besitz einer eigenen Pfarrkirche, den Bau gestattet: »eine Kirche, so groß, als sie solche immer haben wollen (...) ohne einigen Vorbehalt, oder Widerreden«[74].

Friedrich gab allerdings mehr oder weniger zwingend als architektonische Form einen dem römischen Pantheon nachempfundenen Tempelbau vor. Dass er in seinen eigenhändigen Zeichnungen den früheren römischen Allreligionstempel, seit 609 katholische Kirche, zum Vorbild erkor, gab zu der wohl haltlosen Vermutung Anlass, Friedrich habe ursprünglich ein Gotteshaus für alle Religionen im Sinn gehabt. Bis zur Einweihung sollten aber noch Jahrzehnte ins Land gehen. Zwar stellte der König den Bauplatz und 18 Eichenstämme zur Verfügung, um das Fundament im schwierigen Berliner Baugrund zu

Im 18. Jahrhundert erste katholische Pfarrkirche Berlins seit der Reformation, ist die Hedwigskathedrale heute die katholische Bischofskirche. Der Innenraum wurde nach Kriegszerstörung modern gestaltet, aber das restaurierte Äußere orientiert sich erkennbar am Pantheon in Rom.

Nachdem Friedrich seinen Lebensmittelpunkt nach Potsdam verlegt hatte, ließ er seinem Bruder da, wo er sich in Berlin ein neues Schloss hatte bauen wollen, ein Palais errichten. Heinrich verbrachte hier die Wintermonate; nach seinem Tod wurde es zur Humboldt-Universität.

verankern, zwar kamen aus den katholischen Ländern genügend Spenden zusammen, um die Baukosten zunächst zu bestreiten. Dann aber geriet der Bau ins Stocken und kam Mitte der 1750er-Jahre ganz zum Erliegen, zumal auch der König das Interesse verloren hatte und der Siebenjährige Krieg dazwischenkam. Zum Einweihungsgottesdienst am 1. November 1773 war das Brimborium zur Grundsteinlegung ein Vierteljahrhundert zuvor in den Köpfen der meisten Anwesenden nurmehr vage in Erinnerung.

Anstelle des neuen Pallais du Roy und mit nur einem Viertel von dessen projektierter Größe ließ Friedrich ab 1749 von seinem Baumeister Boumann d. Ä., der in Potsdam und Berlin zahlreiche Aufträge ausführte, für seinen Bruder Heinrich eine Hauptstadtresidenz errichten. Er sollte neben seinem Sommersitz Rheinsberg eine standesgemäße Adresse in Berlin erhalten. Fast eine halbe Million Taler wurden über die Jahre darauf verwendet, eine gewaltige Summe, mit der aber auch der Innenausbau bestritten wurde. Es dient heute der Humboldt-Universität als Hauptgebäude. Das hufeisenförmige Gebäude öffnete sich zu einem Ehrenhof, der durch ein schmiedeeisernes Rokokogitter eingefasst war. Über der Attika von Corps de Logis und Seitenflügeln ließ Friedrich sieben Figuren berühmter Liebespaare aufstellen – vielleicht eine spottlustige Aufforderung an den Bruder, es doch einmal mit der gegengeschlechtlichen Liebe zu versuchen. Der Vollendung des Baus kam der Siebenjährige Krieg in die Quere, erst Anfang 1766 bezogen Heinrich und seine Frau ihr neues Zuhause.

Trotz der Größe und vorheriger Bedenken erwies sich das Palais als sehr bequem, wie Zeitgenossen attestierten. Graf Lehndorff, Kammerherr der Königin und enger Freund Prinz Heinrichs, lobte anlässlich der festlichen Einweihung in den höchsten Tönen: »Alles ist neu: Das Palais, das Tafelgeschirr, die Dienerschaft, die Kutschen und die ganze Einrichtung, kurz, alles ist großartig, geschmackvoll und fein. Auch dem König scheint es zu gefallen. Abends gibt der Prinz der ganzen Stadt einen Maskenball. Über 2000 Masken erscheinen, darunter sehr prächtige.«[75] Seither fanden hier häufig Festlichkeiten statt, wie sie der König der Stadt zumeist vorenthielt. Nach Heinrichs Bruch mit der Gattin kam beiden zugute, dass das Haus mit seinen zwei Treppenhäusern so gebaut war, dass man einander mühelos aus dem Weg gehen konnte, wie Graf Lehndorff spöttisch vermerkte.

Das letzte Gebäude, das Friedrich an diesem Ort errichten ließ, sprengt eigentlich stilistisch und maßstäblich das Gesamtensemble. Es wurde 1774–80 gebaut – inzwischen hatten die Verwandten aus Brandenburg-Schwedt das Grundstück gegenüber der Oper veräußert. Zur Ausführung kam ein Entwurf des nunmehrigen Hofarchitekten Georg Christian Unger, der einen Plan seines österreichischen Kollegen Joseph Fischer von Erlach zum Vorbild hatte. Eigentlich für die Wiener Hofburg gedacht, war er seit 1725 in Bau. Dieser Michaeler-Trakt wurde daher bemerkenswerterweise erst nach seiner Berliner Kopie fertig – noch dazu in abgewandelter Form. Man darf vermuten, dass die spöttische Geste durchaus im Kalkül des Bauherrn gelegen hat. Die Berliner spotteten ihrerseits über die »Kommode« – wegen der kühn geschwungenen Fassade, die für Berliner Baukunst nicht gerade typisch ist. Denn es passt nicht wirklich – weder zu den anderen Gebäuden des Forums, zumal es sie überragt, noch auf das Grundstück, das es doch sehr drängend ausfüllt. Mehrmals wurde denn auch ein Abriss erwogen – zuletzt, als für den Prinzen Wilhelm, den späteren Wilhelm I., nebenan ein klassizistisches Palais errichtet wurde. Zur Zeit der Errichtung bestand nicht einmal die Notwendigkeit einer großen Königlichen Bibliothek, die im Apothekerflügel des Schlosses untergebracht war.

Das letzte Gebäude am Forum Fridericianum machte Wien eine lange Nase: Eigentlich als Anbau der Hofburg seit Jahrzehnten in Planung, wurde die Berliner Kopie als Königliche Bibliothek früher fertig als das Original: 1780.

Die Schönheit Berlins

Mochte das ausgeführte Forum Fridericianum den ursprünglichen Plänen auch nur zu einem geringen Teil entsprechen, so geriet es dennoch zum baulichen Ausdruck eines herrscherlichen Selbstverständnisses, das dem Geist und der Toleranz einen großen Stellenwert einräumt. Aus den Planungsnöten machte Friedrich eine Tugend und wandte sich selbstbewusst von den strengen Vorgaben barocken Städtebaus ab. Recht eigenwillig entschied er, was hier zur Ausführung kommen sollte – wie in seinen Schriften stets zur Pointe geneigt. Das Ergebnis ist erkennbar uneinheitlich, aber dennoch bemerkenswert stimmig. Nicht ohne Grund rühmten die zahlreicher werdenden auswärtigen Besucher mit Verweis auf die Abfolge alter Schlossbezirk, neues Forum und der nunmehr betriebsamen Prachtmeile Unter den Linden, die zum Tiergarten führte, die preußische Hauptstadt, wie der schottische Arzt James Boswell 1764: »Die Gebäude sind schön und die Straßen breit, lang und gerade. (…) Es ist die beste Stadt, die ich je gesehen habe.«[76]

Noch einhundert Jahre zuvor war eher Gegenteiliges zu vernehmen gewesen, jetzt fand Berlin immer öfter Aufnahme in die Route der Grand Tour betuchter Briten, zumal es dort weniger steif zuging als in London. Und nicht ohne Grund fanden Gesamtanlage und Einzelbauten Aufnahme in viele der maßgeblichen Architekturpublikationen der Zeit. Zu Recht ist das Forum außerdem als erstes Berliner Kulturforum bezeichnet worden, das Jahrzehnte vor der Museumsinsel entstand. Dem kulturellen Charakter des Ortes entspricht das Standbild, das Friedrichs Nachfolger ihm hier setzten, allerdings entschieden weniger: Von den zahlreichen Figuren und Namen am Sockel des Reiterstandbilds stellt die übergroße Mehrzahl Militärs dar, nur einige Minister sind darunter – und gerade mal zwei Geistesgrößen. Immanuel Kant und Gotthold Ephraim Lessing, die beiden maßgeblichen Vertreter der deutschen Aufklärung, müssen sich gar unter den Schweif des Pferdes drängen, da wo mit Pferdeäpfelbefall zu rechnen ist. Immerhin sind einige andere wenigstens namentlich vermerkt – und doch dominiert klar das Militärische.

Weit Gravierenderes als diese allzu einseitige Auslegung der friderizianischen Epoche stand aber noch aus. An das dumpfe Fanal der Bücherverbrennung am 10. Mai 1933, genannt »Aktion wider den undeutschen Geist«, erinnert heute das vielleicht eindringlichste Mahnmal der Stadt von Micha Ullmann: Eine ins Pflaster des (heute Bebelplatz genannten) damaligen Opernplatzes eingelassene Glasplatte gibt den Blick frei auf leere Bücherregale – sinnbildlich für den maßgeblichen Anteil deutschen Geisteslebens, der für mindestens zwölf Jahre, mitunter aber auf Dauer, der Kultur entrissen wurde. Geschändet wurde im Berliner Fall der deutschlandweit in Universitäts- und anderen Städten vieldutzendfach veranstalteten nationalsozialistischen Bücherverbrennungen auch der friderizianische Ort, das Forum Fridericianum.

SANS SOUCI

»Ich vergnüge mich damit, daran arbeiten zu lassen«

Schloss und Park Sanssouci

Sanssouci und Neuschwanstein sind zweifellos die weltweit berühmtesten deutschen Schlösser und ihre königlichen Bauherren, Ludwig II. von Bayern und Friedrich der Große, die wohl bekanntesten deutschen Könige überhaupt – was naturgemäß über historische Größe wenig aussagt. Dabei könnten sie, bei entfernter Verwandtschaft (Ludwig war Friedrichs Ururgroßneffe), kaum unterschiedlicher sein: der eine ein politisch rückwärtsgewandter, psychisch labiler Phantast und zur herrscherlichen Bedeutungslosigkeit verdammt, der andere ein aufgeklärter und pflichtbewusster, nervenstarker und vernunftorientierter Monarch, der einer Epoche seinen Stempel aufdrückte. Und doch: Beide bauten die betreffenden Schlösser als Refugium fernab des verabscheuten Hauptstadttreibens, beide waren überaus ungeduldige Bauherren, die überdies maßgeblichen Einfluss auf die Entwürfe nahmen, und: Beide würden sich zweifellos mit Grauen abwenden, wüssten sie um die Unzahl Touristen, die tagtäglich neugierig ihre Räume durchstreifen und einer diffusen Aura nachschnuppern. Für Ludwig allerdings war Neuschwanstein bereits der Anfang vom Ende, noch vor der Fertigstellung wurde er von seiner Regierung in psychiatrische Verwahrung gezwungen und ertrank bald darauf im Starnberger See. Friedrich hingegen konnte seine »Königsdatsche« auf dem Potsdamer Weinberg jahrzehntelang genießen, sofern es Kriegs- oder Regierungsgeschäfte zuließen.

Zu dem Zeitpunkt, an dem Friedrich sich entschloss, vor den Toren Potsdams einen Sommersitz zu bauen, hatte die Garnisonsstadt südwestlich von Berlin gerade einmal 11 000 Zivilbewohner nebst mehreren Tausend Soldaten. Militärsitz sollte Potsdam weiterhin bleiben, die Einwohnerzahl sollte sich bis zu seinem Tod verfünffachen. Da Friedrich ansonsten Stätten seiner Jugend nach Möglichkeit mied, wenn er schlechte Erinnerungen damit verband, überrascht die Wahl des Ortes insofern, als die seit dem Großen Kurfürsten wichtige Nebenresidenz Potsdam unter dem Soldatenkönig vollends zu einem politischen und militärischen Zentrum aufgewertet worden war. Aber während Friedrich Königs Wusterhausen nicht mehr wiedersehen wollte, wurde Potsdam sein liebster Wohnort. Zwar saß, auch unter Friedrich, die Staatsverwaltung in Berlin. Die Entscheidungen des Königs aber fielen zumeist in Potsdam. Denn von Kriegen, Reisen und winterlichem Pflichtmonat in Berlin abgesehen, verbrachte er die meiste Zeit in Potsdam: den Sommer in Sanssouci, den Winter im Potsdamer Stadtschloss.

Die Königsdatsche auf dem Weinberg: Sanssouci wurde zum Inbegriff sowohl für den schöngeistigen Philosophenkönig als auch den vereinsamten Alten Fritz. Noch heute werden auf den Terrassen Wein und Feigen angebaut.

Ein folgenreiches Picknick

Im August 1743, im Potsdamer Stadtschloss wurden gerade seine Wohnräume hergerichtet, ließ Friedrich auf einem Hügel zwischen Potsdam und Bornstedt einen Weinberg anlegen, wie er seinem Freund Jordan schrieb: »Laß mir 15 verschiedene Sorten Feigen aus Marseille kommen, im ganzen 400 Feigenbäume, alle in Kästen und imstande, noch desselben Jahres Früchte zu tragen.«[77] Zuvor war er für ein spätsommerliches Picknick dort gewesen, wie er tags darauf seiner Mutter schrieb:

> »Wir haben gestern auf dem Berge gespeist, von dem die Aussicht entzückend ist.«[78]

In dieser idyllischen Umgebung fasste er den Plan für einen Sommersitz ebenhier. Gleich neben dem Hügel lag ein Küchengarten, den Friedrichs Vater hatte anlegen lassen und mit spöttischem Verweis auf Versailles »mein Marly« nannte. Der seit Jahren »wüste Berg« wurde in einen terrassenförmig angelegten Weinberg verwandelt, aber schon bald wurde aus dem Vorhaben das umfassendere Projekt eines »Lustschlosses auf dem Weinberg«. Bereits Anfang 1745 wies Friedrich die Kurmärkische Kriegs- und Domänenkammer zum Ankauf von Baumaterial an.

Die Anlage offenbart den privaten Charakter des Schlosses: Die Schaufassade geht zum Garten, der eigentliche Haupteingang liegt im sehr viel nüchterneren Kolonnadenhof auf der Nordseite.

Hier und jetzt fochten unschöne Kindheitserinnerungen Friedrichs Pläne nicht weiter an. Schwerer wog vermutlich, dass der König nach den ersten ereignisreichen Regierungsjahren seiner Kronprinzenzeit nachtrauerte und die wald- und seenreiche Landschaft um Potsdam ihn an Rheinsberg erinnerte. Der Arbeit wegen kam das abgelegene Rheinsberg als königliche Residenz nicht infrage, in Potsdam dagegen konnte er sich fernab fühlen, ohne von seinen königlichen Pflichten allzu weit entfernt zu sein. Sein Weinbergschloss sollte er später oft vermissen, zumal im nicht enden wollenden Siebenjährigen Krieg, wie er seinem Vorleser de Catt anvertraute:

»Ich versuche mir einzubilden, daß ich in Sanssouci bin. Die Anlagen dort sind wirklich hübsch.«[79]

Mehr noch als bisher nahm Friedrich auf das Aussehen des Schlosses und seiner Umgebung Einfluss – und er griff, wie in Berlin, Motive auf, die an Rheinsberg erinnern: Insbesondere ein von Kolonnaden umrahmter Hof und eine runde Bibliothek, aber auch das Eingangsportal zum Park gehen darauf zurück. Auch sonst war das Projekt durchaus eigensinnig: unüblich der Bau auf einem Hügel und ein Weinberg als Zentrum einer Parkanlage, unüblich der individuellen Ansprüchen statt höfischer Ordnung angepasste Grundriss, unüblich die einseitige Ausrichtung auf den Garten und der fehlende Gebäudesockel. Letzteres lässt das Schloss, vom Fuß der Terrassen aus betrachtet, geduckt aussehen, weil es auf dem breiten Hügel fast verschwindet. Freund und Architekt Knobelsdorff gefiel das nicht, aber Friedrich bestand darauf, auf diese Weise Natur und Behausung zueinanderzuführen. Nur drei niedrige Stufen liegen zwischen Drinnen und Draußen. Auch dass die Auffahrt zum Schloss über eine für Kutschen allzu steile Rampe auf der Nordseite erfolgte, kümmerte den Bauherrn nicht: Gesellschaften mit Kutschengästen waren nicht vorgesehen, die handverlesenen Gäste werden wohl zu Pferde eingetroffen sein oder gar den beschaulichen Gang von der Stadt über die Gartenseite her genommen haben. Den nutzen auch heute viele Touristen, wenn sie nicht in Form von Busladungen auf der

anderen Seite des Schlosses ausgespieen werden. Die beiden Ansichten von Nord- und Südseite, auch das gehört zum programmatischen Eigensinn des Bauherrn, könnten unterschiedlicher kaum sein: Die an Rheinsberg erinnernden Kolonnaden schmücken in Sanssouci nicht die Garten- bzw. Seeseite, sondern umrahmen den eher herrschaftlichen Ehrenhof auf der Nordseite. Die Schaufront des Schlosses aber geht nach Süden zu und ist ungleich anziehender und verspielter in ihrem friderizianischen Rokoko. Karyatidenpaare zwischen den hohen Fenstertüren, gemischt- und gleichgeschlechtlich sowie keines dem anderen gleichend, verweisen in ihrer bacchantischen Üppigkeit ebenso auf den Charakter des Ortes wie das leitmotivisch auftauchende Weinlaub an der Fassade und im Inneren. Über dem aus der Gartenfassade vorspringenden Halbrund des Marmorsaals steht in gegossenen Lettern der Name des Hauses: *Sans, Souci*. Die eigenwillige Zeichensetzung liefert Nahrung für allerlei Spekulationen, ohne dass eine schlüssige Erklärung dafür geliefert worden wäre.

Besucht man Sanssouci heute, muss man sich nicht nur wegen der vielen Menschen in Schloss und Park gehörig anstrengen, um sich wenigstens gedanklich in Friedrichs Zeit zurückzuversetzen. Die Anlage des Hauses mit vergleichsweise wenigen Zimmern, die allesamt zur großen Terrasse hin ausgerichtet sind, ist heute ebendorthin aus konservatorischen und Sicherheitsgründen hermetisch abgeriegelt; zu Friedrichs Sommertagen hingegen hat sich das Innere der Natur draußen geöffnet, hat ihre Düfte und Brisen eingelassen und immer wieder den Blick vom emsigen Aktenstudium, der zerstreuenden Lektüre oder dem geistvollen Gespräch nach draußen gelenkt. Weil es ein privater Rückzugsort sein sollte und Friedrich weder speichelleckerische Höflinge noch intrigierende Hofdamen schätzte, war vergleichsweise wenig Personal vonnöten, um den Haushalt in Gang zu halten.

Friedrichs Tafelrunde

Der ungeduldige König drückte aufs Tempo. Im Rohbau war das Schloss 1745 fertig, Innenausbau und Parkanlage vier Jahre später, auch wenn die Einweihung bereits 1747 erfolgte: Am 1. Mai wurde, wie tags darauf die *Berlinischen Nachrichten* berichteten, neben einer großen Mittagstafel abends ein Konzert gegeben. Unser Bild vom heiter-kultivierten Sommerleben auf Sanssouci prägen, so wenig dokumentarisch akkurat sie auch sind, bis heute zwei Gemälde des Breslauer Malers Adolph von Menzel aus der Mitte des 19. Jahrhunderts: *Friedrich des Großen Tafelrunde in Sanssouci 1750* (1850), dessen Original 1945 in einem Berliner Flakbunker verbrannte, und *Flötenkonzert Friedrichs des Großen in Sanssouci 1750* (1850–52), das heute in der Berliner Alten Nationalgalerie ausgestellt ist.

Die *Tafelrunde* zeigt als Schauplatz den zentralen Raum des Schlosses, den Marmorsaal. Man betrat ihn, so man vom Ehrenhof über drei Stufen ins Schloss gelangte, durch das Vestibül, das wie der Ehrenhof von Doppelsäulen umstanden ist und dessen Fußboden aus schlesischem Marmor gefertigt wurde. Statuen von Merkur und Mars nahmen den Gast stumm in Empfang. Der dahinterliegende Marmorsaal trennte (und

Mitte des 19. Jahrhunderts stellte sich Adolph von Menzel die heiter-geistreiche »Tafelrunde in Sanssouci« so vor. In der Bildmitte der König, der über seinen Tischnachbarn hinweg mit Voltaire parliert. Schauplatz ist der zentrale Marmorsaal des Schlosses.

bescheiden, üblicherweise konnten Gäste an Königshöfen in größeren Appartements Wohnung nehmen. Hier aber, in der intimen Atmosphäre des hoffernen Privatrefugiums, in dem der Gastgeber selbst auch nur wenige Räume beanspruchte, war für Gäste nur ein Zimmer nebst einem Gelass für die Dienerschaft vorgesehen. Allerdings diente später der Kolossalbau Neues Palais am Westrand des Schlossparks vornehmlich der Unterbringung von Besuchern, außerdem wurde seit 1771 die Orangerie neben dem Schloss als »Neue Kammern« umgebaut und mit Gästewohnungen ausgestattet. Dafür nächtigte man im bescheidenen Gästeflügel von Sanssouci in unmittelbarer Nachbarschaft zum König und genoss den direkten Zutritt zur großen Terrasse. Eines dieser Zimmer, damals ganz in Gelb gehalten, trägt heute den Namen des berühmtesten Sanssouci-Gastes Voltaire, der allerdings ganz überwiegend eine kleine Wohnung im Potsdamer Stadtschloss nutzte, die Friedrich eigens für ihn hatte herrichten lassen. Auf dem Weinberg hat er allenfalls tageweise logiert.

Friedrich und Voltaire spazieren durch die Bildergalerie von Sanssouci. Die Freundschaft der beiden funktionierte besser im Briefwechsel als in den Jahren, die Voltaire in Potsdam verbrachte.

Die Aufnahme von Flüchtlingen hatte seit dem Edikt von Potsdam, das der Große Kurfürst 1685 erließ, in Brandenburg-Preußen eine gewisse Normalität erlangt. Ein Flüchtling aus Frankreich aber, der nicht wie die hugenottischen *refugiés* wegen seiner Konfession, sondern wegen seiner beißenden Kritik an der katholischen Kirche zu Hause immer wieder in Bedrängnis geriet, und der nicht nur in Potsdam Aufnahme fand, sondern für einige Jahre sogar in einer Art Wohngemeinschaft mit dem König lebte, musste ein besonderer Flüchtling sein: Voltaire war der wohl berühmteste Schriftsteller seiner Zeit und nach damaligem Verständnis des Wortes ein Philosoph. Das Interesse der beiden aneinander war gegenseitig, und beiderseits durchaus eigennützig. Bei aller Zuneigung und wechselseitigen Anregung für ihre Geistesarbeit befriedigten sie nicht zuletzt die Eitelkeit des jeweils anderen: Friedrich sah sich aufgenommen in die exklusiven Sphären des französischen *ésprit*, weil der Mann des Jahrhunderts mit ihm verkehrte; Voltaire war geschmeichelt ob des Interesses des schöngeistigen Kronprinzen und späteren Königs.

Nach Jahren der Korrespondenz und einigen kurzen persönlichen Begegnungen kam Voltaire, mit Erfahrungen an den Höfen Georgs I., Friedrichs Großvater mütterlicherseits, in London und Ludwigs XV. in Versailles, im Sommer 1750 nach Potsdam und avancierte zum königlichen Kammerherrn mit vielen Freiheiten, großzügig bemessenen Bezügen und dem seltenen Privileg, die königliche Privatbibliothek betreten zu dürfen. »Was gibt es Nützlicheres, Einfacheres und Richtigeres, als dass Philosophen, die dafür geschaffen sind zusammenzuleben, vereint durch das gleiche Interesse, den gleichen Geschmack und eine ähnliche Art des Denkens, sich diese Befriedigung gönnen. Ich achte Sie als meinen Meister in der Redekunst und im Wissen; ich liebe Sie als einen tugendhaften Freund«[82], schrieb Friedrich im Hochsommer 1750 bald nach dessen Ankunft in Potsdam an den bewunderten Schriftsteller. Unausgesprochen gehörte zu Voltaires Aufgaben natürlich, Friedrichs Ruhm zu besingen, was er auch tat – unter anderem nannte er ihn

»Salomon des Nordens«.

Doch so nah beieinander kamen die beiden nicht lange klar miteinander, die enge Verbundenheit der Geister mündete keineswegs in eine Symbiose. Hinzu kam, dass einer von beiden König war, was keiner von beiden je vergaß. Nicht einfacher machte es vermutlich die Tatsache, dass Voltaire kaum jünger war als Friedrichs Vater, also vielleicht gleichzeitig Objekt einer Vatersehnsucht und ihrer Ablehnung darstellte. Und schließlich waren beide überaus schwierige, egomanische Charaktere. Wie auch immer, im Frühling 1753 verließ Voltaire Potsdam. Der Bruch, so verletzend er noch für eine Weile recht öffentlich vollzogen wurde, war zwar nicht von Dauer, reichte aber für eine Reihe missgünstiger Sottisen aus der Feder des Franzosen. Friedrichs Schwester Wilhelmine versöhnte die beiden wieder miteinander, aber sie sollten sich gleichwohl nicht mehr wiedersehen – was dem weiteren Verhältnis vermutlich sehr zugute kam. Als Voltaire 1778 starb, ließ Friedrich eine selbstverfasste, bewegende Trauerrede vor der Berliner Akademie verlesen, wie er sie auch für andere verdiente Freunde geschrieben hatte.

Neigungen und Abneigungen

Wenn die Morgensonne in Friedrichs Bibliothek schien, setzte sie im östlichen Gitterpavillon im Gegenlicht eine antike Statue in Szene: *Der betende Knabe* aus dem dritten vorchristlichen Jahrhundert, der Anfang des 16. Jahrhunderts auf Rhodos geborgen worden, nach langer Odyssee in Wien gelandet und für 5000 Taler verkauft worden war. Per Maulesel und Schiff nach Potsdam verfrachtet, streckte er nunmehr auf Friedrichs Terrasse dem Betrachter seine Hände entgegen. Er wird als eines der vielen Indizien herangezogen, die als Beweis für die vermeintliche Homosexualität des Königs dienen sollen, denn einer verbreiteten Lesart zufolge stellt das Standbild den antiken Jüngling Antinoos dar. Er war der Liebhaber des alternden Kaisers Hadrian, der sich nach dem vorzeitigen Tod des Gefährten derart grämte, dass er dem schönen Kerl ungezählte Statuen errichten und ihn gar zum Gott erheben ließ.

Weitere solcher Hinweise sind Friedrichs Kinderlosigkeit und seine verschmähte Gattin, aber auch diesbezügliche, eher geschmacklose Äußerungen Voltaires oder der laszive Ton der Männerunde von Sanssouci. Letzterer entspricht aber nur dem Geschmack einer antiklerikal gesinnten Runde, die sich über religiös auferlegte Sprachverbote wortreich hinwegsetzt und namentlich die Jesuiten verspottet. Man gab sich libertin im doppelten Wortsinn: freigeistig und ausschweifend, so wie es die damalige Öffentlichkeit den Intellektuellen auch unterstellte. Die

Von seiner Bibliothek aus konnte Friedrich auf der Terrasse von Sanssouci den »Betenden Knaben« in Morgensonne getaucht bewundern. Der König war ein unermüdlicher Arbeiter und stand meist früh auf.

Indizienführung führt außerdem angebliche intime Freundschaften an, sei es zu Leutnant Katte oder, auch das, zu Voltaire – beides ist nicht nachweisbar. Andere halten Berichte über gegengeschlechtliche Liebschaften des Kronprinzen oder die Schwärmerei des Königs für die Tänzerin Barbarina dagegen, meist im erkennbaren Drang, den König vor vermeintlicher Verleumdung in Schutz zu nehmen.

Wieder andere verweisen auf Berichte königlicher Impotenz oder genitaler Verstümmelung infolge einer kronprinzlich erworbenen Geschlechtskrankheit. Handfeste Beweise für eine so oder so geartete sexuelle Aktivität oder Inaktivität liegen jedoch nicht vor, und gut möglich heißt noch lange nicht bewiesen, zumal mit modernen Kategorien Sexualität und Erotik des Barock erfassen zu wollen ein zumindest zweifelhaftes Unterfangen ist. Friedrichs Kinderlosigkeit beispielsweise spricht eher für Impotenz als für Homosexualität – die es als Selbstwahrnehmung in unserem Sinne ohnehin noch nicht gab –, denn es lässt sich vermuten, dass er die Zeugung eines Thronfolgers als pflichtbewusste Diensthandlung durchaus auch entgegen seiner Neigung vorgenommen hätte. Die Sorge um die Thronfolge beschäftigte ihn nämlich kaum weniger als einst seinen Vater.

Wie auch immer – dass Sanssouci zumeist ein Männerhaushalt war, verweist auf das unbestritten schwierige Verhältnis Friedrichs zu Frauen. In Rheinsberg hatten die Kronprinzessin und weitere Damen dazugehört, aber auf diese dem väterlichen Argusauge geschuldete Konvention wurde nun bis auf Ausnahmen verzichtet. Sobald Friedrich den Thron bestiegen hatte, machte er wahr, was er schon vor der Hochzeit angekündigt hatte: Er verstieß seine Frau zwar nicht, hielt sie aber aus Potsdam fern. Dorthin kam sie erst während Friedrichs Abwesenheit im Siebenjährigen Krieg, was ihr Kammerherr Lehndorff so kommentierte: »Ich habe mich bei dieser Gelegenheit über die Fügung des Schicksals gewundert, daß die Königin von Ungarn ein Heer nach Berlin schicken muß, damit die Königin von Preußen die Residenz ihres Gemahls zu sehen bekommt.«[83]

Elisabeth Christine lebte im Berliner Schloss, wo ihre Wohnung aus Gründen der Hofhaltung doppelt so groß war wie die Friedrichs, sowie für einen eher kürzeren Sommer im kleinen, liebenswerten Schlösschen Schönhausen nördlich von Berlin (heute Bezirk Pankow). Das Berliner Hofleben schaffte Friedrich zwar nicht ab, ließ es aber am ausgestreckten Arm nahezu verhungern, indem er Potsdam gleichzeitig zur Schaltzentrale und zur antihöfischen, gleichwohl vielbeachteten Bühne machte. Der Königin beließ er zwar die repräsentative Rolle in Berlin – jedenfalls nach dem Tod Sophie Dorotheas –, aber dieser glanz-, weil königslose Dienst gestaltete sich doch eher kümmerlich, zumal Friedrichs Berlinaufenthalte nach dem Siebenjährigen Krieg immer weniger wurden. Und selbst dann bekam die Königin ihren Gatten höchstens ausnahmsweise zu Gesicht. Berühmt wurde Friedrichs einziger an Elisabeth Christine gerichteter Satz nach sieben Jahren kriegsbedingter Abwesenheit:

»Madame sind korpulenter geworden.«[84]

Der Schlosspark von Sanssouci hat heute nur noch in Teilen das Aussehen, das Friedrich ihm geben ließ; nicht zuletzt hat ihn der Landschaftsarchitekt Lenné im 19. Jahrhundert umgestaltet. Wenn der König sich dort erging, lief er durch eine barocke Anlage, die Anklänge an Versailles mit Anleihen bei der Antike gekonnt verbindet. Der Park war mit zahlreichen Obstbäumen und -stauden bestückt, wie es Friedrich liebte – und auch durchaus nutzte, denn das Obst wurde für die königliche Tafel angebaut. Besonders Kirschen aß er so gern, dass er dafür gutes Geld anlegte, wenn sie in Potsdam noch nicht reif waren, wie er seinem Kammerdiener Fredersdorf gestand: »Du wirst schmälen [schimpfen]; ich glaube, daß gestern für 180 Thaler Kirschen gegessen worden; ich werde mir eine liederliche Reputation machen.«[85]

Insofern diente das ausgeklügelte Terrassensystem des Weinbergs durchaus dem Sparen, wie aus den folgenden Erläuterungen des Potsdamer Baudirektor Mangers hervorgeht: »Jede dieser Terrassen bekam 10 Fuß Höhe und wurde mit Fenstern versehen, hinter welchen die Weinstöcke in besonderen Nischen, deren überhaupt 168 sind, entweder konzentrierte Sonnenwärme oder durch deren Öffnung Luft bekommen konnten: daß also dadurch die Absicht, alle und jede Arten ausländischer Reben fort- und ihre Früchte zur gehörigen Reife zu bringen, vermittelst geschickter Behandlung jeder Art derselben in Sonderheit, notwendig vollkommen zu erreichen sein mußte.« Dazu gehörte die Ausgestaltung der sechs Terrassen »nach parabolisch eingebogenen Linien wegen mehrerer Ab- und Gegenprallung der Sonnenstrahlen nach allen einzelnen Stellen«.[86]

Von den zahlreichen weiteren Bauten im Park von Sanssouci ließ Friedrich viele selbst errichten: die Bildergalerie für seine wachsende Gemäldesammlung, die Orangerie bzw. Neuen Kammern, Antikentempel, Neptungrotte und Chinesisches Haus mit dem beschirmten Mandarin auf der Dachlaterne, und schließlich das Neue Palais. Die Parkschöpfung von Sanssouci wurde zum Keim des preußischen Arkadien in und um Potsdam, an dem Friedrichs Nachfolger auf dem Thron weiterarbeiteten – die wichtigsten sind Neuer Garten sowie die Parkanlagen von Glienicke und Babelsberg.

Allein in den Häusern und Gärten von Sanssouci kann man Tage verbringen und sich be- und verzaubern lassen – aber bringt dieses friderizianische Gesamtkunstwerk uns seinem Schöpfer näher? Jedenfalls verwandeln Schloss und Park Sanssouci einen Zwiespalt in Harmonie, was Friedrich nicht mit allen inneren Brüchen gelang: Privat und individuell zog er sich hierher zurück, tat das aber unübersehbar für die Welt und mit großer Geste. Niemals hätte er sein Amt veräußert, und doch kokettierte er immer wieder mit der Idee eines Rückzugs ins Private, so mehrmals im Siebenjährigen Krieg gegenüber seinem Vorleser de Catt: »Ein paar gute Freunde möchte ich haben; kein Militär, denn ich will keinen Ehrgeiz; auch in einer Stadt soll es nicht sein, denn dort würde ich immer König sein, man würde mir mit zu viel Respekt begegnen. Und ich will, daß jeder sich frei fühlen soll und daß man ganz als Freunde zusammen lebt.«[87]

Als König und in Sanssouci gelang ihm im Rahmen seiner Möglichkeiten allenfalls eine Annäherung an ein solches Ideal. Die Rheinsberger Unbeschwertheit ließ sich jedoch nicht fortsetzen, denn weder er noch seine Gefährten, von den Hunden abgesehen, konnten je vergessen, dass er der König war. Über der geistvollen Tafelrunde von Sanssouci schwebte stets der erhabene Status des Hausherrn. Und trotzdem ist kein Ort friderizianischer als Sanssouci und der jährlich zehntausendfache Besuch insofern gerechtfertigt. Denn hier schuf Friedrich ein Gesamtkunstwerk, das über die Brüche und Ungereimtheiten in seinem Charakter und seinem Wirken schon deshalb viel mitteilt, weil es ein Lebensprogramm ausdrückt, das an der Wirklichkeit scheiterte.

Der beschirmte Mandarin auf dem Dach des Chinesischen Teehauses im Potsdamer Park von Sanssouci.

»Hier ist ein Fürstenthum im Frieden erobert«

Das Oderbruch

Steht man zur richtigen Jahreszeit irgendwo zwischen Hohensaaten und Lebus im Osten Brandenburgs am Rand des Oderbruchs, senkt sich der Blick auf blühende Landschaften. Eine gemächliche Idylle entfaltet sich auf einer Länge von 50 Kilometern vor dem Betrachter: Äcker und Weiden, Kanäle und Wiesengründe, Kühe und Pferde, verschlafene Dörfer mit Storchennestern. Dabei verdankt sich dieses Paradies nicht der Natur, sondern ist von Menschenhand so geworden, wie es sich heute darbietet. Vor 300 Jahren noch war das Oderbruch eher dem naturwüchsigen Spreewald mit seinen unzähligen Wasseradern vergleichbar und dem Menschen keine sanfte Idylle, denn zweimal im Jahr wurde die Landschaft vom Hochwasser der Oder überschwemmt, die sich damals in vielen Nebenarmen durch die Landschaft zog. Weil ein Höhenzug den direkten Durchgang in Richtung Norden versperrte, zog die Oder sehr gemächlich eine lange Kurve nach Westen, um über Wriezen, Freienwalde und Oderberg das Hindernis zu umgehen. Im Sommer und vor allem im Frühjahr glich das Gebiet einer unendlichen Wasserfläche, aus der hier und da wie Halligen wenige Inseln herausragten, und das Wasser, das manchmal vier Meter hoch im Gelände stand, verzog sich nur sehr langsam wieder. Das Oderbruch war damals zwar ungemein reich an Fischen, Krebsen und Vögeln, selbst Sumpfschildkröten, aber landwirtschaftlich weitgehend ungenutzt und noch dazu eine Brutstätte der Malaria: »Über dem allem aber schwebte, an stillen Sommerabenden, ein unermeßlicher Mückenschwarm, der besonders die Gegenden von Freienwalde und Küstrin in Verruf brachte.«[88]

Nur in den höher gelegenen Flächen siedelten seit dem Mittelalter Fischer und einige wenige Bauern. Mit den Augen des 18. Jahrhunderts betrachtet, war das Großökotop Oderbruch nichts weniger als nichtsnutzig, was als vermutlich Einzige die dort ansässigen Fischer anders sahen. Heute ist es eine der fruchtbarsten Gegenden Deutschlands und landwirtschaftlich ertragreich; nicht ohne Grund erhielt es zu DDR-Zeiten die Bezeichnung »Gemüsegarten Berlins«. Allerdings erwies sich das nunmehr viel stärker besiedelte Gebiet mit seinen Kulturflächen als Sorgenkind, weil die Deiche einem wasserreichen Frühjahrshochwasser der Oder nicht immer standhalten konnten. Denn die Niederung an der Grenze zu Polen liegt nur zwischen ein und 14 Metern über Normalnull.

Existierte das Oderbruch heute noch in seiner ursprünglichen Form, wäre es zweifellos längst unter strengsten Schutz gestellt. Niemand würde auf die Idee kommen, beispielsweise den von zahllosen Wasseradern durchzogenen Spreewald weiter südlich trockenzulegen, etwa um dort landwirtschaftliche Anbaufläche zu gewinnen oder Menschen anzusiedeln. Für Letzteres besteht in vielen Regionen Ostdeutschlands ohnehin wenig Veranlassung, weil dort der umgekehrte Trend der Abwanderung vorherrscht und sich ganze Landstriche entleeren.

Vor wenigen Jahrhunderten lagen die Dinge anders, weshalb Friedrich der Große das Oderbruch, oder genauer seinen nördlichen Teil, das Niederoderbruch, entwässern, besiedeln und urbar machen ließ. An der Oder wurde von 1746 bis 1753 mit Brachialgewalt ins Gewachsene eingegriffen, es war sozusagen ein Siebenjähriger Krieg gegen die Natur, wie Theodor Fontane ein Jahrhundert später anmerkte und, bei aller Bewunderung für das Errungene, im Hinblick auf die unterlegene Natur mit der Vokabel »Vernichtungskrieg« versah.

Es ist dies nur eines von zahlreichen ähnlichen Projekten in dem knappen halben Jahrhundert, in dem Friedrich regierte. Entwicklungsreserven gab es genügend, denn die gesamte Norddeutsche Tiefebene war von sumpfigem Brachland durchzogen.

Das Oderbruch bei Neubarnim. Wo früher Fischer reiche Ausbeute fanden, dominiert heute die Landwirtschaft. Bevor Friedrich der Große das Oderbruch im 18. Jahrhundert trockenlegen ließ, überflutete die Oder das riesige Gebiet zweimal jährlich.

»Wer den Boden verbessert, wüst liegendes Land urbar macht und Sümpfe austrocknet, der macht Eroberungen von der Barbarei«[89],

Friedrich der Große überzeugt sich von den Fortschritten bei der Trockenlegung im Oderbruch. Es war sein Siebenjähriger Krieg gegen die Natur. Kolorierter Holzstich, um 1890.

so sah es Friedrich. In fast allen Provinzen, alt und neu, wurde Neuland zur Besiedlung gewonnen, denn ein Zuwachs an Bevölkerung bedeutete Wirtschaftswachstum und vermehrte Steuereinnahmen. Das Zauberwort der Epoche lautete Peuplierung, und Friedrich widmete sich dieser Aufgabe besonders intensiv. Auch seine hohenzollerischen Vorbilder, der Große Kurfürst und der Soldatenkönig, hatten sich dieser Aufgabe verschrieben, einen solchen Umfang wie Friedrich erreichten sie dabei aber nicht. Die Trockenlegung des Oderbruchs war das erste große Projekt dieser Art, das Friedrich in der Friedensperiode vor dem Siebenjährigen Krieg in Gang setzte. Neben einer Vielzahl begrenzter Meliorisierungs-, also Landverbesserungsmaßnahmen ragen außer der Entwässerung des Oderbruchs vor allem die Trockenlegung des Netzebruchs und des Warthebruchs im heutigen Polen heraus. Allerdings geht das Bevölkerungswachstum Brandenburg-Preußens in seinem größeren Anteil auf das Konto der territorialen Zuwächse zur Zeit Friedrichs, mit oder ohne Kriege. Und eine zynische Rechnung ergibt, dass alle Zuwanderung nur eben diejenigen Bevölkerungsverluste auszugleichen vermochte, die in Folge der friderizianischen Kriege und ihrer Nachwirkungen zu Buche schlugen.

Der Machbarkeitsglaube der Kameralisten

Das 18. Jahrhundert war von einem ausgeprägten Machbarkeitsglauben erfüllt, der sich in unzähligen Projekten Bahn brach. Die Modewörter der Epoche waren Kameralistik, Peuplierung; das Streben nach ordnender Gestaltung und größtmöglicher Beherrschung jedweder Abläufe ist unverkennbar, gerade im Vergleich zu früheren Zeiten.

Diese Entwicklung hatte vielerlei Gründe. Zunächst war vieles möglich geworden, was vorher hingenommen werden musste: Fortschritte in Wissenschaft und Technik befeuerten den Fortschrittsgedanken und den Machbarkeitsglauben. Besonders bedeutsam dabei war der Aufschwung der Mathematik und ihrer praktischen Anwendung.

Daneben wusste man sich gottgefällig, wenn man den Wohlstand eines Staates und die Zahl seiner Untertanen mehrte oder die Natur bezwang, indem man »unnütze« Gegenden urbar machte und besiedeln ließ. Hinzu kamen das Bevölkerungswachstum, das einen gewissen Migrationsdruck erzeugte, und die Nöte der Landesherren, die ihr Steueraufkommen vermehren wollten. Die absolutistischen Herrscher mussten einen wachsenden Geldbedarf befriedigen, mit dem sie nicht zuletzt ihre enormen Rüstungsanstrengungen, aber auch die kostspielige Hofhaltung und eine umfassender werdende Verwaltung mit immer mehr Staatsbeamten finanzierten.

Als Reichtum eines Staates wurde zur Zeit des Absolutismus der Reichtum an Menschen angesehen, weil sie für den Wohlstand in Form von Wirtschafts- und Steuerleistung sorgten. Bereits in seinem wichtigsten politischen Werk der Kronprinzenzeit, dem *Antimacchiavell*, befand Friedrich:

»Die Bereicherung des Vaterlandes um einen guten Bürger ist mehr wert als eine Erweiterung seiner Grenzen.«

Er sollte als König beide Wege einschlagen.

1768 betont er den Reichtum durch ein zahlenstarkes Volk: »Nach dem ersten Grundsatz [der Finanzverwaltung], der sich zeigt, dem allgemeinsten und wahrsten, besteht die wahre Kraft eines Staates in der Zahl seiner Untertanen. (…) Um diesem Grundsatz zu folgen, ergeben sich zwei Mittel: das eine ist, das Land zu kultivieren, wo es anbaufähig ist, und dort neue Kolonisten anzusetzen; das andere besteht darin, die vorhandenen Manufakturen zu vermehren. Ich habe diese Mittel nicht ohne hohe Kosten ausgenutzt, indem ich entlang der Oder, Netze und Warthe Dörfer gebaut habe, in Preußen einen Sumpf durch Entwässerung kultiviert und die meisten Vorwerke zu Dörfern gemacht und dort eine Menge von Wollspinnern angesiedelt habe, die dem flachen Land fehlen.«[90]

Friedrichs Wirtschaftspolitik baute zwar auf der Politik seines Vaters auf, stellte sie aber sozusagen auf die Grundlage von Vernunft und Mathematik. Allerdings blieb er den starren Grundsätzen des Merkantilismus verpflichtet, was die Entwicklungsfähigkeit behinderte – aber da war er ebenso in Anschauungen gefangen wie die meisten seiner europäischen Kollegen. Als sein eigener Handelsminister ging Friedrich seine Wirtschaftspolitik zwar nach streng rationalen Grundsätzen an, indem er beispielsweise in Tabellen und Statistiken regelrecht schwelgte. Aber da er auch in diesem Metier auf andere Meinungen wenig gab, blieb Preußen vermutlich hinter seinen wirtschaftlichen Entwicklungsmöglichkeiten zurück. Auch hier wirkte sich des Königs Wesenzug der Ungeduld aus: Positiv gewichtet unermüdlich, negativ gesehen rastlos arbeitete er am Wohlstand seines Staates, eilte von Baustelle zu Baustelle, Projekt zu Projekt – verzettelte sich aber nicht selten oder verlor vorschnell das Interesse für einen Gewerbezweig, der sich bei mehr Geduld vielleicht als einträglich hätte erweisen können.

Insgesamt war es eine staatliche Planwirtschaft unter Maßgabe eines Königs, der dem Merkantilismus verpflichtet war und recht eigenwillig vorging. Grundpfeiler der Wirtschaftspolitik waren Landwirtschaft und Manufakturwesen, Letzteres vor allem der Tuchindustrie.

Die Konkurrenz der Staaten untereinander war erbittert, denn in der Wirtschaftsform des Merkantilismus, also noch vor den volkswirtschaftlichen Erkenntnissen eines Adam Smith, stand man auch wirtschaftlich in erbitterter Konkurrenz zueinander. Das Ideal war, möglichst viel selbst zu produzieren und zu exportieren, aber so wenig fertige Güter wie möglich einzuführen, was vielfach höchst unsinnig war. Sinnvoller wäre eine Arbeitsteilung der Staaten untereinander gewesen, die auf die jeweiligen Möglichkeiten Rücksicht nahm, aber dafür fehlte das Verständnis. Das Ideal eines partnerschaftlichen Welthandels war noch nicht entworfen. Stattdessen erhob man zum Teil drastische Schutzzölle, um die eigene Produktion zu fördern und so preiswert wie möglich zu halten – selbst zwischen den in ihrer Wirtschaftskraft sehr unterschiedlichen Provinzen des preußischen Staates existierten Zollschranken.

Friedrichs planwirtschaftlicher Furor führte zu der missliebigen Situation, dass hochwertige Produkte nicht eingeführt werden durften, sondern inländische, aber minderwertige Produkte den Markt beherrschten. Die staatlich gelenkte Wirtschaftspolitik erwies sich insbesondere im Fall Schlesiens als ziemlich unfähig: Der neuen Herrschaft dürften viele Unternehmer der reichen Provinz anfangs eher positiv gesinnt gewesen sein, weil man sich im habsburgischen Staatsverband nicht ausreichend gefördert sah. Mit dem Wechsel nach Preußen aber brachen die Exportmärkte erst recht weg, denn begleitend zu den drei Waffengängen wurde um Schlesien auch ein erbitterter Wirtschaftskrieg geführt.

Andererseits war die Ausgangsposition Preußens erheblich schlechter als die anderer Staaten wie England oder Frankreich, die gewachsene und einheitliche Strukturen besaßen. Preußen dagegen war ein terrritoriales Flickwerk, zudem arm an Rohstoffen, deren Veredelung und Ausfuhr das Rückgrat der Wirtschaftsleistung hätten bilden können. Zu bedenken ist auch, dass Friedrichs Kriege höchst kostspielig waren. So betrachtet, ist die Leistung des Königs für die Wirtschaftsentwicklung durchaus beachtlich, und erweist sich seine Arbeitswut als segensreich. Er investierte enorm viel Arbeit und große Summen Geldes, um das Land insbesondere nach dem Siebenjährigen Krieg wieder aufzubauen. Und im Unterschied zu seinen Herrscherkollegen gelang ihm trotz aller Widrigkeiten das Meisterstück, die staatlichen Goldvorräte im Keller des Berliner Schlosses um ein Vielfaches zu mehren.

Unnütze Feuchtgebiete

Friedrich der Große war nicht der Erste, der das Oderbruch urbar machen und kolonisieren wollte. Entsprechende Versuche gehen bis ins Mittelalter zurück, schon der Deutsche Ritterorden und die Zisterzienser unternahmen frühe Anstrengungen, Dämme zu errichten und die Sumpflandschaft des Oderbruchs wenigstens teilweise trockenzulegen. Friedrichs Vorfahren setzten diese Anstrengungen fort, bloß wirkten sie allesamt nur begrenzt, weil sie die regelmäßigen Überschwemmungen infolge des Oderhochwassers nicht in den Griff bekamen. Zwar wurden Deiche gebaut, beispielsweise Anfang des 16. Jahrhunderts zwischen Küstrin und Lebus, um die Straßenverbindung von Berlin in die Festungsstadt zu schützen. Solche Einzelmaßnahmen erwiesen sich aber als nicht standfest genug, zumal es sich eher um Flickwerk ohne Masterplan handelte. Auch Friedrichs Vater hatte sich mit dem Problem Oderbruch befasst und Fachleute mit der Lösung der Überflutungen betraut. Mitte der 1730er-Jahre ergaben Gutachten, dass nur dann die nachteiligen Überschwemmungen dauerhaft vermieden werden konnten, wenn der Oderbruch als Ganzes eingedeicht würde – eine Mammutaufgabe bei einem Gebiet von über 50 Kilometern Länge und bis zu 16 Kilometern Breite. Der Soldatenkönig entschied, er sei dafür zu alt und wolle die Aufgabe seinem Sohn überlassen.

Friedrich setzte fort, was sein Vater begonnen hatte – es ist dies eines der vielen Beispiele für eine Kontinuität der aufeinander folgenden Regierungen, wie sie angesichts der grundlegenden Unterschiede zwischen Vater und Sohn so gern übersehen wird. Friedrich entschied sich für Maßnahmen größeren Umfangs und ging sie mit grundlegender Planung an. Vier Aspekte sollte vorab ein Gutachten klären:

»Ob von denen an der Oder belegenen Brüchen, so bei Anwachs des Strohms der alljährlichen Überschwemmung unterworfen, einige durch anzulegende Dämme davor in Sicherheit zu setzen möglich falle, wo eigentlich dergleichen Oderbrücher belegen und welche davon am füglichsten und mit dem größesten Vorteil durch Dämme zu bedecken, waß solche Dämme kosten werden, und waß durch die vorzunehmende Verwallung von Vortheil zu stiften, auch ob und wie dadurch von die darauf zu verwendende Capitalia das Interesse sicher zu erhalten.«[91]

Der Hannoveraner Wasserbauingenieur holländischer Abstammung von Haerlem, den bereits Friedrichs Vater hinzugezogen hatte, plante

Morgenstimmung im südlichen Oderbruch. Über den Niederungen auf polnischer Seite bei Lebus liegt noch der herbstliche Nebelschleier.

und zeichnete und rechnete, wie das gesamte Gebiet des Niederoderbruch trockenzulegen sei, und gab sich schließlich zuversichtlich, dass »auf solchen Fleck, wo jetzt einige Fische ihre Nahrung haben, künftig eine Kuh erhalten werden kann.«[92]

Die Deiche sollten neu errichtet werden – höher und besser als ihre Vorgänger. Vor allem aber, schlug Haerlem ehrgeizig vor, sollte der Lauf der Oder durch den Bau eines Kanals begradigt werden – und zwar zwischen Hohensaaten und Güstenbieser Loose. Die damit zu erlangende Verkürzung des Oderstroms erleichterte seine Eindeichung. Im Sommer 1747 ging es los. Nach einer Inspektionsreise des Ingenieurs Haerlem, des Mathematikers Euler und des preußischen Staatsbeamten von Schmettau ins Oderbruch wurde entschieden, die Oder auf einer Länge von über 20 Kilometern zu begradigen, was die Fließgeschwindigkeit erhöhen und die Schiffbarkeit verbessern sollte. Vor allem aber sollte damit das fragliche Gebiet leichter trockengelegt werden können, wenn die Oder nicht mehr durch eine Vielzahl von Seitenarmen westlich davon drängte. Der Höhenzug, der seit der Weichseleiszeit der Oder den direkten Weg verstellte, sollte dafür durchstoßen werden. Die Aufgabe war immens in einer Zeit, als solche Arbeiten überwiegend ohne schweres Gerät und Maschinen bewältigt werden mussten. Immerhin ging es an dieser Stelle um einen 10 Meter tiefen, 125 Meter breiten und 1,6 Kilometer langen Graben. Seine Beamten in der Kurmärkischen Kammer ließ Friedrich alsbald wissen, dass »Unserem K. Hause und Lande aus dieser großen und soliden Melioration vielfache considerable Vortheile erwachsen werden«.[93]

Die Arbeiten dauerten sieben Jahre, die anschließende Kolonisierung des Neulands erheblich länger. Aber schon die sieben Jahre der Kanalbauarbeiten nahmen kein Ende, da das Projekt zahlreiche Rückschläge erleben musste. Der größte Teil der Arbeit wurde mit menschlicher Muskelkraft und Spaten vollbracht, und das zumeist hüfthoch im Wasser stehend. Arbeitskräfte waren ohnehin knapp, zudem musste eine hohe Todesrate verbucht werden, weil das Sumpfgebiet noch einmal seine teuflischen Fähigkeiten unter Beweis stellte: Die Malaria wurde zu einem ernsthaften Problem, dem die herbeigerufenen Ärzte hilflos gegenüberstanden.

Ein neues Bett für die Oder

Diese Bedingungen beschleunigten den Fortschritt des Projekts nicht gerade, zumal die ansässige Bevölkerung die Arbeiten mal passiv, mal aktiv behinderte. Berechtigterweise befürchteten die Fischer, dass ihnen die Lebensgrundlage entzogen würde, weshalb sie sogar die frisch errichteten Deiche durchstachen. Sie versuchten es aber auch auf dem Weg der Eingabe beim König persönlich, wie fünf alte Fischerdörfer es »mit größter Bestürzung« taten: »Ew. Kgl. Majestät flehen wir und unsere armen Weiber und Kinder, als ein höchst erschrockenes und den letzten Streich befürchtendes Heer, hiermit in größter De- und Wehmut allerunterthänigst fußfällig an, unseren daraus ohnfehlbar entspringenden Untergang landesväterlich zu Herzen zu nehmen.«[94] Den Versicherungen, sie würden hernach in der Landwirtschaft eine viel auskömmlichere Arbeit haben, schenkten die störrischen Landbewohner wenig Glauben. Immerhin antwortete der König auf die zitierte Petition, man möge doch erst einmal abwarten, was die neue Lage nach Abschluss der Arbeiten bringe, und sich dann melden, so denn wirklich Schaden entstehe. Ob die Fischer später erneut beim König vorstellig wurden, ist nicht überliefert. Die Sabotageakte und der zivile Ungehorsam hörten jedoch nicht auf, wie die vielfältige Klage der Beamten und Projektbetrauten vor Ort belegt.

Nachdem so Jahre ins Land gegangen waren und die Arbeiten am Oderkanal – mehr noch als infolge der Widerständigkeit der Ansässigen aufgrund natürlicher Behinderungen durch das Wetter und die Wasserstände – nur sehr langsam vorangekommen waren, ordnete der König 1751 verstärkte Bemühungen zur Fertigstellung an und setzte das Militär ein. Mithilfe von über 1000 Soldaten, die nunmehr den Löwenanteil der Arbeiter ausmachten, wurde das Projekt doch noch gestemmt, sodass am 2. Juli 1753 die Oder in ihr neues Bett geleitet werden konnte. Der gut 20 Kilometer lange Kanal verkürzte den Lauf der Oder um 25 Kilometer und verbesserte ihre Schiffbarkeit enorm. Zwei Drittel des Oderwassers flossen nunmehr durch die Neue Oder, der Rest durch ihren Altlauf. Die gänzliche Schließung des alten Flusslaufs vor dem Zufluss aus der Oder erfolgte erst sieben Jahrzehnte später.

In seinem ersten Politischen Testament aus dem Jahr 1752 vermerkte Friedrich in einer Art

Zwischenbilanz nicht ohne Stolz: »Zwischen Freienwalde und Küstrin überschwemmte die Oder die schönsten Wiesen und setzte unentwegt ein herrliches Land unter Wasser, aber so, daß ihr Wasser unbrauchbar blieb. Man hat nun der Oder ein neues Bett gegeben durch einen Kanal, der von einer Flussbiegung zur anderen geht und so die Schiffahrt um vier Meilen[95] abkürzt. Dieser Kanal wird im kommenden Jahr fertig und der Fluß, durch die Deiche eingedämmt, gibt ein weiteres Terrain frei, wo 6000 Seelen ihre Existenz finden, um Ackerland zu kultivieren und Vieh aufzuziehen.«[96] Und er gibt seinem Nachfolger auf, weiter Neuland zu gewinnen, vor allem in Pommern und dem Warthebruch.

Mit der Umleitung der Oder allein war die Aufgabe aber keineswegs bewältigt. Das tief liegende Gebiet musste durch ein solides Deichsystem geschützt und mittels Entwässerungsgräben trockengelegt werden, es brauchte Schleusen und Brücken, zahllose Wasserflächen und Gräben mussten zugeschüttet werden, bevor das Neuland zur Bewirtschaftung vorbereitet werden konnte. Mit dem Bau der Kolonistenhäuser begann man gleichwohl bereits 1753. Als erstes der Neudörfer wurde Neu-Lietzegöricke, dessen 47 Familien ihre Häuser längst bezogen hatten, am 30. Oktober 1754 mit behördlichem Protokoll ordnungsgemäß abgenommen.

Am Ende waren fast 33000 Hektar Neuland gewonnen, 50 neue Dörfer gegründet und rund 7000 Menschen im Oderbruch angesiedelt worden. Die Dorfgründungen im Zuge der Trockenlegung sind an der Vorsilbe Neu- leicht erkennbar. Zwei der neuen Dorfnamen erinnern an die Herkunft der Kolonisten: In Vevais und Beauregard wurden unter anderem Einwanderer aus der französischen Schweiz angesiedelt – Hugenotten, die zuvor aus Frankreich an den Genfer See ausgewandert waren. Der Boden erwies sich wegen der beständigen Schlammablagerungen infolge der jährlichen Überschwemmungen als ungemein nährreich.

»Man streute aus und war der Ernte gewiss. Alles wurde reich über Nacht.«[97]

So drückt es Fontane aus, um gleich darauf die daraus erwachsenden sittlichen Verwerfungen und eine verbreitete Kulturlosigkeit zu beklagen, die als Folge der Veränderungen noch einige Zeit vorgeherrscht habe.

Peuplierung des Neulands

Die Neusiedler wurden wie für andere Peuplierungs-Projekte von auswärtigen preußischen Gesandtschaften und mittels Agenten angeworben, die von Amsterdam bis Hamburg, von Genf bis Frankfurt am Main tätig waren und den Kolonisten durchaus verlockende Zugeständnisse machen konnten: Land, Haus und Vieh wurden gestellt, anfängliche Steuererleichterungen gewährt, außerdem Wehrdienstbefreiung, Zollfreiheit bei Einwanderung, Befreiung von der Einquartierung von Soldaten, wie sie ansonsten üblich war, zum Teil auch rechtliche Besserstellungen im Vergleich zu Ansässigen sowie anderes mehr. Der Andrang war so beachtlich, dass es schwierig wurde, allen Ankömmlingen ihr neues Zuhause schlüsselfertig zu übergeben.

Das 18. Jahrhundert wird gemeinhin als weniger mobil angesehen, als es tatsächlich war, auch andere Länder bemühten sich massiv um Zuwanderung, sodass erhebliche Konkurrenz entstand – ganz abgesehen davon, dass den jeweiligen Noch-Landesherren die Abwerbung ihrer Untertanen nicht gefallen konnte. Aber die Zahl der Menschen, die die Chance ergriffen, anderswo ein besseres Los zu gewärtigen, war groß. Allerdings waren unter den Einwanderern auch viele Abenteurer und Gewinnler, die nur die Vorzüge des Angebots im Auge hatten und sich schnell wieder aus dem Staub machen wollten. Das beklagten die preußischen Beamten beredt, und der König geriet darob in Wut. Er betrachtete es als Desertion und ließ denen, derer man habhaft werden konnte, hohe Geldbußen auferlegen.

Das Oderbruch ist nur ein Beispiel für Friedrichs unermüdliche Politik der Landesentwicklung durch Erschließung neuer Siedlungsräume im eigenen Land und die Gewinnung von Kolonisten aus anderen Staaten. Rund 120000 Hektar Land wurden urbar gemacht, über 300000 Einwanderer verzeichnete Preußen unter Friedrich dem Großen, die Mehrzahl ließ sich auf staatliche Verteilung hin, von Niederlassungsfreiheit war natürlich keine Rede, auf dem Land nieder. Die Kolonisten kamen mehrheitlich aus den Nachbarstaaten: im Norden Mecklenburg und der schwedische Teil Pommerns, im Osten Polen, im

Süden und Südosten Sachsen, Böhmen und Mähren, im Südwesten und Westen Thüringen und Braunschweig. Wer sich von weiter her nach Preußen aufmachte, kam aus Württemberg und der Pfalz, gelegentlich auch aus der Schweiz, den Niederlanden und Frankreich. Preußen war zu dieser Zeit das europäische Einwanderungsland schlechthin; die Bemühungen etwa Österreich-Ungarns unter Maria Theresia und Joseph II. oder Russlands unter Katharina der Großen waren weitaus weniger erfolgreich.

Landesweit wurden über 1200 Dörfer und andere Siedlungen gegründet. Dabei ging man, auch was die Aufgaben der Neusiedler betraf, planvoll vor: Im Oderbruch sollte vor allem Acker- und Weideland unterhalten werden, anderswo sollten Kolonisten Maulbeerbäume pflanzen und Seidenraupenzucht betreiben oder Tabak anbauen, in ausgewiesenen Spinner- und Weberdörfern wurde in Heimarbeit Wolle verarbeitet.

Zu Recht wurde die enorme Leistung gewürdigt, die hinter der Entwässerung des Oderbruchs und anderen »Meliorisierungen« steckt – das Oderbruch ist bis heute ein stolzer Landstrich, Denkmäler erinnern an die großen Anstrengungen insbesondere des 18. Jahrhunderts und viele würdigen den Landesherrn, der manisch und unermüdlich den Fortschritt verfolgte. Von einem dieser Friedrich-Denkmäler – dem in Letschin, das den Alten Fritz mit dem unvermeidlichen Dreispitz und Krückstock zeigt, ist überliefert, die Bewohner des alten Oderbruch-Ortes hätten es mit viel List und Bauernschläue über die DDR-Zeit gerettet.

Das Oderbruch ist Teil des Friedrich-Mythos, wie er nach der Mitte des 19. Jahrhunderts auch staatlicherseits befördert wurde. Nur ein Beleg dafür ist das Gedicht des Deichhauptmanns Carl Heuer, in dem es am Ende heißt:

»Und das eroberte Gebiet,
Einst Wildnis weit und breit,
Trägt jetzt, soweit das Auge sieht,
Zur herrlichen Provinz erblüht,
Ein grünes Ährenkleid.

Der überwundne Mächtige
Ist unser Oderstrom,
Und sein Gebiet das Oderbruch;
Der Held, der ihn in Fesseln schlug,
Stieg auf zum Himmelsdom.«[98]

Aus heutiger Perspektive darf man aber auch etwas ausgewogener gewichten. Neuland wurde gewonnen, das Menschen ein Auskommen verschaffte, die Malaria wurde erfolgreich bekämpft – aber die bereits ansässigen Bewohner, die sich den natürlichen Bedingungen angepasst hatten und vom enormen Fischreichtum der Gegend profitierten, mussten sich mühsam umorientieren. Sie standen den Neuankömmlingen auch keineswegs wohlgesinnt gegenüber, denen sie verständlicherweise Privilegien und staatliche Unterstützung neideten. Vermutlich waren die alteingesessenen Bewohner auch durchaus so schwerfällig und Neuerungen gegenüber ablehnend gestimmt, wie Friedrich das seinen Untertanen hier und anderswo immer wieder vorwarf.

Die Entwässerungsmaßnahmen vernichteten aber auch ein riesiges Ökosystem und damit die Lebensgrundlage dort heimischer Tierarten. Unter dem Eindruck der aufkommenden Romantik und der Ansichten eines Rousseau, derzufolge der Niedergang des Menschen mit seiner Abkehr von der Natur begann, wurde bereits Ende des 18. Jahrhunderts viel Kritik laut an den menschlichen Eingriffen in die Natur, ob in Preußen oder anderswo. Rousseau wandte sich unter anderem ausdrücklich gegen die Trockenlegung der Sümpfe als verantwortungslose Eingriffe. Und schließlich kehrten die Überschwemmungen zwar nicht alljährlich wieder, verschwanden aber auch nicht.

Gerade das Oderbruch sah sich seit der Trockenlegung immer wieder Hochwasserkatastrophen ausgesetzt, bei denen sich die Eindeichungen als unzureichend erwiesen, aber auch Binnenhochwasser ist ein großes Problem. Überschwemmungen sind natürlich umso bedrohlicher, als seit den Meliorisierungen nicht mehr weitgehend ungenutzte und unbewohnte Flächen, sondern wirtschaftliche Nutzflächen und menschliche Siedlungen überflutet werden. Bemerkenswerterweise werden seit den Verheerungen in den ersten Jahren des 21. Jahrhunderts Stimmen laut, dem unbändigen Wasser wieder mehr Bewegungsraum zuzugestehen, also die Richtung zurück zum natürlichen Überflutungsgebiet einzuschlagen. Und wieder sind es die Ansässigen, die das nicht hinnehmen wollen und fordern, die Pflege im Besonderen der Anlagen gegen das Binnenhochwasser wieder zu verstärken, anstatt die Mittel zu kürzen.

»Welch ungeheuren Fehlern verdanken wir unsere Rettung«

Das Schlachtfeld von Kunersdorf

12. August 1759: In den frühen Morgenstunden erreichen die preußischen Truppen die Gegend um Kunersdorf (Kunowice), ein kleiner Weiler wenige Kilometer östlich von Frankfurt an der Oder. Der Weg durch teilweise unwegsames Gebiet mit morastigem Grund und dichtem Unterholz war mühselig, aber nun lässt man, vorerst noch unbeobachtet vom Gegner, den Frankfurter Stadtwald nordöstlich von Kunersdorf hinter sich. Der Anmarsch ist in einem großen Bogen erfolgt, der Übergang aufs östliche Oderufer zuvor weiter flussabwärts. Als man sich nun südöstlich des Dorfes sammelt, kann der Gegner, die vereinigten Verbände von Russen und Österreichern, trotz des hügeligen Geländes und mehrerer kleinerer Berge davon Kenntnis nehmen. Bei trockenem Wetter und sandigem Terrain wirbeln knapp 50000 preußische Soldaten gehörig Staub auf. Die alliierten Verbände mit knapp 80000 Mann liegen unmittelbar hinter dem bereits zerstörten, noch qualmenden Dorf. Beide Seiten nutzen die Hügel ringsherum, um ihre Geschütze in Stellung zu bringen. Das Terrain um das Dorf, das die Russen bereits in Brand gesetzt haben, hat der König tags zuvor sondiert, um die Taktik für diese zwölfte Schlacht der Preußen im Siebenjährigen Krieg festzulegen.

Nach zwei Waffengängen um die Provinz Schlesien hatte Friedrich 1745 geäußert:

> »Ich werde in Zukunft keine Katze mehr angreifen, außer um mich zu verteidigen.«[99]

Das muss keine Koketterie gewesen sein, denn so sehr es ihm um Ruhm gegangen war, ein Feldherr mit dem unstillbaren Drang nach stets neuen Eroberungen war er nicht. Er hatte mit seinem Wagemut Preußen in die erste Liga der europäischen Mächte gebracht, hatte eigene Demütigungen und die seines Vaters durch Wien gerächt und mit Schlesien seinem Königreich eine potente Provinz einverleibt. Weiterer Ruhm ließ sich ebensogut auf anderen Gebieten erringen – zumal das finanziell nach wie vor schwachbrüstige Preußen sich langwierige militärische Unternehmungen gar nicht leisten konnte. Die Unterhaltung eines im Verhältnis zur Bevölkerungszahl unverhältnismäßig großen Heeres verschlang schon zu Friedenszeiten einen Löwenanteil der Finanzressourcen des Staates – rund zwei Drittel der Staatseinnahmen. Dass aber der Zuwachs an Macht und Status um jeden Preis gehalten werden musste, stand außer Frage.

Die Umkehrung der Bündnisse

Die politischen Verhältnisse in Europa waren jedoch nicht dauerhaft stabil, denn Friedrichs Sicht der Dinge war nicht die einzige. Durch die schlesische Frage war urplötzlich ein überaus scharfer Gegensatz zwischen Preußen und Österreich hervorgetreten, der für zwei Jahrhunderte die europäische Diplomatie beschäftigen sollte. Zugleich hatte der Aufstieg Preußens das Mächtegefüge des Kontinents insgesamt durcheinandergewirbelt und die »alten« Mächte in Unruhe versetzt, die Preußen nur als vorübergehenden Querulanten ansehen wollten. Natürlich hatte Habsburg das größte Interesse, den *status quo ante* wieder herzustellen, schließlich war eine Schmach gutzumachen. Der alsbaldige Staatskanzler der Kaiserin, Graf Kaunitz, war denn auch schon bald bestrebt, die europäischen Bündnisverhältnisse auf eine konzertierte Aktion gegen Berlin hin zu formieren und so dem preußischen Emporkömmling die Beute wieder entreißen zu können. Beginnend 1746 mit einem Defensivbündnis zwischen Österreich und dem westwärts drängenden Russland, setzte sich die diplomatische Maschinerie in Gang. Bei der französischen Krone bemühte sich Graf Kaunitz um ein ähnliches Einvernehmen – unerhört, weil der althergebrachte Gegensatz zwischen Habsburg und Frankreich weithin als unüberwindbar galt.

Die Niederungen bei Kunersdorf, wo Friedrichs Siegesgewissheit 1759 im sommerlichen Morast versank.

Zum aufgewirbelten Staub kamen nunmehr die Rauchschwaden der unablässig feuernden Geschütze, zu ausgetrockneten Kehlen tränende Augen und längst auch Erschöpfung und Verzweiflung. So gut sich die Sache für die Preußen anfangs angelassen hatte, als so mangelhaft erwies sich nunmehr die übereilte Vorab-Aufklärung der Örtlichkeiten und der gegnerischen Aufstellung, zumal das hügelige Gelände schwer überschaubar war. Friedrich hatte beim Auskundschaften der örtlichen Gegebenheiten tags zuvor wichtige Details übersehen oder falsch eingeschätzt. Vor dem Dorf lagen einige kleine Seen, die den Angriffsmöglichkeiten abträglich waren. Vor allem aber sollte eine feuchte Niederung namens Kuhgrund hinter dem Dorf, zwischen dem erfolgreich angegriffenen russischen Flügel auf den Mühlbergen und den Hauptstellungen der gegnerischen Truppen, den Preußen die Arbeit erschweren. Die langgezogene Niederung wäre von Friedrichs Standort aus auch ohne die Rauchwolken des brennenden Dorfes schwer auszumachen gewesen, und eben da baute Saltykow eine neue Verteidigungslinie auf. In diesem stechmückengesättigten Morast bei Kunersdorf versanken die eben noch glänzenden Aussichten auf einen preußischen Sieg, obwohl die preußische Infanterie von drei Seiten angriff. Die Hauptarmee kämpfte unter dem König selbst, stieß durch Kunersdorf hindurch und daran vorbei zu den gegnerischen Linien vor. Den gesamten Nachmittag dauerten die bis zur völligen Erschöpfung ausgetragenen Kämpfe in größter Sommerhitze. Die preußische Kavallerie wurde noch vor dem Dorf, unmittelbar bei den kleinen Seen und daher in schwieriger Verteidigungsposition, von den Reitern der Russen und Österreicher unter starkem Geschützfeuer aufgerieben. Der König versuchte an anderer Stelle mit 600 Mann eine Stellung aufzubauen, was unter gegnerischem Beschuss misslang. Am Ende der Schlacht wurde dem König gleich hinter der vordersten Verteidigungslinie das zweite Pferd dieses Tages unter dem Leib totgeschossen. Und als er auf ein anderes Pferd gestiegen war, flog eine weitere Kugel herbei und traf in Hüfthöhe ein goldenes Schnupftabakdöschen, das Friedrich im Rock trug. Als russische Kosaken heranpreschten, wurde er mit Mühe aus dem Getümmel herauseskortiert, verließ das Schlachtfeld in Richtung Oder und setzte aufs andere Ufer über.

Der heikelste Moment der Schlacht: Friedrich wird beinahe von russischen Kosaken gefangen genommen. Seine Männer verhindern das, danach bringt sich der König auf der westlichen Oderseite in Sicherheit. Kolorierter Kupferstich von Peter Haas, 1793.

Bei allem Vabanque-Spiel, bei aller quantitativen Unterlegenheit und gegnerischen Übermacht seit Kriegsbeginn: So nah war Friedrich der alles entscheidenden Niederlage noch nicht gewesen. Die zu spät erkannte schwierige Beschaffenheit des Schlachtgebiets hatte die geplante Strategie vereitelt, und auch improvisierte, mit großer Tapferkeit von Soldaten und ihren Befehlshabern ausgeführte Maßnahmen konnten nicht verhindern, dass die Preußen unterlagen. Die Verluste waren auf beiden Seiten hoch: preußischerseits waren fast 19 000 Soldaten verloren, 6000 davon getötet. Einige hohe Offiziere waren ums Leben gekommen und viele schwer verletzt. Am grässlichsten sieht ein Schlachtfeld nach dem Kampf aus, wenn zu Hunderten und Tausenden schreiende oder nurmehr wimmernde Verletzte zwischen toten Kameraden und Gegnern liegen, ohne dass ihnen im Regelfall noch viel Hilfe zukommt, wenn sie sich nicht mit den Überlebenden davonschleppen können oder von Kameraden vom Gelände getragen werden. Die gnadenlose Hitze machte den Wund- und Leichengestank unerträglich, Ummengen von Fliegen stürzten sich auf wehrlose Beute. In dieser Nacht wurde das Elend von einem Sommergewitter noch zusätzlich auf schaurige Weise in Szene gesetzt, ohne von einem entlastenden Regen begleitet zu werden.

Am westlichen Oderufer wurde der König von der Verzweiflung übermannt. Er übergab das Oberkommando an Generalleutnant von Finck mit Verweis auf die letzte Befehlsgewalt von Friedrichs Bruder Heinrich, der schon acht Monate zuvor zum Generalissimus befördert worden war. An seinen Minister Finckenstein in Berlin schrieb der König: »Mein Rock ist von Kugeln durchlöchert, zwei Pferde wurden mir erschossen. Mein Unglück ist, dass ich noch lebe (…) In dem Augenblick, wo ich dies berichte, flieht alles, und ich bin nicht Herr meiner Truppen. Man wird in Berlin gut daran tun, an seine Sicherheit zu denken. Es ist ein grausamer Fehlschlag, den ich nicht überleben werde; die Folgen der Schlacht werden schlimmer sein als die Schlacht selbst. Ich habe keine Ressourcen mehr und glaube, offen gestanden, dass alles verloren ist. Ich will nach dem Untergang meines Vaterlandes auf keinen Fall mehr weiterleben. Adieu auf ewig!«[101]

Ganz unten

Friedrich befand sich in jener Nacht auf dem Tiefstand seiner Regierung, aber das war nicht das Einzige. Die Niederlage von Kunersdorf hatte, ähnlich wie die ersten Arresttage von Küstrin, das noch dazu nicht weit entfernt war, großes traumatisches Potenzial. Anfängliche Euphorie und Selbstgewissheit, vielleicht mit einem Quäntchen Überheblichkeit, waren angesichts der sich umkehrenden Umstände blitzschnell in Verzweiflung und Fatalismus umgeschlagen, angereichert mit einer großen Dosis Selbstmitleid. In Küstrin hatte Friedrich mit dem Tod gerechnet, hier beklagte er, dass er ihm nicht zuteil geworden war, denn er schien weniger schlimm als die Schmach eines verlorenen Krieges. Nur wenige Tage später jedoch war der fatalistische Ton dem Selbstbehauptungswillen gewichen, als er seinem Bruder Heinrich schrieb:

> ber rechnen Sie darauf, dass
> ch, solange ich lebe, für den Staat
> instehe, wie es meine Pflicht ist.«[102]

Wie drei Jahrzehnte zuvor in der Bedrängnis seiner Küstriner Haft, wunderten sich Beobachter über die Schnelligkeit, mit der Friedrich das Tief überwand. Beide Ereignisse ähneln sich und erhellen einen Hauptwesenszug Friedrichs: In größter Not und völlig auf sich zurückgeworfen, mobilisiert er Kraftreserven, die das Weitermachen ermöglichen.

Mit diesem Selbstbehauptungswillen, den ein aufstrebender Staat nicht entbehren kann, ging aber auch eine überstarke Selbstbezogenheit einher, die in sein politisches Handeln hineinspielte und vielleicht ohne die Erfahrung von Küstrin nicht so bestimmend gewesen wäre. Sie mag zu seiner schwierigen, abweisenden, misstrauischen, bindungsgestörten Art geführt haben, sei es politisch, sei es privat.

Friedrichs Risikofreude, Unerschrockenheit und sein Drang nach Ruhm hatten den preußischen Staat zum Aufsteiger des Jahrhunderts werden lassen – nunmehr war allerdings offen, wie lange es diesen Staat noch geben würde. Denn es drohte, dass Friedrichs Erzfeindin Maria Theresia im Verband mit den Russen nun eben das würde vollziehen können, was ihr Ratgeber Kaunitz als Ziel so formuliert hatte: Die Rückführung Preußens auf eine nachrangige Macht, die Habsburg nicht mehr gefährlich werden konnte. Denn mochte Friedrich seine Lähmung auch überwunden haben, an der offensichtlichen Aussichtslosigkeit der Situation hatte sich nichts geändert. Wenige Tage später übernahm er wieder den Oberbefehl und stellte mit einiger Mühe und Suche bis Ende des Monats einen Verband von rund 33000 Mann zusammen. Noch einmal wollte er das Schicksal in Form der sich an der Oder und in der Lausitz sammelnden gegnerischen Verbände vor den Toren Berlins zu einer Entscheidungsschlacht herausfordern. Seinem Bruder Ferdinand schrieb er, jetzt gelte es zu siegen oder zu sterben. Und in seinem überaus nüchternen Geschichtswerk in eigener Sache, der *Geschichte des Siebenjährigen Krieges*, berichtet er: »Da man aber auf alles gefasst sein musste, so beschloss der König, lieber den letzten Mann zu opfern, als dem Gegner die Einnahme Berlins ungestraft zu gestatten. Er nahm sich also vor, über den ersten Feind herzufallen, der sich der Hauptstadt näherte. Wollte er doch lieber mit den Waffen in der Hand zugrunde gehen, als langsam verbluten.«[103]

Aber der gegnerische Vormarsch auf die Hauptstadt erfolgte nicht. In seiner trockenen Pointiertheit konstatiert Friedrich in seiner

Geschichte des Siebenjährigen Krieges: »Es wäre ganz um die Preußen geschehen gewesen, hätten ihre Feinde das gleiche Geschick, mit dem sie zu siegen wussten, auch bei der Ausnutzung ihrer Siege gezeigt.«[104] Wie ein Wunder musste allen Beteiligten vorkommen, dass die Gegner nach ihrem Sieg von Kunersdorf sich ihren Vorteil nicht zunutze machten: »Es lag nur an den Feinden, dem Krieg ein Ende zu machen. Nur der letzte Gnadenstoß fehlte noch. Allein sie rührten sich nicht, und statt wie die Umstände es forderten, herzhaft vorzudringen, frohlockten sie über ihren Sieg und priesen ihr Glück. Mit einem Wort, der König konnte wieder Luft schöpfen und gewann Zeit, seine Armee mit den dringendsten Bedürfnissen zu versorgen.«[105]

Warum aber nutzte die antipreußische Koalition die Gunst der Stunde nicht? Zwar wechselten ihre Truppen einige Tage später auf die Westseite der Oder. Aber statt Berlin ins Visier zu nehmen, zogen sie gen Süden in Richtung Spreewald. Friedrich zog den Verbündeten heimlich nach und besetzte, in Erwartung einer letzten Konfrontation, die Wege nach Berlin. Nichts geschah.

»Das Wunder des Hauses Brandenburg«,

so benannte Friedrich diese in der Tat unerwartete, weil abwegige Entwicklung, als er sogleich seinem Bruder Heinrich davon berichtete. Voltaire schrieb er von der übergroßen Dummheit seiner Gegner und dass eben das ihn retten könnte.

Der Grund für die rätselhafte Unentschlossenheit der Alliierten waren Meinungsverschiedenheiten der Befehlshaber vor Ort, Saltykow und Daun. Prinz Heinrich hielt mit Görlitz eine wichtige Station der österreichischen Nachschublinien besetzt, weshalb Daun sich außerstande sah, den Marsch auf Berlin zu bestreiten. Saltykow seinerseits verwies auf den geleisteten, größeren russischen Beitrag für die Allianz und verweigerte sich ebenso. Mithin konnten Friedrichs Gegner aus ihrem überwältigenden Vorteil nach der Schlacht bei Kunersdorf keinen Vorteil ziehen, und allmählich gewannen die Preußen die Inititative zurück. Das Kriegsjahr endete zwar mit einer weiteren verlorenen Schlacht bei Maxen in Sachsen und somit zusätzlichen Verlusten. Der Ausgang des Krieges aber blieb weiterhin völlig ungewiss, was mehr war, als der König zuletzt noch hatte erwarten können. Friedrich allerdings war mehr noch als nach den beiden ersten Kriegen von den Strapazen deutlich gezeichnet, sichtlich gealtert und litt unter heftigen Gichtanfällen, die ihn über Wochen lähmten und jede Bewegung zur Qual werden ließen. Zeitweise stand ihm nur die rechte Hand beschwerdefrei zur Verfügung, was er prompt zum Schreiben einer Abhandlung über Schwedens talentierten, aber letztlich glücklosen Feldherrnkönig Karl XII. nutzte – eine beachtliche Leistung angesichts der Krankheit, gleichzeitig vermutlich aber auch eine erholsame Entlastung.

Des Wunders zweiter Teil

Seine Halbzeit hatte der europäische Großkrieg 1760 erreicht. Dann traten Entwicklungen ein, deren Einfluss auf den Kriegsverlauf größer war als die eigentlichen Kampfhandlungen. Zunächst verlor London das Interesse daran, auf dem Kontinent mitzumischen und Friedrich zu unterstützen – zum einen bestieg mit Georg III. ein neuer Herrscher den Thron, zum anderen war in Übersee die Sache zugunsten Englands entschieden und der europäische Kriegsschauplatz zur Entlastung nicht mehr vonnöten. Nunmehr ohne die vor allem finanziell bedeutsame Unterstützung Londons, hätte Friedrich vernünftigerweise aufgeben müssen. Doch damit hätte er auf Schlesien verzichten müssen, und das lehnte er ab. Es wurde fortan überaus mühsam, zumal das Geld längst ausgegangen war und ein erheblicher Teil des Landes durch gegnerische Truppen verwüstet oder besetzt war und kaum mehr Einkünfte abwarf. Dann aber trat doch noch ein, worauf Friedrich lange gehofft hatte: der zweite Teil des Mirakels. Die russische Zarin Elisabeth starb Anfang Januar 1762, und der bekanntermaßen höchst preußenfreundlich gesinnte Peter III. strengte als erste Amtshandlung den Friedensschluss mit Berlin an und gab Ostpreußen zurück. Als Nächstes verabschiedeten sich die Schweden aus dem Bündnis, schon weil Pommern ohne Hilfe der Russen nicht zu bekommen war. Frankreich wurde des Krieges überdrüssig, nachdem es in Übersee England unterlegen war. Österreich schließlich konnte als Einziger nicht viel mehr ausrichten und trat in Friedensverhandlungen ein. Die Erschöpfung war auf allen

Seiten übermächtig, sodass es nurmehr des Anlasses des russischen Thronwechsels bedurft hatte, innerhalb weniger Monate einen Frieden zustande zu bringen.

Anfang 1763 schließlich fand der europäische Teil des Siebenjährigen Krieges sein Ende im Frieden von Hubertusburg bei Leipzig. Man kann nicht gerade behaupten, Preußen habe den Krieg grandios gewonnen – aber das Kriegsziel, die Behauptung Schlesiens als preußischen Besitz, war doch erreicht, wenn auch um den Preis enormer Auszehrung. Der Verlust an Menschenleben ist, im Verhältnis gesehen, dem durch die beiden Weltkriege des 20. Jahrhunderts mindestens ebenbürtig. Die verheerenden Auswirkungen des Siebenjährigen Krieges waren Friedrich sehr bewusst. Nach dem Friedensschluss zog es ihn noch einmal auf das Schlachtfeld von Kunersdorf, das im Unterschied zu heute noch unübersehbar kriegsgezeichnet war. Dann kehrte er nach Berlin zurück, stahl sich aber zur allgemeinen Enttäuschung auf Umwegen ins Schloss, statt den siegreichen Helden zu geben. Seine Sicht der Dinge hatte sich unübersehbar gewandelt: »Unser Kriegsruhm ist sehr schön aus der Ferne angesehen, aber wer Zeuge ist, in welchem Jammer und Elend dieser Ruhm erworben wird, unter welchen körperlichen Entbehrungen und Anstrengungen, in Hitze und Kälte, in Hunger, Schmutz und Blöße, der lernt über den Ruhm ganz anders urteilen.«[106]

Gleichwohl hatte nicht zuletzt sein enormer Behauptungswille Friedrich zu einer der populärsten, wenn auch nicht beliebtesten Herrscherpersönlichkeiten seiner Zeit gemacht. Vor allem aber konnte nach der Behauptung gegen eine übermächtige Koalition am Großmachtstatus Preußens kein Zweifel mehr bestehen. Weiterhin stellte zwar Wien den Kaiser des Heiligen Römischen Reiches (und wurde darin von Preußen unterstützt), aber mit Preußen gab es im Reich zumindest ein Gegengewicht, nicht zuletzt konfessionell, zum katholischen Habsburg.

Mythos einer Niederlage

Wie die Schlacht bei Leuthen, die die Preußen gegen eine doppelt so starke Übermacht grandios für sich entschieden, wurde auch die verlorene Schlacht bei Kunersdorf zu einem wichtigen Bestandteil des Friedrich-Mythos. In beiden Fällen trotzten der König und seine ihm ergebenen Soldaten der feindlichen Übermacht. Aber während Leuthen 1757 den Sieg brachte, scheiterte Friedrichs Wagemut bei Kunersdorf, und der Sturz war tief. Dann aber erwies sich die fritzische Verbissenheit, die Weigerung aufzugeben als die Tugend, die schließlich den Sieg davontrug: als Mirakel des Hauses Brandenburg, weil die Koalition ihre Siege nicht in klingende Münze umzuwandeln vermochte und dann gar völlig zerbrach. Dieser Mythos trug bis in die letzten Tage Hitlers im Berliner Führerbunker, als der frühgreise Reichskanzler sich aus der damals populären, Friedrich als Helden verklärenden Biographie des Engländers Thomas Carlyle vorlesen ließ, die ihm Joseph Goebbels hatte zukommen lassen. Da war Friedrich längst ein Idol Hitlers, gerade weil er ganz Europa die Stirn bot. Zu Anfang des Krieges hatte Hermann Göring einem Buch über Friedrich im Vorwort mitgegeben: »Keine Persönlichkeit der deutschen Geschichte steht unserer Zeit näher als Friedrich der Große.« Preußen stand wie (Nazi-)Deutschland gegen eine feindliche Übermacht, die dem Land verwehrte, was ihm aus nationalsozialistischer Perspektive zustand: ungehinderte Entwicklung und Expansion, unangefochtene Führerschaft über Europa.

Noch Anfang Februar 1945, am Tag, als die Rote Armee Kunersdorf eroberte, um bald darauf die Oder zu überschreiten und westwärts gen Berlin zu ziehen, räsonnierte Hitler, wie rasch sich die Lage noch ändern könne, wenn es dem Deutschen Reich wie weiland Preußen mit Zarin Elisabeth erginge, wenn nämlich nunmehr einer der Staatschefs der Alliierten ausfiele. Stattdessen folgte der Umzug in den Bunker unter dem Garten der Reichskanzlei, wo in einem halb sakralen, halb kitschigen Akt ein Porträt Friedrichs über Hitlers Schreibtisch aufgehängt wurde. Ganz wie in Zarah Leanders schmissigem Durchhalte-Schlager war dem Alten Fritz im Angesicht des Untergangs noch einmal ein Wunder geschehn, und daran wollte Hitler gegen alle Wahrscheinlichkeit auch dann noch festhalten, als von der Expansionswut des Nazireiches nurmehr ein klägliches Herrschaftsgebiet von wenigen Quadratkilometern mit der Speer'schen Reichskanzlei als Mittelpunkt geblieben war. Dieses »Wunder« aber blieb aus, obwohl mit Roosevelt noch kurz vor Kriegsende einer der gegnerischen Waffenbrüder starb.

»Die Landwirtschaft ist die erste aller Künste«

Der Kartoffelacker

Der Blick über einen frisch umgepflügten Acker hat sich in den letzten dreihundert Jahren wohl nicht allzu sehr verändert – aufgebrochene Erdschollen, nach der Aussaat gierig ausschwärmende Vogelscharen, dazu ein erdig-frischer Geruch. Über die Jahrhunderte haben sich jedoch die Eigentumsverhältnisse ebenso gewandelt wie die Anbaumethoden – und es sind Feldfrüchte hinzugekommen, darunter insbesondere die Kartoffel. Sie ist heute in Deutschland, wie in vielen anderen europäischen Ländern, ein so wichtiger Bestandteil der Ernährung geworden, dass unter jungen Einwanderern zum spöttisch-rituellen Beiwerk der offiziellen Einbürgerung in der Bundesrepublik häufig ein sogenanntes Kartoffelfest gehört, bei dem man kulinarisch in Kartoffelgerichten schwelgt. Das lässt vergessen, dass die Kartoffel selbst einen Migrationshintergrund hat, ein Latecomer unter den deutschen Feldfrüchten ist und ihre Durchsetzung keineswegs so prompt vonstatten ging, wie man rückblickend vermuten möchte.

Mag der Anblick eines Ackers sich kaum verändert haben – die Betrachtung ist heute dennoch eine ganz andere als früher. Im Zeitalter der industrialisierten Landwirtschaft, segensreich und fragwürdig zugleich, sind wir unseren eigentlichen Lebensgrundlagen in einem bedenklichen Ausmaß entfremdet, und demütige Ehrfurcht vor einem Acker, dessen Ertrag eher Fabrikprodukten als Pflanzen gleichzukommen scheint, wirkt gemeinhin als anachronistische Anwandlung. Dass aber auch hierzulande keineswegs immer Überfluss herrschte, ist weithin aus dem Bewusstsein gewichen.

Zur Zeit Friedrichs des Großen war die Ernährungslage bei einem Großteil der Menschen stets prekär und Hungersnöte waren stets eine Bedrohung. Vor diesem Hintergrund schrieb Friedrich an Voltaire: »Die Landwirtschaft ist die erste aller Künste; ohne sie gäbe es keine Kaufleute, Dichter und Philosophen. Nur das ist wahrer Reichtum, was die Erde hervorbringt.«[107] Er bewies damit außerdem historische Kenntnis, denn ursprünglich war es der vermehrte Ertrag mittels Pflanzenkultivierung, der neben dem Anstieg der Bevölkerungszahlen den kulturellen Aufstieg ermöglichte, weil nicht mehr jeder unmittelbar für seine Ernährung Sorge tragen musste, sondern eine Gesellschaft einzelne Mitglieder für andere Tätigkeiten freistellen konnte. Und weil sie sich der Bedeutung der kultivierten Pflanze für den eigenen Aufstieg bewusst waren, brachten archaische, sesshaft gewordene Kulturen ihrer wichtigsten Feldfrucht religiös gefärbte Dankbarkeit entgegen. Die Griechen verehrten die Göttin Demeter, die Römer Ceres, die Maya den Maisgott. Davon ist heute wenig mehr übriggeblieben als der herbstliche Erntedank der Kirchen.

Die Menschen in den preußischen Landen waren im 18. Jahrhundert, wie anderswo in Europa auch, überwiegend schlechter ernährt als noch zwei, drei Jahrhunderte zuvor, vor allem weil der Fleischanteil der Nahrung merklich gesunken war. Stattdessen waren verschiedene Getreidesorten Hauptbestandteil der Alltagsnahrung, die überwiegend aus Brei bestand, zu dem Brot gereicht wurde. Grund dafür war das Bevölkerungswachstum – um entsprechend mehr Fleisch zu produzieren, hätte erheblich mehr Boden bewirtschaftet werden müssen, als zur Verfügung stand. Die Ernteerträge waren zu gering, als dass man sie im uns heute geläufigen Umfang ans Vieh hätte verfüttern können, man brauchte das Getreide zum eigenen Verzehr. Der Mangel an Boden konnte rasch zu Nahrungsmittelengpässen führen, Hungersnöte waren statistisch gesehen so häufig wie heute Fußballweltmeisterschaften. Nicht zu reden von Hungerkatastrophen größeren Ausmaßes, wie sie im Deutschland des 18. Jahrhunderts mehrmals vorkamen und Millionen Menschen das Leben kosteten, die Geburtsraten drastisch sinken und die Lebensmittelpreise nach oben schnellen ließen.

Wer also, wie Friedrich II., die Bevölkerungszahlen in die Höhe treiben wollte, um den Wohlstand des Staates zu mehren, der bedurfte blühender Landschaften nicht bloß als neu gewonnenen Siedlungsraum, denn er musste seine

Ein Brandenburger Acker nahe Rheinsberg wird im Frühjahr zur Aussaat vorbereitet. Das preußische Volk war das wichtigste Kapital des Staates – um es zu mehren, musste man es ernähren können.

Bewohner auch ernähren können. Eine neue Feldfrucht wie die Kartoffel, die im Vergleich zu Getreide anspruchslos und doch ergiebiger im Nährwert war, war da besonders geeignet, um die Ernährungslage des Volkes zu verbessern.

Karriere einer Knolle

Nachdem spanische Konquistadoren die Kartoffel aus den peruanischen Anden Mitte des 16. Jahrhunderts in die Heimat gebracht hatten, verbreitete sich das exotische Mitbringsel auf verschiedenen Wegen in Europa, zunächst insbesondere als Kuriosum und medizinische Pflanze an Fürstenhöfen und in Klöstern sowie in den verschiedenen botanischen Gärten des Kontinents.

Die Kartoffel hatte es in Preußen anfangs schwer. Die Knollen zu verzehren, befanden Friedrichs Untertanen als völlig abwegig, wo doch nicht einmal die Hunde etwas davon wissen wollten. Der schnöde Hunger brachte die neue Kost schließlich in die Kochtöpfe.

Auch an den Berliner Hof der Hohenzollern kam die Kartoffel, und zwar bereits 1649 aus den Niederlanden, zuerst als Zierpflanze für den Berliner Lustgarten, den der Große Kurfürst nach den Verwüstungen durch den Dreißigjährigen Krieg damals als barocke Gartenanlage herrichten ließ. Dieser erste Verbreitungsweg auf dem europäischen Kontinent führte nicht zum flächendeckenden Anbau, das Potenzial der Kartoffel blieb zunächst sozusagen im Erdboden der Botanischen Gärten in Europa stecken, wenn auch die Botaniker sich neugierig damit zu befassen begannen.

Kultiviert wurde die Kartoffel ebenfalls zunächst in Spanien, von dort ausgehend auch in den Spanischen Niederlanden, und wurde dort Alltagskost vor allem der Armen. Ende des 16. Jahrhunderts kam die Kartoffel aus Chile nach England wurde und zuerst in Irland umfassender angebaut. Von den Britischen Inseln fand die Kartoffel als Ackerfrucht zum zweiten Mal den Weg nach Deutschland, und zwar auf im 17. und 18. Jahrhundert klassische Weise: durch einreisende Glaubensflüchtlinge und einheimische Söldner, die sie von Feldzügen mitbrachten. Insgesamt ging die Verbreitung der Kartoffel in Deutschland aber sehr unregelmäßig und zögernd vonstatten.

Vermutlich war die Kartoffel anfangs auch nicht immer wohlschmeckend und bekömmlich, wie zeitgenössische Berichte nahelegen, für die Durchsetzung auf dem europäischen Kontinent bedurfte es noch der Wahl und Anpassung der richtigen Sorte. Andere Vorbehalte lauteten, die Kartoffel sei giftig oder befördere den Sexualtrieb über die Maßen.

Zum geschätzten Grundnahrungsmittel war es also noch ein weiter Weg, auch wenn einige Regionen, darunter Kurpfalz und Kursachsen sowie das Kurfürstentum Hannover, rascher voranschritten, die Kartoffel jedoch zunächst ganz überwiegend nicht auf Feldern, sondern allenfalls in den Gärten gezogen wurde. Naturgemäß stand man der neuen Pflanze in der Not vorbehaltloser gegenüber: Vielerorts wurde die Kartoffel zur Vieh- und Armenspeise, was die weitere Verbreitung sowohl befördern als auch behindern konnte – die Kartoffel als wirksame Maßnahme gegen den Hunger, aber auch mit einem Makel belegt. Besonders einfach war der Einstieg für die Kartoffel in kargen Gebirgsregionen, wo keine Dreifelderwirtschaft betrieben wurde und der Boden dem Getreide ohnehin nicht genügte, die Kartoffel jedoch prachtvoll gedieh. Propagiert wurde die Erdknolle durch simple Weiterreichung über Grundstückszäune und Dorfgrenzen hinweg, sowie durch die Fürsprache dörflicher Intelligentsia in Gestalt von Pfarrern oder Richtern. Von Landesherren sind entsprechende Bemühungen hingegen kaum überliefert.

Das sollte sich in Brandenburg-Preußen etwas anders entwickeln. In Berlin befasste sich der kurfürstliche Botanicus Johann Sigismund Elsholtz mit der Kartoffel, und anstatt vor angeblichen Gefahren zu warnen, rühmte er die »holländische Tartuffel« rundheraus und empfahl ihren Anbau in größerem Umfang. Weil die Essbarkeit ihrer Wurzelknollen längst bekannt war, soll der Große Kurfürst nach 1650 den Feldanbau auch tatsächlich schon versucht haben.

Auch sein Enkel, der Soldatenkönig, fand Gefallen an der neuen Feldfrucht, die ihm einwandernde Glaubensflüchtlinge aus der Pfalz 1720 zum Geschenk machten. Den Kranken der Berliner Charité ließ er als Speise die Knolle vorsetzen, angebaut auf den königlichen Gütern. Überliefert ist auch, dass er seinen Landeskindern in gewohnt drastischer Art die Erdknolle schmackhaft zu machen versuchte. Er wolle ihnen Ohren und Nase abschneiden, wenn sie die Hackfrucht nicht anbauten, soll er gedroht haben.

Solche Drohungen konnten aber weder gegen die sprichwörtliche Macht der Gewohnheit noch die strukturellen Gegebenheiten traditioneller Landwirtschaft viel ausrichten. Getreide hatte neben der Tatsache, dass man damit umzugehen wusste, auch den Vorteil der bedeutend besseren

Lagerfähigkeit. Andererseits konnte die Kartoffel nach der Ernte viel schneller verzehrt werden und brachte pro Fläche höhere Erträge. In die Dreifelderwirtschaft mit der Abfolge zweier Fruchtfolgen und einer Brachsaison ließ sich die Kartoffel aber nicht recht integrieren. Außerdem wurden Brachen exklusiv für die Weidewirtschaft reserviert.

Ab 1740 wird die Kartoffel in Deutschland ganz allmählich von der Gartenpflanze zur Ackerfrucht – aber ganz überwiegend ohne Maßnahmen von staatlicher Seite. Das ist vor allem deshalb bekannt, weil vielerorts die Bauern mit dem Anbau der Kartoffel die Leistung des Zehnten umgehen wollten, die sie von ihrer Getreideernte abführen mussten. So kam es zu Rechtsstreitereien mit den Grundherren, die auf der Abgabe auch für die Hackfrucht bestanden.

Störrische Untertanen

Friedrich der Große war also entgegen landläufiger Ansicht kein einsamer Kartoffel-Visionär oder -Pionier der ersten Stunde und hat weder als Erster die Kartoffel in sein Land gebracht noch als Erster den Feldanbau veranlasst. Er hat aber sehr wohl den Wert der Kartoffel als Nahrungsmittel und Rezept gegen den Hunger erkannt und mit Nachdruck versucht, den Anbau im größeren Maßstab durchzusetzen. Schon bald nach Regierungsantritt begann er, die Kartoffel von oberster Stelle zu fördern. Den Direktor des Berliner Botanischen Gartens Johann Gottlieb Gleditsch ließ er über die Kartoffel forschen – das war der Beginn der wissenschaftlichen Beschäftigung mit der Kartoffel. 1765 erschienen Gleditschs ertragreiche Untersuchungen im Druck und propagierten »ein ganz neues und vorzügliches Nahrungsmittel«[108]. Gleichzeitig beklagt Gleditsch unbegründete Vorbehalte: »Aber wie ofte werden nicht Sachen zum voraus für nichtswürdig erkläret, als überflüssig unterlassen, und aus einer blosen Leidenschaft als schädlich unterdrücket, ehe man sie noch einmal recht kennen gelernet hat.«[109] Gleditsch sorgte mit seinen Erkenntnissen dafür, dass die königlichen Befehle und Instruktionen zur Förderung des Kartoffelanbaus eingehende praktische Hilfestellungen und Handreichungen enthielten, was geeignete Böden, Aussaat und Ernte etc. betraf. Friedrich ließ schon bald Saatkartoffeln kaufen und an Bauern verteilen, wies Pfarrer an, auf die segensreiche Agrarinnovation hinzuweisen. Vor allem für Getreide ungeeignete, lockere Böden sollten mit Kartoffeln bepflanzt werden.

Jedoch waren die Widerstände groß und die Erfolge zunächst gering. In einem Land, das

Pl. 234. Morelle tubéreuse (Pomme de terre).
Solanum tuberosum L.

Blühende Kartoffelpflanzen auf einem Acker. Interessant schien die Kartoffel zunächst vor allem als Zierpflanze, daher wurden die ersten Exemplare in botanischen Gärten gepflanzt und in ganz Europa als exotisches Gewächs herumgereicht.

ohnehin nicht ausreichend Getreide produzierte, stattdessen Kartoffeln anzubauen, erschien vielen Entscheidungsträgern vor Ort abwegig, sodass die königliche Propaganda häufig schon versandete, bevor Bauern und Gartenbesitzer die neue Frucht in die Hände bekamen. Aber auch wenn es dazu kam, lag die Sache nicht einfacher, wie ein Augenzeugenbericht illustriert.

Als Maßnahme gegen Teuerung und Hungersnot kam die Kartoffel Anfang der 1740er-Jahre ins pommersche Kolberg, wie sich Jahrzehnte danach der später legendär gewordene Joachim Nettelbeck erinnerte: »Ein großer Frachtwagen voll Kartoffeln langte auf dem Markte an. Unter Trommelschlag in der Stadt und in den Vorstädten erging die Bekanntmachung, daß jeder Gartenbesitzer sich zu einer bestimmten Stunde vor dem Rathause einfinden solle; des Königs Majestät habe ihnen eine besondere Wohltat zugedacht. Man ermißt leicht, wie alles und jedes in eine stürmische Bewegung geriet, und das um so mehr, je weniger man wußte, was es mit diesem Geschenke zu bedeuten habe.«

Mit der gänzlich fremden Kartoffel hatten die Kolberger nicht gerechnet, und die Ratlosigkeit war groß. »Dagegen nahmen die guten Leute die hochgepriesenen Knollen verwundert in die Hände, rochen, schmeckten und leckten daran. Kopfschüttelnd bot sie ein Nachbar dem andern. Man brach sie auseinander und warf sie den Hunden vor, die daran herumschnoberten und sie gleichfalls verschmähten. Nun war ihnen das Urteil gesprochen. ›Die Dinger‹, hieß es, ›riechen nicht und schmecken nicht, und nicht einmal die Hunde mögen sie fressen. Was wäre uns damit geholfen?‹«[110]

Wer trotzdem den Anbau versuchte, ging zumeist fehl, weil die mündlich erteilten Instruktionen für Anbau und Zubereitung in der Aufregung untergegangen waren. Im Jahr darauf gingen die Behörden die Sache etwas schlauer an und schickten zusammen mit neuen Saatkartoffeln einen kundigen Schwaben nach Pommern, der die Kolberger anleitete. Und doch dauerte es noch vierzig Jahre, berichtet Nettelbeck, bis er in seiner Gegend zum ersten Mal ein Kartoffelfeld erblickte.

Angesichts steigender Getreidepreise in den Zwischenkriegszeiten richtete sich Friedrichs Interesse auf Reformen in der Agrarwirtschaft und dabei auch auf die neue Ackerpflanze und ihr Potenzial. Auch auf anderen Gebieten des Ackerbaus bemühte sich der König um neue Wege – und war damit zum Teil erfolgreicher als mit der Kartoffel, so bei der Verbreitung des Futterklees oder des Tabakanbaus. Aber auch der Herrscher eines absolutistischen Staates kann nicht jeglichen Widerstand gegen Neuerungen überwinden, wie sich an den wiederholten Bemühungen Friedrichs ablesen lässt. Auch dass ein erklecklicher Teil des Landes als königliche Domänen verwaltet wurde, half wenig, wenn die Domänenpächter Neuerungen torpedierten und das System der Dreifelderwirtschaft wie ein Hemmschuh wirkte. Friedrich versuchte daher mit Dekreten, den Kartoffelanbau durchzusetzen. Berühmt wurde die Verordnung vom 24. März 1756, die an »sämmtliche Land-Räthe und Beamte« in Schlesien erging: »Es ist von Uns in höchster Person in Unsern andern Provintzien die Anpflantzung der so genannten Tartoffeln, als ein nützliches und so wohl für Menschen, als Vieh auf sehr vielfache Art dienliches Erd Gewächse, ernstlich anbefohlen. Da wir nun bemercket, daß man sich in Schlesien mit Anziehung dieses Gewächses nicht sonderlich abgiebet. Als habt Ihr denen Herrschaften und Unterthanen den Nutzen von Anpflantzung dieses Erd Gewächses begreiflich zu machen (…)«[111]

Auch die königlichen Domänengüter sollten zu diesen Maßnahmen ermuntert werden, um mit gutem Beispiel voranzugehen – in typisch fritzischer Ungeduld sollte es mit dem Anbau der »sehr nahrhaften Speise« noch im laufenden Jahr losgehen.[112] Die zuständigen Behörden sollten schließlich jeweils Anfang Januar Statistiken über den Kartoffelanbau erstellen und nach Berlin bzw. Potsdam schicken. Aber dem königlichen Begehren wurde offenbar nicht oder kaum Folge geleistet, sodass im Jahr darauf abermals die Weisung erging, den Kartoffelanbau in Schlesien zu fördern, und für diesen Zweck eine Instruktion gedruckt wurde, die über den Anbau und die Verwendung der Kartoffel informierte. Das Circulare von 1757 verweist ausdrücklich auf den Vorteil für die arme Bevölkerung im Besonderen, die die Kartoffel in ihren Gärten anbauen sollte, wenn sie keine eigenen Äcker besitze. Die Behörden sollten Sorge tragen, dass dies auch umgesetzt werde.

Aus der Vielzahl solcher Instruktionen geht neben der Hartnäckigkeit und wachsenden

Ungeduld des Königs auch hervor, dass das Volk dem neuen Lebensmittel überaus skeptisch gegenüberstand. Ein ums andere Mal ließ Friedrich nachhaken, um seine Landeskinder zu ihrem Kartoffelglück zu zwingen. Anscheinend waren vor allem die Schlesier der Kartoffel gegenüber höchst skeptisch eingestellt, wie aus weiteren Instruktionen hervorgeht, beispielsweise aus dem Jahr 1764:

»Wir haben mit nicht geringer Verwunderung vernehmen müssen, dass, wie gegen alle nützlichen Einrichtungen, also auch gegen die dem Landmann so vortheilhafte Anpflanzung der Kartoffeln an einigen Orten ein Vorurteil herrscht, welches als die Ursache des geringen Anbaus zu betrachten ist. Da wir nun aber, um des allgemeinen Besten willen, die nützliche Sache aller Widersprüche ohngeachtet allgemein gemacht wissen wollen, so befehlen wir Euch hierdurch in Gnaden, die Verfügung zu treffen, dass an denen Orten, wo der Kartoffelanbau gar nicht getrieben worden, aus anderen Kreisen, wo solcher getrieben wird, so viel Kartoffeln angekauft werden, als dazu nöthig sind, dass jeder Bauer ein Viertel, auch jeder Gärtner, welcher Ackerland hat, zwei Metzen davon erhalten kann, welche ihnen sodann gegen Bezahlung zu verabfolgen, und Ihr darauf zu sehen habt, dass solche von ihnen künftiges Frühjahr gestecket und angebauet werden.«[113]

Aber auch diese Weisung sollte nicht die letzte bleiben. Aus einer Circular-Ordre, die Ende Februar 1768 an alle schlesischen Land- und Steuerräte erging, geht hervor, wie groß die Widerstände waren: Erkennbar verärgert verweist das Dokument darauf, »wie sehr wir den Kartoffelbau in hiesigen Landen befördert wissen wollen, da diese Frucht nicht allein sehr nützlich zu gebrauchen, sondern auch dergestalt ergiebig ist, dass die darauf verwandte Mühe sehr gut belohnt wird«. Offenbar war des Königs Wunsch, selbst sein Befehl, über Jahre weitgehend ungehört verhallt, denn: »(…) so haben wir doch aus den davon eingereichten jährlichen Tabellen mit nicht geringem Missfallen ersehen müssen, dass der Anbau dieses sehr nützlichen Erdgewächses noch sehr schlecht betrieben und nicht allein sehr wenig Kartoffeln nach der Etendue Eures Kreises ausgesetzt, sondern auch nur ein geringer Ertrag davon gewonnen worden. Es giebt uns dies den sicheren Beweis, dass entweder die Dominia [die Krondomänen] und Gemeinden noch nicht von der Nutzbarkeit dieses Erdgewächses überzeugt sein wollen, oder dass dieselben bei dem Anbau derselben nicht nach der Vorschrift verfahren (…) haben, weil sonst gewiss ein viel größeres Quantum ausgesetzt und davon geerntet sein würde.«[114] Sodann ergehen dieselben Instruktionen, die auch zuvor schon nur mangelhaft befolgt worden waren.

In der Kurmark östlich Frankfurt/Oder scheint dem königlichen Willen besser entsprochen worden zu sein, denn dort nahm die Ernte ausweislich der auf königlichen Befehl erstellten Tabellen seit den 1760er-Jahren kontinuierlich zu. Aus der Erwiderung auf einen entsprechenden Bericht der Kurmärkischen Kammer 1774 geht Friedrichs Befriedigung darob hervor, weswegen die dortigen Behörden von der Verpflichtung entbunden wurden, weiterhin Ernteberichte an die Krone zu übersenden.

Die Legende vom Kartoffelvisionär

Friedrich hat also nicht vermocht, den Kartoffelanbau in einem Maße voranzubringen, dass die amerikanische Pflanze dem Getreide seinen Platz als Hauptnahrungsmittel hätte streitig machen können. Weil er aber ebendies mit Nachdruck versuchte – und die Kartoffel zu eben der Zeit zur Volkskost wurde, als der König posthum zum Volksfürsten stilisiert wurde, nämlich im 19. Jahrhundert –, gehört zur umfänglichen Folklore um ihn und seine Rolle bei der Einführung der Kartoffel als Ackerfrucht. Und wie es Folklore an sich hat, geht es dabei nicht immer akkurat zu. So wie eben nicht erst Friedrich die Kartoffel nach Brandenburg-Preußen brachte und seine Bemühungen keine durchschlagende Wirkung zeitigten, so ist auch die wohl bekannteste Anekdote ohne Beleg: Danach ließ der König Kartoffelfelder von Soldaten bewachen, um den uneinsichtigen Untertanen augenfällig zu vermitteln, welche Kostbarkeit sich da unter der Ackerkrume verbarg. Aber mag die Anekdote auch frei erfunden sein – man wäre kaum verwundert, wäre der König tatsächlich solcherart verfahren. Eine pfiffige Verschlagenheit des fürsorglichen Landesvaters spricht aus dieser wie aus zahllosen anderen angeblichen Vorkommnissen, und preußenstimmig werden auch zum Leibeswohl des Landes Soldaten aufgeboten. Solche Anekdoten haben sich ins Bewusstsein der einfachen Landbevölkerung tief eingegraben und die Bindung an den derart fürsorglichen Staat nicht unerheblich befördert.

Zur Verbreitung der fritzischen Verdienste um die Verbreitung der Kartoffel in Deutschland hat wohl auch ein populäres Gemälde mit dem bezeichnenden Titel »Der König überall« beigetragen, das Mitte des 19. Jahrhunderts entstand und sich im Besitz des Berliner Deutschen Historischen Museums befindet. Es zeigt den König während einer seiner zahlreichen (belegten) Inspektionsreisen landauf, landab beim (unbelegten) Besuch auf einem Kartoffelacker im Oderbruch, dessen Bauern ihm stolz die frisch

So stellte man sich im 19. Jahrhundert den König auf Reisen vor: Der Alte Fritz lässt an einem Acker halten und überzeugt sich vom Fortschritt im Kartoffelanbau. Tatsächlich aber hatte auch er große Mühe, Bauern und Staatsbeamte vom Nutzen der Knolle zu überzeugen.

Der Mythos des Kartoffelkönigs lebt. Auf Friedrichs Grab auf der Terrasse von Sanssouci liegen stets ein paar Kartoffeln.

geernteten Kartoffeln entgegenhalten. In der Schar Schaulustiger steht auch ein Pastor, der dem König vermutlich ebenso dankbar ist für die segensreiche Feldfrucht wie dem Herrgott höchstpersönlich. Dass zum volkstümlichen Erbe über den Alten Fritz die Kartoffel bis heute dazugehört, lässt sich am Grab des Königs auf der Terrasse von Sanssouci trefflich nachvollziehen, wo zumeist wie Erinnerungssteine auf einem jüdischen Grabmal Kartoffeln abgelegt werden – ob von Besuchern oder beflissenen Mitarbeitern der Schlösserverwaltung, sei dahingestellt.

Die Not öffnet die Münder

Dabei war es in Preußen wie anderswo in Deutschland der schnöde Hunger, der der Kartoffel schließlich zum Durchbruch verhalf. Der hatte sich schon in der zweiten Hälfte des 17. und im beginnenden 18. Jahrhunderts als förderlich erwiesen – aber nur regional und nicht nachhaltig. Noch war die Kartoffel bloßer Notbehelf in Hungerzeiten, nicht aber eine ernsthafte Konkurrenz für Roggen und Weizen. In den frühen 1770er-Jahren aber führten verheerende Getreidemissernten infolge nasser Jahre zu explodierenden Preisen und Hungersnöten in ganz Deutschland – und erzwangen das Kartoffelzeitalter. In Preußen begannen endlich die Krondomänen, im großen Stil Kartoffeln anzubauen. Zu dieser Zeit wurden auch die meisten Kartoffelgerichte entwickelt, hielt die Kartoffel Einzug in die Ratgeberliteratur zur Volksbildung und fand man Geschmack an Kartoffelschnaps. Aber selbst dann war es noch ein Stück Weges, bis man von einem wirklichen Siegeszug der Kartoffel sprechen konnte – in Preußen Anfang des 19. Jahrhunderts unter anderem dank der Agrarreformen unter den Ministern Stein und Hardenberg.

In den Agrarkrisen im ersten Drittel des 19. Jahrhunderts wurde angesichts steigender Getreidepreise die Kartoffel zum Retter in der Not, wodurch sich die anfänglichen Ressentiments endgültig erledigt hatten. Selbst neuerliche, verheerende Hungerkrisen, die Mitte der 1840er-Jahre diesmal durch Missernten bei der Kartoffel ausgelöst wurden, konnten den Siegesszug der Kartoffel nicht aufhalten. So konnte Deutschland im späteren Verlauf des 19. Jahrhunderts vor England und Frankreich zum weltweit größten Kartoffelproduzenten aufsteigen. Aus Deutschland verbreitete sich die Kartoffel außerdem nach Osteuropa, was sich bis heute sprachlich nachvollziehen lässt. Auf Tschechisch heißt sie beispielsweise *brambory*, weil man sie aus Brandenburg übernahm.

In den zahlreichen Untersuchungen über den Mythos Friedrich, der sich weniger entwickelte, als dass er mit handfesten Absichten gestaltet wurde, geht es zumeist um Politik und das große Ganze. Der Mythos des Preußenherrschers als Kartoffelkönig ist nicht in vergleichbarem Maße untersucht worden, und man kann nur mutmaßen, woher es kommt, dass Friedrich bis heute als energisch zum Wohl seines Volkes (und seiner Produktivität) die Kartoffel bewerbender König große Popularität genießt.

Auffällig ist jedenfalls, dass die zahlreichen Anekdotensammlungen um Friedrich den Großen, allen voran die berühmte des Berliner Verlegers Friedrich Nicolai, die zwischen 1788 und 1792 erschien, keine Kartoffelhistörchen enthalten. Ebensowenig findet sich in Friedrichs Testamenten etwas darüber, wiewohl dort viel Landwirtschaftliches verhandelt wird. Möglicherweise fügten Pastoren den Anekdoten um den volkstümlichen König die ackerbauliche Dimension hinzu, weil sich die neue Feldfrucht als Segen erwiesen hatte. Oder die Landbewohner schufen eine zeitgemäße Version der alten Volksfrömmigkeit für die Getreide-Gottheiten.

»Alles ist im Überfluss vorhanden«

Neues Palais

Betritt man den Park von Sanssouci in Potsdam durch seinen stadtseitigen, eigentlichen Haupteingang am Obelisken der Schopenhauerstraße, findet man sich sogleich auf der großen Längsachse wieder, schnurgerade von Ost nach West verlaufend. In Richtung Westen passiert man linker Hand den Marly-Park mit Friedenskirche und Mausoleum aus dem 19. Jahrhundert – dort befinden sich die sterblichen Überreste der Friedrich Wilhelms I. und IV. sowie Kaiser Friedrichs III., die beiden Letztgenannten mitsamt ihrer Gattinnen. Rechts der Hauptallee reihen sich nach der Knobelsdorff'schen Neptungrotte auf dem Hügel Bildergalerie und Neue Kammern auf – und natürlich dazwischen Schloss Sanssouci selbst. Weitere Gebäude folgen, darunter gegen Ende, beide hinter Bäumen versteckt, rechter Hand Friedrichs Antikentempel, die heute fast vergessene Grabstätte der beiden Frauen Wilhelms II., Kaiserin Auguste Viktoria und »Kaiserin« Hermine, sowie links der Freundschaftstempel. Der weiße Monopteros zum Gedenken an Friedrichs Lieblingsschwester Wilhelmine wirkt recht verspielt, eine Sitzstatue zeigt die Markgräfin, auf dem Schoß ein Hündchen mit gelocktem Ohr und ferkelesker Schnauze sowie ein aufgeschlagenes Buch – weil die drei Jahre ältere Wilhelmine dem Buben Friedrich das Lesen nahegebracht hat. Außen an den Säulenpaaren sind Medaillons angebracht, die berühmte (männliche) Freundespaare der Antike abbilden. Man mag sich den gealterten, einsam gewordenen König vorstellen, wie er mit seinen Hunden durch den Park spaziert und hier halt macht, um halb sentimental, halb verbittert über das Wesen der Freundschaft und ihre Vergänglichkeit nachzusinnen, während die Tiere am Fuß der Stufen ihren Herrn brav erwarten.

Wilhelmine gehörte zu den vielen Vertrauten und Freunden, deren vorzeitigen Tod – Wilhelmine starb 1758 mit 49 Jahren – Friedrich häufig beklagt hat. Sie ist zweifellos diejenige Frau, der er zeitlebens am allermeisten zugetan war. Allerdings war auch ihr Verhältnis keineswegs immer ungetrübt. Friedrich erwartete von seinen Geschwistern unbedingte politische Loyalität, weshalb Wilhelmine ein regelrechtes Sakrileg beging, als sie sich, in Friedrichs Augen, während der Schlesienkriege seiner Intimfeindin Maria Theresia annäherte. Das führte zum einstweiligen Zerwürfnis und scharfen Worten seitens des Königs: »und schließlich bist du selbst hingegangen, um meiner Todfeindin, der Königin von Ungarn, tausendfache Unterwürfigkeit zu bezeugen (…)«[115]

Folgt man der Längsachse ohne Ablenkung, erreicht man nach insgesamt fast zwei Kilometern Marsch das größte Gebäude der ausgedehnten Anlagen: das Neue Palais, erbaut gleich nach Ende des Siebenjährigen Krieges, zwischen 1763 und 1769. Auf dem Weg über die Hauptallee hat man es stets im Blick, sieht es größer werden und ist am Ende doch ob des Anblicks sprachlos: 240 Meter Fassadenlänge, die gewaltige Kuppel 55 Meter hoch, Hunderte Sandsteinplastiken wie Scharfschützen auf den Balustraden postiert und das Gebäude umstellend.

Planungen für einen weiteren Schlossbau gab es bereits vor dem Siebenjährigen Krieg, vermutlich 1755. Sie waren sozusagen die Fortsetzung der Berliner Residenzpläne an anderer Stelle, nämlich der nunmehr wichtigeren Residenz des Königs: Potsdam. Das intime Schloss auf dem Weinberg war nicht bei jedem Besuch als Herberge geeignet – sei es, weil der König die Nähe nicht wollte, sei es, dass die Gästeräumlichkeiten zu klein waren. Und schon gar nicht genügte es repräsentativen Anforderungen. Vor allem sommerliche Verwandtenbesuche ließen einen Neubau mit Gästewohnungen sinnvoll erscheinen. Zunächst war als Bauplatz südlich des Schlossparks der Kiewitt vorgesehen, eine Halbinsel an der Havel – heute ein Plattenbauviertel aus DDR-Zeiten. Mit einer Sichtachse zum Weinbergschloss sollte dort der neue Palast entstehen, und zwar mehr oder weniger in der Form, die dann an anderer Stelle Gestalt erhielt: eine Dreiflügel-Anlage in E-Form mit L-förmigen, einstöckigen Pavillons als Nebentrakte auf beiden Seiten, vorgelagert eine Cour d'honneur mit den gewohnten

Seitlicher Blick auf das Neue Palais im Park von Sanssouci. Vorn rechts der vergleichsweise bescheidene Anbau mit der Königswohnung. Die Gäste residierten in Appartements im Mittelteil, wo auch die Festsäle untergebracht waren.

halbrunden Kolonnaden. Vermutlich waren ein weiteres Mal schwierige Eigentumsverhältnisse der Grund, dass auf dem Kiewitt daraus nichts wurde – oder Friedrich wollte wegen seiner kriegsbedingten Rheumabeschwerden die Wassernähe meiden. Statt in einer Sichtachse südlich des entsprechend zu erweiternden Parks kam das Projekt schließlich am westlichen Ende des Rehgartens zur Ausführung und erfuhr Veränderungen. Riesige Wirtschaftsgebäude, die Communs, wurden hinzugefügt und ihnen die Kolonnaden zugeordnet; zwischen Communs und Palais konnte so ein großer, backsteingepflasterter Platz, Mopke genannt, entstehen.

Die Entwürfe für das Neue Palais lieferten Johann Gottfried Büring, Jean Le Geay und Heinrich Ludwig Manger, bis 1765 Carl von Gontard die Vollendung übernahm, also vor allem für den Innenausbau verantwortlich zeichnete. Nach Knobelsdorff, der 1753 starb, ist Gontard der zweite wichtige Baumeister Friedrichs; er kam nach dem Siebenjährigen Krieg aus Bayreuth nach Potsdam und wirkte für das folgende Vierteljahrhundert hier und in Berlin, wo er unter anderem die beiden Kuppelturmbauten am Gendarmenmarkt schuf. Mit ihm vollzieht sich der Wandel der friderizianischen Architektur vom Rokoko Knobelsdorffs zu einem spätbarocken Klassizismus.

Wiederaufbau nach dem Krieg

Als mit dem Frieden von Hubertusburg 1763 der Siebenjährige Krieg beendet wurde, war Preußen dem Abgrund sehr nahe gewesen. Der Krieg hatte nicht nur Landstriche verwüstet und Soldatenleben gefordert – insgesamt war die Bevölkerung nach Friedrichs eigener Schätzung, die um ein- bis zweihunderttausend zu hoch gegriffen sein mag, um eine halbe Million zurückgegangen. Die enormen Bevölkerungsverluste zeigten überdeutlich, dass kein Staat vom Ruhm allein leben kann, schon gar nicht ein noch immer rückständiger, ressourcenarmer wie Brandenburg-Preußen. Es galt also, nachdem der staatliche Fortbestand gesichert war, das Land wirtschaftlich wiederaufzubauen. In diesem *retablissement* ging es darum, der vom Krieg und seinen Folgen enorm in Mitleidenschaft gezogenen Wirtschaft, zusätzlich gebeutelt von der anschließenden Wirtschafts- und Finanzkrise auf dem gesamten Kontinent, wieder auf die Beine zu helfen. Denn ohne wirtschaftliche Grundlage war kein Bevölkerungswachstum zu erreichen.

Friedrich ging es systematisch an. Er unternahm eine Bestandsaufnahme der Kriegsfolgen im ganzen Land und holte Vorschläge ein, wie einzelne Regionen wieder auf die Beine zu bringen wären. Auf der Grundlage von Statistiken und endlosen Zahlenreihen dieses Kriegsschadenskatasters, wie man es bezeichnen könnte, entschied er dann selbst über die zu treffenden Maßnahmen. Und die begleitete er bis in die Einzelheiten und eignete sich dabei eine höchst beachtliche Detailkenntnis an. Unermüdlich unternahm er Inspektionsreisen und studierte die unzähligen Tabellen, damit ihm niemand etwas vormachen konnte und er auf sicherer Grundlage unabhängig entscheiden konnte. Das wurde schon deshalb immer wichtiger, weil mit zunehmendem Alter sein Misstrauen gegen andere beständig zunahm. Seinem Nachfolger gab er mit auf den Weg, dass Königsein eben kein endloses Wunschkonzert sei, sondern Arbeit:

Dieses Geschäft erfordert detaillierte Einzelkenntnisse, die man nur durch Fleiß gewinnt.«[116]

Nicht nur des Königs Fleiß und Mühe beanspruchte die Errichtung des Neuen Palais, den größten Nutzen allerdings hatte Friedrich selbst. Denn der Kolossalbau war zwar durchaus eine Investitionsmaßnahme des Wiederaufbaus. Mehr noch war diese »Fanfaronnade«, wie der König den Schlossbau 1780 gegenüber seinem jungen Kammerherrn Marchese Lucchesini nannte[117], ein politisches Statement, gerichtet an die Hauptstädte der europäischen Großmächte. Den eigenen Großvater hatte er noch wegen seiner Prunksucht verhöhnt, weil mit dem Schlüterschloss an der Spree sozusagen einer herrscherlichen Substanzlosigkeit nur eine Fassade vorgeblendet wurde. Nun ließ er selbst in Windeseile einen Prunkbau hochziehen. Während Friedrich I. mit dem Berliner Schloss seiner Rangerhöhung architektonisch Gesicht und Gewicht geben wollte, beschloss Friedrich II., seine Rangbehauptung im gerade so überstandenen Krieg mit dem Neuen Palais aller Welt vor Augen zu führen.

Der Siebenjährige Krieg hatte als Kräftemessen, das über die schlesische Frage weit hinausging, einige Änderungen im europäischen Mächtegefüge hervorgebracht. Während Frankreich seine Weltmachtambitionen begrub, stieg Großbritannien in der Folge eben dazu auf und dominierte die Weltmeere. Russland hatte sich als Faktor im europäischen Mächtekonzert etabliert und war sozusagen politisch nach Westen gerückt, ohne das zunächst territorial zu vollziehen. Österreich-Ungarn sicherte sich zwar die Kaiserwürde, weil Preußen im Hubertusburger Frieden die Wahl von Maria Theresias Sohn Joseph akzeptierte, Wien hatte aber sein Kriegsziel, die Wiedergewinnung Schlesiens und das Zurechtstutzen des preußischen Emporkömmlings auf ein für Habsburg ungefährliches Maß, klar verfehlt.

Die Habsburger Monarchie blieb zwar Big Player, musste aber fortan mit dem Rivalen Preußen zurechtkommen. Bündnispolitisch sah sich Friedrich gezwungen, trotz des bedrohlich wachsenden Einflusses Russlands den Schulterschluss mit der Zarin zu suchen, mangels Alternative, angesichts der nackten Notwendigkeit einer längeren Friedensphase für Erholung und Wiederaufbau – und sehr zum Schaden Polens.

Zähneknirschend mussten die alteingesessenen Herrscherhäuser hinnehmen, dass sich der Emporkömmling Preußen in die Elefantenrunde der europäischen Großmächte gedrängelt hatte. Und die Verschiebungen im europäischen Machtgefüge wirkten sich auch auf das längst brüchige Gefüge des Alten Reiches aus. Das hatte eine konfessionelle Seite, denn der Protestantismus im Reich sah sich mit Preußen gestärkt und mancher in Friedrich einen Gegenkaiser zum katholischen Wien. Als protestantische Schutzmacht wurde Preußen norddeutsche Vormacht – ein Vorgeschmack auf das 19. Jahrhundert. Um den konfessionellen Aspekt ging es Friedrich jedoch nicht, mochte er ihn auch gern bemühen, wenn es seinen Absichten dienlich war. Zum letzten Mal tat er das kurz vor seinem Tod, 1785, mit dem kurzlebigen Fürstenbund, in dem er als Beschützer protestantischer Interessen auftrat, aber ausschließlich im Sinn hatte, den Mangel an anderweitigen bündnispolitischen Möglichkeiten zu kompensieren und im eigenen Interesse im Reichsverbund einen kraftvollen Gegenpol zu Habsburg aufzubauen. Wie stets ging es ihm um die preußische Staatsräson, und die griff längst weit über das Reich hinaus, das er ohnehin als »mittelalterlich« und überkommen ansah, wie er im Politischen Testament seinem Nachfolger mitteilte: »Soll ich Euch vom Heiligen Römischen Reich berichten, das weder römisch noch heilig ist, von diesem Chaos kleiner Staaten, zu schwach, um selbstständig zu handeln, immer eingespannt in die geschlossene Kolonne einer großen Allianz.«[118] Ihm lag der preußische Kittel näher als

Schon die Wirtschaftsgebäude im Vordergrund sind kolossal. Allerdings wurde das Essen kalt, ehe es die Speisenden im Neuen Palais erreicht hatte, wo es keinerlei Küchen- oder Anrichteräume gab.

das Wams des brandenburgischen Kurfürsten, Wahlmann des römischen Königs und Kaisers, der er ja weiterhin war. Sprach er, wenn überhaupt, von Reichspolitik, so setzte er dem Begriff Despotismus stets das Adjektiv kaiserlich voran.

Wegen seiner rüden Reichspolitik wurde Friedrich auch als Totengräber des Heiligen Römischen Reiches bezeichnet – was ebenso stimmt wie außer Betracht lässt, dass sein Befund durchaus zutraf: Das Reich hatte seine besten Zeiten längst hinter sich und schleppte sich seinem Ende entgegen. Und auch Habsburg, Kaiserkrone hin oder her, stellte die Interessen der Dynastie meist über das Wohl des Reiches und nutzte seine Machtposition unverhohlen aus.

Und doch lässt sich befinden, dass der preußisch-österreichische Gegensatz, den Friedrich den deutschen und europäischen Spielregeln hinzufügte, dem siechen Reich schließlich den Todesstoß versetzte, auch wenn der Dolchträger Napoleon heißen sollte.

Prahlen für Europa

Friedrichs Fanfaronnade verfehlte ihren Zweck ebenso wenig wie siebzig Jahre zuvor der Schlossbau seines Großvaters. Das Neue Palais besteht aus dem imposanten, dreistöckigen Hauptteil in U-Form mit der Kuppel über dem begiebelten Mittelteil. Links und rechts wird das Gebäude von zwei erheblich bescheideneren Flügeln in L-Form mit kleineren Kuppeln flankiert. Wie bei seinen anderen Schlossbauten nahm Friedrich abermals regen Anteil an der Gestaltung – seinen mitunter schwer umsetzbaren Vorgaben mussten die Baumeister Folge leisten. Ein gutes Dutzend Bildhauer wurden in ganz Deutschland angeworben, um nach seinen Vorstellungen die Unmenge Skulpturen zu fertigen. Die Darstellungen auf der Gartenseite des Mittelbaus zeigen siegreiche Helden der Antike, von Odysseus bis Herakles, von Achilles bis Perseus, über denen auf der Giebelspitze eine Siegesgöttin wacht. Hofseitig geht es um eher friedlichen Wettstreit, vor allem in der Musik. Auf beiden Seiten prangt in einer Kartusche der Wahlspruch Friedrich Wilhelms I., der das Motto seinen Regimentern auf die Fahnen schrieb: *nec soli cedit*, er weicht auch der Sonne nicht, was sich auf den preußischen Adler ebenso bezieht wie auf das aufstrebende Preußen selbst. Das eigentliche Siegesdenkmal für den Siebenjährigen Krieg aber sind die Communs, und da vor allem die Kolonnade mit Ehrenpforte. Kraft und Stärke des preußischen Staates und ihres Herrschers Friedrich werden gerühmt; die üblichen Stilmittel sind Fahnen und Fanfaren, Kanonenrohre, Kriegshelme und Siegeskränze sowie weitere antike Helden und Götter, darunter Mars und Pallas Athene.

Architektonisch ist der spätbarocke Bau auch für seine Zeit konventionell bis veraltet und kommt weniger als ein großer architektonischer Wurf daher denn als kastenförmiger Prunkbau. Als Protzigkeit wiederum ist er durchaus gelungen, nur enttäuscht die große Geste, wenn man zuvor die Intimität und Individualität der Königsdatsche auf dem Weinberg in Augenschein genommen hat. Bei aller beabsichtigten Wirkung zeigte sich Friedrich durchaus wieder als eigenwilliger Bauherr: Im Inneren verzichtete er auf ein klassisch zentrales Schautreppenhaus (was in den Augen manches Besuchers den grandiosen Eindruck erheblich schmälerte) und ließ eine Wohnung für sich selbst ins Parterre des südlichen Seitenflügels legen – wieder einmal kokettierte er mit der Rolle des Staatsdieners. Die Königswohnung im Neuen Palais erhielt neben Vor-

Eine der vielen Bibliotheken Friedrichs befand sich in seiner kleinen Wohnung im Neuen Palais, die er nutzen konnte, wenn er Besuch hatte. Ebenerdig gelegen, war man auch hier mit der Lektüre rasch im Park.

zimmern eine Bibliothek, die zur Abwechslung mal kein rundes Kabinett war, sowie Schlaf-, Arbeits- und Konzertzimmer, ein Schreibkabinett und schließlich ein kleines, aber erlesen gestaltetes Speisezimmer. Spätestens hier wurde dem Besucher klar, dass die Königswohnung durchaus auf Effekt gebürstet war, auch wenn sie quasi im Dienstbotenflügel lag. Nicht nur waren die Gemächer eine Art Showroom für das einheimische Handwerksgewerbe, es wurde auch im Inneren geprotzt: in der wohl als Speisezimmer genutzten »Fleischfarbenen Kammer« mit dreißig kostbaren Meissener Schneeballvasen, von denen schon eine einzige ein Vermögen wert war.

Auf der anderen Seite des Hauptteils liegen der Heinrichsflügel mit der Wohnung für Friedrichs Bruder, weitere Gästewohnungen sowie der Hofdamenflügel. Nach Norden schließt sich an den Friedrichsflügel der Theaterflügel an. Das Theater ganz in Weiß, Rot und Gold hat halbrund angeordnete Sitzreihen, die wie im Amphitheater ansteigen. Vergoldete Hermen, die den zweiten Rang tragen, erinnern an die Karyatiden an der Gartenfassade von Sanssouci. Ein französischer Arzt im Gefolge einer Nichte Friedrichs zählte im Sommer 1775 im Ehrenhof rund sechzig Kutschen und eine brav wartende Pferdeschar, mit der man ein Kavallerieregiment hätte bestücken können. Man gab Voltaires populäre Verstragödie *Zaïre*, ein Stück über die fatalen Folgen von Intoleranz zwischen Christen und Muslimen zur Zeit der Kreuzzüge, und der König zeigte sich zu Tränen gerührt. Opern und französisches Schauspiel ließ Friedrich hier zur Aufführung bringen, deutsches Theater war ihm verpönt; unter seinen Nachfolgern ließ die Qualität von Stücken und Aufführungen allmählich nach.

Die beiden Funktionen der mächtigen Kuppel des Neuen Palais rechtfertigen den Begriff kaum. Wie die überdimensionierte Motorhaube eines Prestigeflitzers hat sie keinen Zweck, sondern enthält nur das Gebälk, das die Eigenlast trägt. Nichtsnutzig krönt sie den Protz des Gebäudes und verspottet, so will es der Volksglaube, zugleich Friedrichs drei Gegnerinnen im Siebenjährigen Krieg: Kaiserin Maria Theresia, Zarin Elisabeth von Russland sowie die Marquise de Pompadour, Mätresse Ludwigs XV. Denn sie, so heißt es, standen Modell für die drei Grazien, die auf der Kuppel ein Kissen tragen (müssen), auf dem die preußische Königskrone ruht.

Der reichhaltige Figurenschmuck am, auf und um das Schloss referiert ebenso antikes Sagengut wie die Deckengemälde der Festsäle. Der französische Gewährsmann vermerkte 1775 angesichts der Skulpturen, wohin man nur schaute, in seinem Tagebuch, man fühle sich in ein Bildhaueratelier versetzt. »Jaspis, Marmor in allen Farben, Bildsäulen und Kolonnaden, Gold und Silber, reiche Stoffe, Fußböden aus fremden Hölzern, Bergkristall, Porzellan, Gemälde erster Meister – alles ist im Überfluss vorhanden.«[119]

Unwillkürlich nahm er auch die profansten Details wie Türklinken oder Fenstergriffe ins Auge, in der Erwartung, sie aus massivem Gold oder mit Edelsteinen besetzt zu sehen. Hätte der König diese Eintragungen gelesen, er wäre zweifellos zufrieden gewesen ob der Wirkung seiner Prahlerei. Man darf annehmen, dass seine Gäste zumeist Ähnliches von sich gaben, wenn sie im Neuen Palais logieren durften. Der Kammerherr der Königin Lehndorff jedenfalls zeigte sich zur Fertigstellung des Bauwerks tief beeindruckt: »Die Schönheiten dieses neuen Palais versetzen mich in staunende Bewunderung. Hier findet man alles beisammen, Reichtum, Pracht und Geschmack und Gemälde von wunderbarer Schönheit. Das ist heut unstreitig der schönste Platz Europas. Die Architektur der Nebengebäude und der Kolonnade ist großartig.«[120] Mitte des 19. Jahrhunderts war ein fachmännisches Urteil, das sich vor allem auf die kunsthandwerkliche Ausführung der Plastiken bezog, sehr viel weniger positiv: »Betrachtet man den bildnerischen Schmuck am Neuen Palais, so verleitet der erste Hinblick leicht zu einem Vorurteil, es habe hier gleichviel wie dekoriert werden sollen und es walte kein Sinn in der unübersehbaren Reihe von Gruppen und Einzelwerken, so gerieth die Mehrzahl der Arbeiten und Aufgaben in die Hände der bereitwilligsten Unternehmer, die rasch ablieferten, aber selbst ganz gute Conceptionen von rohen Arbeiterhänden zu mißförmigen Erscheinungen verhauen ließen.«[121]

Der Mittelbau des pompösen Palais beherbergt vier Festsäle, darunter vor allem Grottensaal und Marmorsaal. Der 550 Quadratmeter große Grottensaal, dessen Schmuck aus Muscheln und Mineralien, Korallen und Kristall von nachfolgenden Hausherren noch ergänzt wurde, sollte an heißen Sommertagen als kühle Zuflucht dienen. Vor allem aber ist der Saal der Unterbau

Drei Grazien auf dem Dach des Neuen Palais tragen die preußische Krone. Der Volksmund erkannte in ihnen die drei angeblichen Intimfeindinnen Friedrichs: Maria Theresia von Österreich, Elisabeth von Russland und die Marquise de Pompadour, Mätresse des Königs von Frankreich.

des darüberliegenden Marmorsaals und aus statischen Gründen mit Säulen bestückt. Direkt über dem Grottensaal liegt im ersten Stock der riesige, über zwei Etagen reichende Marmorsaal, wichtigster Festsaal des Schlosses, bei dessen Restaurierung die Fachleute bis heute mit Friedrichs notorischer bauherrlicher Ungeduld zu tun haben: Weil das Holz der Bodenkonstruktion zu feucht war und beim Einpassen des Bodenmarmors weitere Feuchtigkeit hinzukam, senkte sich der Boden alsbald; Tanzvergnügen gab es aus diesem Grund im Marmorsaal nie. Sein Marmor in verschiedensten Farben stammt aus Brüchen von Schlesien bis Carrara. Neben dem Grottensaal liegt die Marmorgalerie mit rotem Jaspis und weißem Marmor, die Verbindung zur Königswohnung.

Abgesehen davon, dass das Neue Palais aller Welt vor Augen führte, dass mit Preußen weiterhin zu rechnen war, entsprach es auch der zweiten Lebenshälfte des Königs, der nunmehr zum Alten Fritz geworden war. Mehr als die espritselige Tafelrunde der Kronprinzen- und Jungkönigsjahre, zu der geistreiche Köpfe geladen wurden, stand jetzt die gewachsene Familie im Zentrum. Die in der Nähe, aber doch nicht zu nah zu haben, gelang mit dem Neuen Palais vortrefflich, zumal der König dort eine weitere Wohnung für sich selbst unterhielt. Wichtiger aber waren die Wohnungen für Familienmitglieder: für den Thronfolger Friedrich Wilhelm, für Prinz Heinrich und seine Frau, für Prinzessin Amalie, Familienfaktotum und Äbtissin von Quedlinburg, aber auch als Fürstenquartier für Staatsbesucher. Sie waren rund um den Marmorsaal und im nördlichen Seitenflügel untergebracht.

Die Familie sollte unterhalten werden, wie der König befand: »Ich habe das ganze Haus voll Nichten und Neffen und muß ihnen Schauspiele geben, damit ich sie für die Langeweile entschädige, die ihnen die Gesellschaft eines alten Mannes vielleicht verursacht.«[122] Daher erhielt das neue Schloss ein Theater, in dem er meist hinter den Gästen in der dritten Reihe das Bühnengeschehen verfolgte; eine königliche Loge gab es nicht. »Ich erwarte hier in den nächsten Tagen einen ganzen Schwarm von Neffen und Nichten; ich bin im Begriff, der Onkel von ganz Deutschland zu werden (…) Wenn man nicht Großvater ist, kann man doch Großonkel werden und durch sein Gefasel den Großneffen zum Kinderspott dienen; das ist der fünfte Akt des Stückes, und zum Schluß wird man ausgepfiffen.«[123]

Kaisers Kindergarten

Nach Friedrichs Tod wurde das Neue Palais vernachlässigt; seine beiden Nachfolger nutzten andere Sommerhäuser. Unter Friedrich Wilhelm IV. dann, der das Weinbergschloss im Sommer bewohnte, kam auch das riesige Gästehaus wieder zu Ehren. Kurzkaiser Friedrich III. nutzte während seiner übermäßig langen Kronprinzenzeit das Schloss seit 1859 als Sommersitz, und er und seine Frau Victoria, älteste Tochter Queen Victorias, zogen das Neue Palais dem Berliner Kronprinzenpalais vor. Mit wachsender Familie wurden größere Gebäudeteile genutzt und Um- und Einbauten vorgenommen, vor allem für sanitäre Einrichtungen, bei denen preußische Hoheiten im europäischen Standard erheblich zurücklagen. Natürlich wurde auch die Innengestaltung zum Teil dem Zeitgeschmack angepasst, die Friedrichswohnung jedoch blieb aus Achtung für den großen König weitgehend im Originalzustand erhalten. Friedrich III., dem zu Ehren das Neue Palais in Friedrichskron umbenannt wurde, starb im Juni 1888 in den Roten Kammern im Erdgeschoss, woran noch heute ein schwarzes Kreuz im Fußboden erinnert.

Der Marmorsaal wurde für Feiern der Hohenzollern genutzt, aber auch für Staatsempfänge, insbesondere auswärtiger Fürsten, darunter Zarin Alexandra Feodorowna 1829, älteste Tochter der preußischen Königin Luise, Prinz Tschun, der spätere Regent des letzten chinesischen Kaisers, 1901, oder 1910 der letzte russische Zar Nikolaus II. mit seiner Gattin, einer weiteren Alexandra Feodorowna, vormalige Prinzessin Alix von Hessen-Darmstadt. Zur erlesenen Ausgestaltung im Neuen Palais gehörten inzwischen Marmorstückchen von der Akropolis sowie »die Spitze des Kilimandscharo 1890«, seinerzeit als Kolonialbesitz mit Namen »Kaiser-Wilhelm-Spitze« der höchste Berg des Deutschen Reiches.

Für die Kinder wurde insbesondere das zweite Obergeschoss hergerichtet – Spielwiese des letzten Kaisers Wilhelm II. Dieser teilte die Vorliebe seiner – ansonsten im Vergleich zum Sohn entschieden progressiveren – Eltern für das Neue Palais und wohnte hier mit seiner umfänglichen Familie zumeist zwischen Ostern und Weihnachten. Im Neuen Palais ließ Wilhelm 1903 sogar einen Fahrstuhl einbauen, der mit Wasserkraft betrieben wurde. Mit den Closets und den Bädern hielt der Kaiser es aber wie mit den Automobilen, denen er sich erst dann mit Eifer zuwandte, als selbst der Papst ein Technikfreak geworden war: anlässlich königlichen Besuchs aus Italien und den Niederlanden Anfang der 1890er-Jahre. Auch sein Wohngeschmack war nicht gerade modern: Die eigene Mutter nannte es »alles ziemlich schwer und überladen und ohne wirklichen Geschmack«, Graf Kessler fand es »spießbürgerlich nüchtern und geschmacklos«.[124] Das Sammelsurium antiken und (damals) modernen Mobiliars dürfte zusammen mit dem plüschigen Geschmack des Kaiserpaares zu diesem Eindruck geführt haben. Berühmt und vom Volk aus gebührender Ferne neugierig verfolgt wurden die kaiserlichen Weihnachtsfeste, bei denen im Marmorsaal neben dem großen Weihnachtsbaum auch für jedes Kind ein kleiner eigener Baum stand. Die Bescherung am Heiligen Abend fand jeweils um viertel vor fünf Uhr statt. Und weil der Reisekaiser viel mit dem Zug unterwegs war, wurde die alte königliche Bahnstation unweit des Schlosses zum stattlichen Kaiserbahnhof ausgebaut. Lange dem Verfall preisgegeben, erstrahlt er heute wieder in alter Pracht, ist als Führungsakademie der Deutschen Bahn fürs gemeine Volk aber nur wenig zugänglicher als zu Kaisers Zeiten.

Als der Erste Weltkrieg sich zu einem schmählichen Ende neigte und Wilhelm II. vom Hauptquartier in Spa per Zug ins niederländische Exil geschickt wurde, kam seine in Potsdam verbliebene Familie mitsamt der Kaiserin im Neuen Palais zusammen, brav bewacht von revolutionären Truppen. Zehn Tage später folgte Auguste Viktoria nach Doorn; im Jahr darauf folgten, mit Inventar auch aus dem Neuen Palais, 59 Eisenbahnwaggons, die man der jungen Weimarer Republik abverhandelt hatte. So schloss sich auf eine Weise im Neuen Palais ein Kreis: Erbaut nach einem europäischen Geltungskrieg zur allseitigen Machtdemonstration, ging es seiner fürstlichen Hausherren verlustig nach einem weiteren Krieg der Geltungssucht, dem großmäulig begonnenen, aber kläglich verlorenen Ersten Weltkrieg, dessen Ausgang der Monarchie und Hohenzollernherrschaft ein Ende setzte.

Bei hochsommerlichen Festlichkeiten eine kühle Zuflucht: Der Grottensaal im Erdgeschoss des Neuen Palais, mit direktem Zugang zum Park.

»Man muß Polen essen wie eine Artischocke, Blatt für Blatt«

Mockrau

In einem gewöhnlichen Friedensjahr war Friedrich über Wochen ein Reisekönig, zwei Monate verbrachte er auf Inspektionsfahrt landauf, landab in Kutschen und auf Pferden. Bildungsreisen aber, wie man sie von einem intellektuellen, frankophilen Schöngeist erwarten möchte, unternahm Friedrich fast keine. Die vielfach bewunderte und nachgeahmte Architektur fremder Länder lernte er ebenso aus Büchern kennen wie ihre Literatur und Philosophie. Vielmehr befolgte er den Rat seines Vaters, seine verstreuten Ländereien regelmäßig zu inspizieren: »Mein lieber Sukzessor muss seine Länder und Provinzen jährlich bereisen, wie ich getan habe, da wird er seine Regimenter und Armee Offiziers, Länder und Leute kennen lernen und wird selber sehen, dass in alle seine Provinzen schöne Verbesserungen sein.«[125] Friedrich hatte den Vater in den 1730er-Jahren als Kronprinz auf einigen Reisen begleitet und nicht zuletzt dabei dessen unermüdliche Bemühungen und große Verdienste um die Landesentwicklung würdigen gelernt. Und so begab er sich ebenfalls, bis ein Jahr vor seinem Tod, überaus pflichtbewusst auf die schlechten Straßen seines Landes, deren Verbesserung er, ganz im Unterschied zum Ausbau der Wasserstraßen, ablehnte, um gegnerischen Heeren den Vormarsch nicht zu erleichtern. Friedrich und sein Vater unterschieden sich von den meisten Herrscherkollegen, wenn sie auf diesen Reisen ihre Selbstregierung mit Orts- und Detailkenntnis unterfütterten und die Ausführung ihrer Anweisungen einer persönlichen Prüfung unterzogen. Zu Friedrichs Image als volksnaher Monarch trugen diese Dienstreisen, insgesamt wohl um die hundert, nicht unerheblich bei, denn damit war er im Land alljährlich präsent, mochte auch nur die Kunde gehen, er sei gerade in der Gegend. Eine Begegnung zwischen König und einfachen Leuten war dabei keineswegs ausgeschlossen, wie aus zahlreichen Berichten und Anekdoten hervorgeht – die allerdings im Laufe der Zeit stark überzeichnet wurden. Während sich Friedrich für solche Kontakte vor Ort immer wieder Zeit nahm, ließ er für die eigentlichen Fahrten ein für seine Zeit außergewöhnliches Tempo vorlegen. Er dürfte der schnellste Dienstreisende des 18. Jahrhunderts gewesen sein.

Die Weichsel im früheren Westpreußen. Mockrau bot weite Wiesen zwischen Dorf und Fluss, daher eignete sich das Örtchen gut für die alljährlichen Truppenrevuen, für die der König höchstpersönlich anreiste.

Roi Rapide

Neben zivilen Inspektionen dienten die Reisen militärischen Zwecken: Nicht nur in Potsdam und Berlin wurden Revuen abgehalten, bei denen sich der König vom Zustand der Regimenter ein Bild machte, sondern auch in den Provinzen. Nachdem sich Friedrich 1772 Polnisch-Preußen gesichert und als Provinz Westpreußen seinem Königreich einverleibt hatte, fanden solche Revuen alljährlich auch dort statt, und zwar für Ost- und Westpreußen gemeinsam. Schauplatz war das Örtchen Mockrau (heute Mokre) nördlich von Graudenz (Grudziądz) im Kulmer Land. Gewöhnlich aus Pommern kommend, reiste Friedrich über Konitz, Marienburg und Marienwerder, wo er mit den höheren Verwaltungsbeamten sprach, nach Graudenz und stieg dort beim Postdirektor ab. Dann ging es ins kleine Mockrau, wo auf Friedrichs Befehl ein einfaches Fachwerkhaus errichtet worden war, in dem er jeweils Anfang Juni für einige Tage logierte und die preußischen Heerteile inspizierte. Noch heute sind die flachen Wiesen zur Weichsel hin vorhanden, auf denen die preußischen Soldaten vor dem König aufmarschierten, noch immer ist Mokre ein ruhiges Örtchen, geprägt von typisch polnischen Würfelwohnhäusern aus kommunistischer Zeit und streunenden Hunden, die zur Zeit des sonntäglichen Kirchgangs das Dorf für sich haben.

Graudenz und Mockrau liegen unweit der alten Grenze zwischen Polnisch- oder Königlich-Preußen und Herzoglich-Preußen in einer Region, in der seit dem Mittelalter Grenzen und Herrschaften mehrfach wechselten. Nicht von ungefähr ist das deutsche Wort Grenze (poln. *granica*) ein Lehnwort aus dem Slawischen, das noch dazu in die deutsche Sprache zuerst hier (sowie in Schlesien) gelangte – im 13. Jahrhundert, als der Deutsche Orden sich im slawischen Teil Europas mit dem Ordensstaat Preußen ein eigenes Herrschaftsgebiet schuf. Zu dieser Zeit, 1231, hatte der Orden seinen ersten Stützpunkt weiter südlich in Thorn errichtet, in den Jahren darauf folgten Kulm und Marienwerder. Die Landnahme des Ordens verlief weiter auf dem rechten Flussufer weichselabwärts, bis 1237 die Küste erreicht war. Westlich der Weichsel behauptete sich das slawische Herzogtum Pomerellen einstweilen gegen den Expansionsdruck des Ordensstaates. Es gibt wenige Orte, an denen sich das geschichtsmächtige Problem der europäischen Grenzen, von denen ja nur wenige über Jahrhunderte unveränderlich blieben, so anschaulich nachvollziehen lässt. Fährt man heute aus einem westlichen oder südlichen Nachbarland hierher, muss man keine obligatorische Grenzkontrolle mehr über sich ergehen lassen. Das Kulmer Land liegt heute mitten in Polen, und aus den problematischen Grenzveränderungen nicht zuletzt hier hat Europa nach dem Zweiten Weltkrieg eine wichtige Lektion gelernt, die östlich des Eisernen Vorhangs aber erst mit dem Ende der Teilung Europas 1989, der EU-Osterweiterung 2004 und dem Beitritt Polens zum Schengen-Vertrag 2007 wirksam wurde: Aussöhnung und ein einvernehmliches, gleichberechtigtes Miteinander großer und kleiner Staaten sollte die Großmannssucht einzelner verhindern und trennende Grenzen in Europa dauerhaft überwinden. Dass dieser Segen die Erinnerung an die langen Jahrhunderte verblassen lässt, in denen Europa von trennenden Grenzen durchzogen und Grenzkonflikten heimgesucht wurde, ist gleichzeitig wohltuend und problematisch. Nicht allzu weit von hier jedoch, an der Grenze zur russischen Exklave Kaliningrad, wird man auf meist unangenehme Weise daran erinnert, was Grenzen in Europa bis in die jüngere Vergangenheit bedeuteten und mit welcher Kälte Staaten diesen Teil ihrer Souveränität früher allenthalben exerziert haben.

Träumen vom Agrandissement

Wenn Friedrich vor 1772 seine östlichste Provinz besuchen wollte, musste er zweimal die Grenze Polens passieren, das Ostpreußen vom Rest des hohenzollerischen Territoriums trennte. Schon deshalb, mehr noch im Interesse eines zusammenhängenden Staates und zur besseren militärischen Verteidigung (im Siebenjährigen Krieg war die Provinz für Russland leichte Beute), war eine Landbrücke seit der Herrschaftsübernahme in Ostpreußen stetes Desideratum hohenzollerischer Territorialpolitik. Abgesehen davon war für Friedrich wie stets die wohlfeile Mehrung des eigenen Ruhmes ein wichtiger Beweggrund, um die Großen seiner Vorfahren noch zu überflügeln. Einer Annexion polnischen Gebietes stand natürlich entgegen, dass die polnisch-litauische Union ein souveräner, wenn auch politisch geschwächter Staat war. Nach der Eroberung Schlesiens sah Friedrich ohnehin keine Möglichkeit für weitere Erwerbungen, weil das schlesische Abenteuer in ganz Europa hinreichend Neid und Misstrauen geweckt hatte. Einen Krieg um Polnisch-Preußen hielt er für weder angebracht noch notwendig:

> »Eroberungen (…) mit der Feder sind immer denen vorzuziehen, die man mit dem Degen macht.«[12

Das hatte er als bündige Erkenntnis schon in sein Politisches Testament von 1752 geschrieben – nachdem er in Sachen Schlesien anders vorgegangen war. Bei »schicklicher Gelegenheit« aber müsse man den Staat territorial abrunden – sei es mit Sachsen, Schwedisch-Pommern – oder Polnisch-Preußen. »Polen ist ein Wahlkönigtum; beim Tode seiner Könige ist es durch Parteien immerwährend beunruhigt. Dann ist es Zeit, daraus Nutzen zu ziehen und durch unsere Neutralität bald eine Stadt, bald einen anderen Bezirk zu gewinnen, bis alles geschluckt ist.«[127] Bis dahin hieß es aufmerksam abwarten, wie er in seinem Zweiten Politischen Testament aus dem Jahr 1768 seinem Nachfolger ans Herz legte: »Die erste Sorge des Fürsten muß darin bestehen, sich zu behaupten, die zweite, sich zu vergrößern. Dieses System verlangt Schmiegsamkeit und daß man zu allem bereit ist, um es durchzuführen. Bald muß man lavieren, bald mit vollen Segeln fahren, aber man darf sein Ziel nicht aus den Augen verlieren. Was nicht am ersten Tag erreicht wird, wird durch die Zeit zur Reife kommen, und das Mittel, seine Wünsche geheim zu halten, ist, friedliche Gesinnungen zur Schau zu tragen bis zu dem Augenblick, in dem man seine geheimen Ansichten aufdecken kann.«[128]

In seinen an das Testament anschließenden »Träumereien«, den »Rêves et Projets chimeriques« erwog Friedrich ebenso konkret wie kühl, was zu tun sei, wenn sich in Sachen Polen günstige Konstellationen ergäben: »Im Falle, daß Rußland unserer Hilfe dringend bedürfte, gäbe es vielleicht ein Mittel, Thorn und Elbing mit Umgebung abzutrennen, dadurch würde die Verbindung zwischen Pommern und der Weichsel hergestellt. Ein anderes Mal könnte man ein anderes Stück nehmen; Danzig müßte man bis zum Schluß der Unternehmung aufheben.«[129] Und etwas später: »Es scheint mir klar, daß die mächtigen Nachbarn sich am Ende dazu verstehen, sich die Beute zu teilen. Vielleicht bleibt ein verkleinertes Königreich übrig, eingeklemmt im Zentrum der Staaten dieser drei Mächte, Rußland, Preußen und Österreich.«[130] Er zitierte einen Ausspruch des sardinischen Königs, dass Mailand zu essen sei wie eine Artischocke, Blatt für Blatt. Rückblickend lesen sich all diese Auslassungen wie eine streng befolgte Gebrauchsanleitung für Friedrichs Politik der folgenden Jahre, bis Polnisch-Preußen den Besitzer gewechselt hatte.

Denn wirklich sollte sich der Territorialzuwachs auf Kosten Polens mit einem leichten Federstrich vollziehen, der allerdings alles andere als harmlos war. Die polnischen Teilungen, bei deren erster 1772 Friedrich gleichwohl nur einer von insgesamt drei Hauptakteuren und Profiteuren war, gelten zu Recht als größtes Verbrechen des 18. Jahrhunderts und sind bis heute eine schwierige Hypothek für Europa, insbesondere für das polnisch-deutsche Verhältnis.

Die Schwäche Polens war Friedrich nicht nur Ansporn, daraus einen Vorteil zu ziehen, sondern auch ein Grund für die Geringschätzung des Nachbarn. Abfällige Äußerungen gibt es viele: »Polen kann sich kaum zu den europäischen Mächten zählen. Die Bevölkerung, an der es in diesem Königreich fehlt, weil die Grundherren ihre Untertanen als Sklaven behandeln, ist eine der Schwächen dieser Republik. Es gibt noch viele andere, die zur Entwertung dieses Staates beitragen (...) Es ist die Regierung der Anarchie. (...) Mit einem Wort, nach meiner Ansicht steht es bei den Völkern Europas an letzter Stelle.«[131] Ein anderes Mal nennt er Polen »diese ganze imbecille Gesellschaft mit den Namen auf ki« oder »eine in jeder Hinsicht verächtliche Nation«, »stolz in der Sicherheit und feige in der Gefahr«.[132] War Friedrich nur aus Eigeninteresse so voller Verachtung gegen Polen oder hatten seine Ausfälle tiefergehende Gründe? Sicher spielten auch seine antikatholische Haltung sowie seine Abscheu gegen mangelnde Regierungszucht eine Rolle. Ob darüber hinaus noch sehr persönliche Gründe mitspielten, gehört in den Bereich der Spekulation. Ernsthafte Skrupel ob der Dreistigkeit und Widerrechtlichkeit ließ Friedrich jedenfalls zu keinem Zeitpunkt erkennen – allenfalls Zweifel, was die Durchsetzbarkeit betraf. In seiner Geringschätzung befand er sich aber in durchaus guter Gesellschaft sowohl unter Fürsten als auch Meinungsmachern der Aufklärung, unter denen aber Friedrich, wie gewohnt, besonders gekonnt und pointiert verdammte.

Die polnischen Teilungen haben eine Vorgeschichte – eine kürzere und eine längere. Die kürzere geht auf das Ende des Siebenjährigen Krieges zurück, auf die polnische Königswahl von 1764, die Russland in seinem Sinne steuerte, und auf den planvoll destruktiven Einfluss der Nachbarn Polens auf die schwierigen inneren Verhältnisse der Adelsrepublik. Die längere Vorgeschichte schließt die gesamteuropäische Entwicklung seit dem 17. Jahrhundert ein und darin die wachsenden Probleme Polens, das aus strukturellen Gründen innenpolitisch anfällig war und in mancherlei Hinsicht den Anschluss an die Entwicklung im Rest Europas verloren hatte. Dazwischen liegt der große Nordische Krieg zu Anfang des 18. Jahrhunderts, mit dem Russland zur Großmacht aufstieg und Polen in den Sog der veränderten Mächtekonstellationen geriet. Groß, aber zunehmend geschwächt; stolz, aber umzingelt von begehrlichen Potentaten – Polen wurde zum Spielball anderer. Der Länderschacher war aber zunächst weder Inhalt noch Ziel der diplomatischen Vorgänge, weder in Potsdam, noch in Wien oder Petersburg. Als wären sich alle darüber klar, welch skandalöse Impertinenz eine Teilung Polens darstellte, wurde in Gesprächen das Thema lange Zeit allenfalls so angesprochen, dass man es auch als Geplänkel verstehen konnte, das nicht wirklich ernst gemeint war. Als aber die Konstellation eintrat, die einen Landgewinn auf Kosten Polens ermöglichte, wurde beim preußischen König aus der kühl geträumten Erwägung eiskaltes rationales Machtkalkül.

Polen in der Klemme

Russland hatte nach dem Siebenjährigen Krieg zunächst an seiner Politik der massiven Einflussnahme auf Polen festgehalten, weil ein labiler Satellitenstaat am zweckdienlichsten war. Auch Friedrich betrachtete seine »politischen Träumereien« bezüglich des Erwerbs von Polnisch-Preußen weiterhin als Zukunftsmusik, deren Melodie er aber stets abrufen konnte. Die verlockenden Klänge wurden Ende der 1760er-Jahre vernehmlicher, als die Polenpolitik Katharinas in eine Krise geriet, weil die Regierung König Stanislaw Poniatowkis, den Katharina selbst eingesetzt hatte, Reformen anstrengte. Das zog militärische Maßnahmen Russlands nach sich, die wiederum die Situation eskalieren ließen. Grenzverletzungen infolge der Unruhen an der polnischen Südgrenze zum Osmanischen Reich und ein Massaker russischer Kosaken unter der Zivilbevölkerung der osmanischen Grenzstadt Balta führten zur Kriegserklärung der Türkei gegen Russland.

Nunmehr fassten Wien und Potsdam eine Aufteilung der Republik ins Auge, denn man erwartete Verhandlungsbereitschaft am Petersburger Hof, sobald der Krieg Russland überfordern würde. Österreich sah die Gelegenheit, den Verlust Schlesiens zu kompensieren – sogar, die verlorene Provinz gegen polnisches Land für Preußen zurückzuerhalten. Potsdam witterte die Gunst der Stunde zum Erwerb Polnisch-Preußens, aber keineswegs im Ausgleich für eine Rückgabe Schlesiens an Wien. (Letzteres lehnte Friedrich einmal mit der Bemerkung ab, er habe zwar die Gicht in den Füßen, nicht aber im Kopf.) Seit Ende 1768 kursierten in den drei Hauptstädten verschiedene Pläne und sondierten diplomatische Vertreter die Möglichkeiten. Bald zeigte sich jedoch, dass Russland wider Erwarten im Kräftemessen mit dem Osmanischen Reich sehr erfolgreich war. Das erschien Wien und Potsdam brandgefährlich für das Mächtegleichgewicht und ließ territoriale Kompensationen zu den eigenen Gunsten im Ausgleich für russische Eroberungen osmanischer Territorien umso dringlicher erscheinen – auf Kosten Polens.

1770 verfügte Friedrich, wie es Österreich in Südpolen bereits vorgemacht hatte, einen Militärkordon zur Abwehr der Seuchen, die in einigen Teilen Polens grassierten. Damit war Polnisch-Preußen vom restlichen Land abgeriegelt. Am Hof Katharinas begann Friedrichs Bruder Heinrich bald darauf Verhandlungen über die diplomatische Lage angesichts des russisch-türkischen Krieges und über das Schicksal Polens. Friedrich blieb skeptisch, was einen Vertrag mit Wien betraf, aber die gemeinsame Sorge angesichts der Erfolge der Russen im Krieg gegen die Türkei brachte Preußen und Österreich einander etwas näher. Derweil kam Prinz Heinrich in Petersburg zupass, dass er zur Zarin rasch ein Vertrauensverhältnis aufbauen konnte. Die Situation machte aus ihm, was Friedrichs Eifersucht und königlicher Alleinvertretungsanspruch unter anderen Umständen kaum zugelassen hätte: einen preußischen Chefunterhändler. Schon aus Geltungsdrang des jüngeren Bruders, der selten seinen Fähigkeiten entsprechend zum Zuge kam, arbeitete Heinrich forsch daran, dass die drei Großmächte sich an polnischem Territorium gütlich tun konnten. Schließlich annektierte Habsburg die einst an Polen verpfändete Grafschaft Zips und schuf damit einen Präzedenzfall für einen Landraub größeren Stils. Katharina gab ihr Festhalten am Status quo doch noch auf – zumal es im Verhältnis zu Wien nunmehr gefährlich nach Krieg roch. In Petersburg äußerte die Zarin gegenüber Heinrich, Preußen könne sich doch auch etwas nehmen – wenn schon, dann solle doch jeder ein Stückchen vom Kuchen bekommen. Damit stand Polen zur Disposition.

Bei aller Ungeduld in anderen Dingen hat Friedrich in dieser Angelegenheit eine bemerkenswerte Langmut an den Tag gelegt. Der preußische Adler war ein ums andere Mal hoch oben in den Lüften gekreist – als aber die Beute am Boden messerscharf auszumachen war, schoss er pfeilschnell und treffgenau nach unten. Seit Anfang 1771 sah auch Friedrich das lang gehegte Arrondierungsbegehren als umsetzbar an und entfaltete eine rege diplomatische Tätigkeit, die wie so oft den Tatbestand des Pokerspiels erfüllte. Sein Plan war, den drohenden Krieg zwischen Russland und Österreich abzuwenden, weil das für Preußen fatale Folgen vermuten ließ, und gleichzeitig Preußens Ausdehnung zu bewerkstelligen. Und so einigten sich Potsdam und Petersburg auf die Modalitäten, Österreich konnte nur mehr zustimmen, um nicht leer auszugehen.

Polen als Verhandlungsmasse: Eines der schändlichsten Ereignisse des 18. Jahrhunderts waren die Polnischen Teilungen. Bei der ersten gewann Friedrich der Große unter anderem Westpreußen. Auch Russland und Österreich taten sich an ihrem Nachbarland gütlich.

Wien erhielt das südliche Kleinpolen, Galizien und Podolien, Russland sicherte sich Polnisch-Livland und Weißrussland, während Preußen den kleinsten, aber wertvollsten Teil erhielt: Polnisch-Preußen mit dem Ermland, wenn auch ohne die Städte Danzig und Thorn, sowie den Netze-Distrikt. Polen war um ein Drittel geschrumpft – und Friedrich erhielt die lang ersehnte Landbrücke nach Ostpreußen und verfügte nunmehr über ein zusammenhängendes Herrschaftsgebiet vom Harz bis an die Memel. Katharina und Friedrich beglückwünschten sich gegenseitig zu ihrer Großtat. Friedrich äußerte: »Katharina und ich sind wie zwei Strauchdiebe, die einen einsamen Wanderer überfallen haben; aber wie wird die fromme Dame in Wien damit fertig?«[133] Nun, Maria Theresia schluckte ihre Entrüstung alsbald, während sich Sohn und Minister darauf konzentrierten, Österreich einen möglichst umfänglichen und einträglichen Anteil zu sichern.

Das Verbrechen des Jahrhunderts

Friedrich rühmte sich später der polnischen Teilung von 1772 als friedenssichernder Maßnahme, die einen größeren europäischen Militärkonflikt verhindert habe: »Ich weiß, Europa glaubt allgemein, daß die polnische Teilung eine Folge meiner politischen Machenschaften ist, aber nichts ist falscher als das. Man musste zu dieser Teilung als dem einzigen Mittel greifen, um einen allgemeinen Krieg zu vermeiden.«[134] An anderer Stelle aber gab er freimütig zu: »Wir wollen für die Gültigkeit unserer Rechte nicht einstehen, auch nicht für die der russischen, noch weniger für die der österreichischen.«[135]

Die Sache mit dem so verhinderten Krieg war zwar, jedenfalls bis auf Weiteres, zutreffend, aber deshalb nicht weniger zynisch, denn das betraf eine europäische Konfrontation der Großmächte. In Polen konnte man einen segensreichen Frieden wohl kaum verspüren, das Land stabilisierte sich ja nicht etwa dauerhaft, sondern wurde alsbald weiter »dismembriert«, bis es 1795 von der Landkarte restlos getilgt war.

Wie sehr sich die Akteure der Teilung bewusst waren, dass sie da einen klaren Rechtsbruch begingen, und vielleicht ja auch gelegentlich ein gewisses Unbehagen angesichts des eigenen Beitrags hatten, das spricht aus den vielfältigen Anmerkungen und Rechtfertigungen darüber, wer nun eigentlich das Kuchenmesser als Erster in die Hand genommen habe. Dem entgegen stand die durchaus verwickelte Abfolge der Ereignisse. Insgesamt ergaben sich vielfältige, allseits ausgeschlachtete Gelegenheiten, bei der Beschreibung der Vorgänge von der reichlich vorhandenen Asche möglichst viel auf die Häupter anderer Potentaten zu streuen. Diese Strategie reicht bis in unsere Tage, mitunter sogar in der zynischen Verstiegenheit, die schon Zeitgenossen an den Tag legten: Nämlich Polen seine eigene Schwäche vorzuhalten, die ja von den Nachbarn so perfide befördert und ausgenutzt worden war. Richtiger ist: Polen wurde zum Opfer einer europäischen Gleichgewichtspolitik, in der die Großen das Sagen hatten.

Was taten die anderen beiden europäischen Großmächte? England wollte sich nicht Polens wegen in Verlegenheit bringen, ließ der König wissen; Frankreich, das schließlich selbst eine, wenn auch kaum minder am Eigeninteresse orientierte Polenpolitik betrieben hatte, versuchte allzu spät und erfolglos zu vermitteln. Die »Entente der drei schwarzen Adler« verschlug anderen Hauptstädten offenbar den Atem. In der zeitgenössischen europäischen Öffentlichkeit rief die Zerstückelung Polens große Entrüstung hervor, denn der »Länderschacher« in Sachen Polen ging weit über das übliche Maß des dynastischen Territorialmonopoly hinaus. Man befürchtete, hier werde ein Exempel statuiert, ein Probelauf durchgeführt, in dessen Fortsetzung nichts weniger als das europäische Gefüge kleiner und großer Staaten auf dem Spiel stand. Es war gewissermaßen ein Prélude zum Rundumschlag Napoleons gegen das alte Europa Jahrzehnte später, von deutschen Anmaßungen im 20. Jahrhundert ganz abgesehen. Andere, wie Voltaire, ließen erkennen, man habe wohlgetan, ein sieches, verrottetes Staatsgebilde wie die Adelsrepublik Polen in die Hände tatkräftiger, aufgeklärter Monarchen zu geben – er stand nicht nur mit Friedrich, sondern auch mit Katharina in freundschaftlichem Briefkontakt. Dem König schrieb er nach der besiegelten Teilung: »Ich freue mich, daß ich diese großen Ereignisse habe erleben können (…) Ich weiß nicht, wann Sie Halt machen werden; aber ich weiß, daß der preußische Adler sehr weit fliegen wird.«[136]

Was die internationale Reaktion betraf, dürfte Friedrich mit einiger Befriedigung zur Kenntnis genommen haben, dass selbst in mancher Entrüstung noch Bewunderung mitschwang ob der Unverfrorenheit des Preußenkönigs. Das galt ihm vielleicht nicht einmal so sehr viel weniger als die Tatsache, dass er sich nunmehr König *von* Preußen, statt bisher *in*, nennen konnte.

Vollzug des Grossmachtstatus

Der König reiste bereits Anfang Juni 1772 über Pommern in die neu »erworbene« Provinz und schrieb bei dieser Gelegenheit an Bruder Heinrich: »Ich habe dieses Preußen gesehen, das ich gewissermaßen aus Deiner Hand empfangen habe. Es ist eine sehr gute, vorteilhafte Erwerbung, sowohl was die politische Lage des Staates als die Finanzen anlangt.«[137] Offiziell in preußischen Besitz genommen wurde Polnisch-Preußen Mitte September; zwei Wochen später huldigten die westpreußischen Stände auf der Marienburg dem neuen Landesherren, der sich allerdings vertreten ließ. Weil aber trotz aller Bemühungen weder Danzig noch Thorn an Preußen gefallen waren, musste ein anderer Ort als Provinzhauptstadt dienen. Friedrich entschied sich nicht etwa für Marienburg, einstiger Hauptsitz des Deutschen Ordens, auf dessen Erbe er sich nicht berufen mochte, sondern für Marienwerder weiter südlich, unweit des östlichen Weichselufers. Das zuvor ostpreußische Marienwerder wurde mit seinem Kreis der neuen Provinz zugeschlagen und mit der Kriegs- und Domänenkammer für die neue Provinz versehen. Ostpreußen erhielt dafür das Ermland (und damit Marienburg), das wie ein Hammer von Westen in die Provinz hineinragte. Die Marienburg selbst wäre fast wie andere Ordenburgen zum Abbruch freigegeben worden. Die Karriere zum politisch nutzbaren Nationalmythos der Deutschen stand ihr noch bevor. Beim Ausbau Westpreußens legte Friedrich ein ungeheures Tempo vor – so wurde in der Rekordzeit von anderthalb Jahren der 26 Kilometer lange Bromberger Kanal gebaut, der Oder und

Warthe mit der Weichsel verband. Westpreußen besuchte er fortan – ganz im Unterschied zu Ostpreußen, das seinen König seit dem Siebenjährigen Krieg gar nicht mehr zu Gesicht bekam, fast jedes Jahr.

Während Preußen im Siebenjährigen Krieg in die Champions League der europäischen Großmächte aufgestiegen war, erwiesen die polnischen Teilungen, dass Friedrich deren zynische Spielregeln nicht nur verinnerlicht hatte, sondern bereits mitbestimmte. Preußen hatte sich dauerhaft etabliert in der Pentarchie der europäischen Großmächte, von denen aber die Allianz der drei schwarzen Adler für die europäische Geschichte fortan die bestimmende Kraft sein sollte: Preußen, Russland und Österreich.

Für Polen wurde Preußen insgesamt, insbesondere aber Friedrich, zu einem dauerhaften Feindbild, zumal polnische Historiker und Politiker nicht anders als in der nationalpolitisch eingefärbten Historiographie anderer Länder die Vergangenheit aus der Perspektive der Gegenwart beurteilten. Vor allem im 19. Jahrhundert wurde eine fatale Linie vom Deutschen Orden zu Preußen gezogen und später auf das preußisch dominierte Deutsche Reich von 1871 verlängert, das seine polnische Bevölkerung massiv benachteiligte. Eine solche Entwicklungslinie ließ aus polnischer Sicht klar erkennen, dass erstens Preußen überhaupt erst auf Kosten Polens entstehen konnte und zweitens dieser Gegensatz seither bestimmend war, zumal angesichts des preußischen Expansionszwangs. Ein polnischer Historiker formulierte das 1924 so: »Der Gegensatz zu Polen wurzelt in der Genese und der Tradition des neuzeitlichen preußischen Staates selbst. Seine beiden Bestandteile, die Mark Brandenburg und der Ordensstaat, entstanden durch die Vernichtung des Slawentums, beide bereicherten sich durch Beutemachen an Polen.«[138] 1772 war Polen erneut zur Beute des gierigen, skrupellosen Nachbarn geworden – und es sollte nicht das letzte Mal gewesen sein. Im Falle Friedrichs kam der Verurteilung entgegen, dass er ein freigeistiger Polenverächter und Kirchenfeind sowie das Recht mit Füßen tretender Usurpator und Falschspieler war – und somit der

»größte Zerstörer der polnischen Staatlichkeit«[139].

Das Zitat war ein knappes Jahrzehnt alt, als Adolf Hitler an die Macht kam.

Mit den Grenzregelungen des Versailler Vertrages hatte das Pendel zurückgeschlagen. Im Wiedererstehen Polens nach dem Ersten Weltkrieg verlor das Deutsche Reich unter anderem das, was vor 1772 Polnisch-Preußen gewesen war. Der Teil des Kreises Marienwerder östlich der Weichsel blieb nach Volksabstimmungen 1920 überwiegend beim Deutschen Reich, Graudenz und Mockrau wurden wieder polnisch und gerieten ein weiteres Mal in Grenzlage. Nach Ostpreußen aber gelangte man abermals nur über polnisches Staatsgebiet.

Marienwerder an der Weichsel, 1846. Das heutige Kwidzyn wurde 1772 Hauptstadt der neuen Provinz Westpreußen. Danzig fiel erst mit der Zweiten Polnischen Teilung 1793 an Preußen.

»Mit unserm letzten Hauche hat alle Pein ein End«

Die Terrasse von Sanssouci

Friedrich lebte um einige Jahrzehnte länger, als er selbst erwartet hatte. Die Annahme, er würde nicht übermäßig alt werden, war nicht gänzlich unbegründet: Im Krieg hatte er das Risiko bis hin zur unmittelbaren Todesgefahr nicht gescheut und die Strapazen der Feldzüge, bei denen er sich ebenso wenig schonte, hatten ihn früh altern lassen. Zudem hatte sich seine Familie nicht gerade als chronisch langlebig erwiesen: Sein Vater war mit 51 Jahren gestorben, sein Großvater mit 55; seine Mutter hatte zwar mit 70 Jahren ein vergleichsweise gesegnetes Alter erreicht, aber einige von Friedrichs Geschwistern waren ebenfalls jung gestorben, allen voran August Wilhelm mit nur 35, Wilhelmine mit 49 Jahren. Andere aber erreichten ein beachtliches Lebensalter, die beiden jüngsten, Heinrich und Ferdinand, wurden über achtzig Jahre alt. Friedrich jedenfalls sah sich noch im Siebenjährigen Krieg – und nicht nur wegen der Gefahr im Feld, dem Tod nahe, wie er dem Marquis d'Argens 1762 schrieb: Er sei nunmehr

grau, von Kummer zerfressen, von Krankheiten heimgesucht.«[140]

Und etwas später: »Ich werde alt, nähere mich dem Ziel meiner Tage, und meine Seele löst sich unvermerkt von dieser vergänglichen Welt, die ich bald verlassen werde.«[141]

Frühere Jahrhunderte haben den Tod sehr viel weniger verdrängt, als wir das heute tun. Friedrich hat sich mit dem Tod und mit seinem Begräbnisort früh befasst und entsprechende Vorbereitungen getroffen. Noch als Kronprinz, auch zu Beginn seiner Regierungszeit, bevor Sanssouci gebaut wurde, hatte Friedrich verfügt, er wolle in Rheinsberg begraben werden. 1741, nachdem der König im ersten schlesischen Krieg Gefahr gelaufen war, in die Hände der Österreicher zu geraten, teilte er seinem Minister Podewils mit, wie für den Fall einer Gefangennahme zu verfahren war, und auch, was im Todesfall mit seinen sterblichen Überresten geschehen solle: »Falle ich, so ist mein Wille, daß mein Leib nach Römerart verbrannt und in einer Urne in Rheinsberg beigesetzt werde. Knobelsdorff soll mir ein Grabdenkmal errichten, wie das des Horaz in Tuskulum.«[142]

Die Totenmaske Friedrichs des Großen, der am 17. August 1786 in Schloss Sanssouci starb.

Die genaue Entstehungsgeschichte der Gruft auf der Terrasse von Sanssouci ist nicht bekannt, weil es weder Akten noch Pläne dazu gibt. Aber offenbar wurde noch während des Baus des Weinbergschlosses auf der Terrasse der Bau einer Gruft begonnen, was aber nur aus zweiter, wenn auch kundiger Hand bekannt ist. Als Lieblingsresidenz löste Sanssouci das geliebte Rheinsberg ab, und so wollte Friedrich auch hier begraben werden. Ein Gemälde des Malers Frisch aus dem Jahr 1802 stellt den König dar, wie er mit dem Marquis d'Argens die Bauarbeiten an der Gruft inspiziert. Die von Nicolai berichtete Anekdote will es, dass bei dieser Gelegenheit d'Argens vorschlug, das geplante Weinbergschloss, im Hintergrund des Gemäldes bereits zu sehen, doch Sanssouci zu nennen. Daraufhin habe Friedrich auf die Gruft gezeigt und gesagt: »Wenn ich *da* bin, werde ich ohne Sorge sein.«[143] Die Anekdote ist kritisch zu sehen, so wie das Gemälde unhistorisch und idealisiert ist oder, schönfärberisch mit der Sanftheit des Kunsthistorikers ausgedrückt, »bildkünstlerisch reflektiert«. Allerdings waren solche Darstellungen, die wie die zahlreichen Anekdotensammlungen über Friedrich zum überaus beliebten Fritz-Genre werden sollten, an der Ausgestaltung des königlichen Nachruhms nicht unwesentlich beteiligt.

Wann genau der Bau der Gruft in Angriff genommen wurde, ist also nicht ganz sicher, 1752 aber war sie vorhanden, wie aus einem Privattestament des Königs hervorgeht, in dem er die Anweisungen für sein Begräbnis konkretisiert: »Gern gebe ich meinen Lebensodem der wohltätigen Natur zurück, die ihn mir gütig verliehen hat, und meinen Leib den Elementen, aus denen

Als er 1769 abermals sein privates Testament machte, bestätigte er die Vorkehrungen in knapper Form. Im Juni 1758, im schlesischen Feldlager, zerstreute sich der König eines Morgens gegen fünf, indem er eine Ansicht von Sanssouci zeichnete. Sein neuer schweizerischer Vorleser de Catt wollte wissen, was es mit dem Ensemble am Ende der Terrasse auf sich habe, und der König antwortete, es werde sein Grabmal.

»Ich möchte in meinem Garten begraben sein.«[145]

Die Gruft im Blickfeld

Auch da hatte Friedrich noch fast zwei Jahrzehnte zu leben, in denen er von seinen Räumen in Sanssouci aus die einstige Ruhestätte stets im Blick hatte, gemeinsam mit dem betenden Knaben Antinoos, der die aufgehende Sonne anbetet und damit für Geburt und Anfang steht. Alpha und Omega, sozusagen, auf der Terrasse von Sanssouci. Wo unter der Terrasse die Gruft untergebracht ist, steht die Plastik »Flora mit Zephir« aus weißem Carrara-Marmor sowie im respektvollen Halbrund um die Grabplatte auf schlanken Säulenpostamenten sechs Kopien antiker Büsten von Julius Caesar und seinen Nachfolgern im Amt des römischen Kaisers bis Nero – das zweite Halbdutzend der Kurzkaiser und Flavier steht an der Westseite der Terrasse. Eine verborgene Treppe führt über 12 Stufen in die gut 3 x 2 x 2 Meter große, aus Ziegelstein ausgeführte Grabkammer mit Kreuzgewölbe und schlichten weißen Wänden – durchaus ähnlich einer altrömischen oder frühmittelalterlichen Krypta.

Über der Gruft begrub Friedrich seine geliebten Hunde, deren Namen nahezu unleserlich geworden sind: Alcmene, Thisbe, Diane, Phillis, Thisbe, Alcmene, Gigas, darunter Diane, Pax, Superbe, Hasenfuß, Amourette. Die Statue der Kleopatra im entgegengesetzten Halbrund flankieren die Hunde Alcmene und Airsinoe. Friedrichs letzter Lieblingshund wurde gar in der Gruft beigesetzt; man fand seine Gebeine bei der Öffnung der Grabkammer 1860, als das Bauwerk instandgesetzt werden musste. Es fehlt jedoch das Grab der Hündin Biche – die Friedrichs Hofmaler Pesne gemalt hatte und über deren Tod 1752 Friedrich seiner Schwester Wilhelmine tief

Wohl noch während der Bauarbeiten an Schloss Sanssouci ließ Friedrich auf der Terrasse eine Gruft anlegen. Testamentarisch verfügte er, dort ohne jeden Pomp beigesetzt zu werden. Gemälde von Johann Christoph Frisch, 1802.

er besteht. Ich habe als Philosoph gelebt und will als solcher begraben werden, ohne Pomp, ohne Prunk und ohne die geringsten Zeremonien. Ich will weder geöffnet noch einbalsamiert werden. Sterbe ich in Berlin oder Potsdam, so will ich der eitlen Neugier des Volkes nicht zur Schau gestellt und am dritten Tage um Mitternacht beigesetzt werden. Man bringe mich im Schein einer Laterne, und ohne daß mir jemand folgt, nach Sanssouci und bestatte mich ganz schlicht, auf der Höhe der Terrasse, rechterhand, wenn man hinaufsteigt, in einer Gruft, die ich mir habe herrichten lassen. Sterbe ich auf der Reise, so will ich, daß mein Körper an Ort und Stelle beigesetzt und bei Eintritt des ersten Frostes ohne jedwede Zeremonie nach Sanssouci geschafft werde.«[144]

betrübt nach Bayreuth schrieb: »Ich habe einen häuslichen Kummer, der meine Philosophie ganz über den Haufen geworfen hat. Ich gestehe dir meine ganze Schwäche. Ich habe Biche verloren; ihr Tod hat mir wieder die Erinnerung an den Verlust aller meiner Freunde wachgerufen (...) Ich war beschämt, daß der Tod eines Hundes mir so nahe geht, aber das häusliche Leben, das ich führe, und die Treue des armen Tieres hatten es mir so ans Herz wachsen lassen. Sein Leiden hat mich so erregt, daß ich offen gestanden niedergeschlagen und traurig bin. Soll man hart sein? Soll man gefühllos sein? Ich glaube, ein Mensch, der gegen ein treues Tier gleichgültig sein kann, wird gegen seinesgleichen nicht dankbarer sein, und wenn man vor die Wahl gestellt wird, ist es besser, zu empfindsam als hart zu sein.«[146]

Was Friedrich an seine Schwester schrieb, scheint in seinem Fall nicht recht funktioniert zu haben: Die Liebe zu Hunden hat ihn Menschen gegenüber nicht sanftmütiger gemacht, und je älter er wurde, desto ausschließlicher scheint er seine Zuneigung für seine Tiere reserviert zu haben. Oder ist das nurmehr eine der posthumen Überzeichnungen, die aus einem widersprüchlichen Charakter einen extremen gemacht haben? Der alte Fritz, der die Sommertage in Schloss Sanssouci verbrachte, gilt als Misanthrop und misstrauisch, als Griesgram, als bösartig und einsam. Politische Auswirkungen hatte das überdies: Im Alter entwickelte der Oberfehlshaber eine doktrinäre Strenge und zwang das Militär in eine Starre, die die dringend notwendigen Reformen verhinderte – hier nahm der blamable Zusammenbruch des preußischen Heeres vor dem napoleonischen Furor nur zwei Jahrzehnte nach Friedrichs Tod seinen Ausgang.

Dass er sich selbst verändert hatte, oder vielmehr neue Wunden und Verluste ältere wieder aufbrechen ließen und er verbittert war wie zur Zeit der ärgsten Bedrängnis als Kronprinz, nunmehr aber angereichert mit der Desillusionierung des Alters, geht aus vielen Äußerungen seit dem Siebenjährigen Krieg hervor: »Wer möchte schon sein Leben in schlechter Gesellschaft in dieser schlimmsten aller möglichen Welten zubringen? Ich erwähne nur einige Ursachen meines Ekels vor ihr; ich habe aber während dieses Krieges so viele erlebt, daß meine seelische Kraft ganz erschöpft ist und daß sich nun eine Hülle von Gleichgültigkeit und Unempfindlichkeit um mich gelegt hat, wodurch ich fast ganz untauglich werde.«[147]

Bescheiden, aber nicht uneitel: Die Flora mit Zephir über der einfachen Gruft von Sanssouci, aber dazu gesellen sich respektvoll im Halbrund Büsten von Caesar und seinen Nachfolgern.

Friedrichs Liebe zu seinen Hunden ist legendär. Sie durften überall herumtollen, in Schloss und Park, und wurden da begraben, wo auch Friedrich beigesetzt werden wollte.

Die geistreich-illustre Intellektuellenrunde war nurmehr eine eher betrübliche Rumpfveranstaltung, zumal auch die Verbliebenen vor dem König starben. Sein später Gesellschafter Marchese Lucchesini berichtet in seinem Tagebuch in artiger Hochachtung von stundenlangen Mittagstafeln, die gelegentlich auch im chinesischen Teepavillon stattfanden, bei denen der König über alles Mögliche parlierte, seien es Vampire oder Geschichte, Kunst und Literatur, Kindsmord und Kriegswesen, Seidenmanufaktur oder die verbesserte preußische Importbilanz. Lucchesini schwärmte von der Liebenswürdigkeit des Königs und schwieg beredt in seinem Tagebuch, wenn der König ihn hart angegangen war. Daneben aber konnte Friedrich auch weiterhin der liebenswürdige Gastgeber und charmante Briefeschreiber sein – und darin den Beschwernissen des Alters auch Gutes abgewinnen: »Diese ganze Prozession von Krankheit und Gebrechen raubt mir meine Heiterkeit nicht, und ich werde mich mit einem Lächeln auf dem Antlitz begraben lassen.«[148]

Ein einsamer Tod

Zum letzten Mal verbrachte Friedrich den Winter 1784/85 zu den jährlichen Feierlichkeiten im Berliner Stadtschloss, besuchte die Königin (die ihn danach nicht mehr wiedersehen sollte) und seine Schwester Amalie und feierte mit dem Bruder Heinrich dessen Geburtstag. Dann ging es ins Potsdamer Stadtschloss, zu den Revuen in Berlin, Magdeburg und Mockrau sowie nach Schlesien. Nach einem Schlaganfall im September verlebte Friedrich das letzte Lebensjahr ausschließlich in Potsdam, ab dem 1. Mai 1786 in Sanssouci, wo er bei warmem Wetter in Decken eingehüllt im Lehnsessel Zeit auf der Terrasse saß. Auswärtige Gesandte hatten schon um Weihnachten in ihre Hauptstädte berichtet, dass der König krank sei – dort wünschte man natürlich vorbereitet zu sein auf seinen Tod. Die Beschwerden nahmen zu, Gicht, Wassersucht, Atemnot aufgrund eines Lungenödems sowie Unterleibskoliken machten ihm immer mehr zu schaffen, er schlief nur noch in einem Lehnstuhl. Immer weniger Menschen ließ er zu sich, vermutlich wohl aber seine Hunde.

Prinz Heinrich bat um Erlaubnis, ihn besuchen zu dürfen, erhielt aber keine Antwort. Sein Minister Hertzberg rühmte, der König habe bis zum Schluss hart gearbeitet – die letzten Weisungen ergingen keine zwei Tage vor seinem Ableben. Anderen Zeugnissen zufolge wurden die Weisungen mitunter wunderlich und bedurften der Interpretation. Der französische Graf Mirabeau, der sich gerade in Berlin aufhielt, berichtet von großer Unreinlichkeit des Arbeits- und Schlafzimmers und des Königs selbst, der seinen Hunden alles gestattete. Sei es aus unüberwindlichem Widerstand des Sterbenden, aus falschem

Majestätsrespekt oder schlichter Ignoranz, nicht zuletzt der Familie – die letzte Phase vollzog sich abgeschieden und unter Bedingungen, die schon damals medizinische Standards unterlief. Diverse Leibärzte, die alsbald wieder weggeschickt wurden, versuchten die Beschwerden des Todkranken zu lindern, konnten aber nicht mehr viel ausrichten, zumal der König sich weigerte, seine Ess- und Trinkgewohnheiten zu ändern. Sterben hin oder her, den alten Mann muss mitunter ein rechter Heißhunger überfallen haben, wenn man den königlichen Küchenakten glauben darf. Immerhin stellte er den Konsum von Schnupftabak ein. Im letzten Brief vom 10. August schrieb er an seine Schwester Philippine Charlotte in Braunschweig: »Die Alten müssen den jungen Leuten Raum machen, damit jedes Menschenalter seinen Platz finde; und wenn man recht überlegt, was das Leben ist, so ist es nichts, als daß man seine Mitbürger sterben und geboren werden sieht.«[149] So ging es dem Tod entgegen, der den König in der Nacht zum 17. August, am frühen Morgen nach zwei Uhr ereilte. Neben dem Arzt Dr. Selle waren nur drei Kammerhusaren anwesend.

Kaum war der König gestorben, waren seine unbedingten Befehle nur noch von begrenzter Wirksamkeit. Er mochte verschiedene Dinge im Kopf gehabt haben, als es um seine Ruhestatt ging: Darunter war sicher der Wunsch, weder mit königlichem Pomp noch nach kirchlichem Ritus zu Grabe getragen zu werden, und einen Platz zu bekommen, der seinen Neigungen und der diffusen Sehnsucht des lebenslangen Regenten nach privatmännischer Existenz entsprach. Aber sicherlich wollte er sich damit auch unterscheiden, herausheben aus der Kollegenschar, wollte im Begräbnisort sowohl König als auch Philosoph sein und nicht im Grab noch in die Reihe der Familie zurückkehren. Insofern ist die Grablege, in der Friedrich erst an seinem 205. Geburtstag zur Ruhe gebettet wurde, ein recht treffender Ort für den schwierigen und zerrissenen, ebenso faszinierenden wie exaltierten, ja bedauernswerten Menschen und Monarchen.

Zunächst aber entschied sein Neffe und Nachfolger im Sinne der Staatsräson. Friedrich Wilhelm II. befand die Gruft als nicht standesgemäß und ließ seinen Vorgänger in der Potsdamer Garnisonskirche beisetzen, neben seinem Vater. Der neue König erschien eine knappe Dreiviertelstunde nach Friedrichs Ableben auf Schloss Sanssouci, ordnete die Versiegelung des Sterbezimmers und die Aufbahrung des Leichnams im Musikzimmer des Königs an. Am Abend verlegte man den Toten, in Paradeuniform gekleidet, ins Potsdamer Stadtschloss, wo tags darauf die Untertanen Gelegenheit erhielten, Abschied zu nehmen. Abends dann wurde der König in der

Friedrichs Lehnsessel in seinem Schlafzimmer in Schloss Sanssouci. Hier starb er in den frühen Morgenstunden des 17. August 1786, fern der eigenen Familie.

Garnisonskirche beigesetzt. Immerhin ersparte Friedrich Wilhelm dem Onkel allzu großen Pomp – und sogar die Anwesenheit des ungeliebten Neffen. Die eigentliche Trauerfeier jedoch, symbolisch ausgestattet mit einem leeren Sarg, fand in königlicher Pracht statt: Reich und trauervoll dekoriert begann es in repräsentativen Räumlichkeiten des Potsdamer Stadtschlosses bei versammelter Familie und mit militärischen Ehren, auf den anschließenden Trauerzug (mit leerem Symbolsarg) zur nahe gelegenen Garnisonskirche folgten dort die eigentliche Trauerfeier im kirchlichen Rahmen sowie ein großer Leichenschmaus.

In Berlin wunderte sich Graf Mirabeau, der bei aller Bewunderung für Friedrich auch zu Spionagezwecken im Land weilte, in einem Brief an den nachmaligen französischen Außenminister und politischen Wendehals Talleyrand über die allgemeine Teilnahmslosigkeit nach dem Ableben des Königs: »Alles ist düster, niemand traurig, niemand betrübt. Kein Gesicht, das nicht Aufatmen und Hoffnung verrät; kein Bedauern, kein Seufzer, kein Wort des Lobes. Damit also enden so viele gewonnene Schlachten, so viel Ruhm, eine Regierung von fast einem halben Jahrhundert, erfüllt von so vielen Großtaten! Jedermann wünschte ihr Ende herbei, jedermann ist froh darüber.«[150] Vielleicht hatte schon in der Wahrnehmung vieler Zeitgenossen die friderizianische Epoche sich überlebt und man war froh, dass etwas Neues begann. Ein anderer Beobachter vermutete, die Steuerlast sei gar zu groß geworden und die Menschen wären vor allem deshalb erleichtert. Vielleicht entsprach solches Augenzeugnis aber auch einer Teilwahrnehmung. Generalfeldmarschall und Heeresreformer von Boyen jedenfalls berichtete 1834 in seinen Lebenserinnerungen die Wahrnehmung des noch blutjungen Königsberger Kadetten: »Noch schwebt vor meiner Erinnerung der Anblick des dumpfen Staunens, das jene Nachricht bei allen Ständen erzeugte. Männer, denen jedes weichere Gefühl fremd schien, weinten wie Kinder, und selbst auf den Gesichtern solcher Personen, welche wegen unbefriedigter Wünsche weniger an dem großen Könige gehangen und bis dahin eine tadelnde Opposition gegen ihn gebildet hatten, las man die ängstliche Frage: was wird nun werden?«[151] Vermutlich waren die Reaktionen der verwaisten Landeskinder so weitgespannt wie die preußischen Ländereien. Zu den Trauerfeierlichkeiten in Potsdam jedenfalls war der Zulauf immens. Berlin soll wie ausgestorben gewesen sein, berichtete ein Korrespondent aus Karlsruhe.

Wegen der Unklarheit über die internationalen Auswirkungen nach dem Thronwechsel in Preußen fielen auch die Reaktionen in den europäischen Hauptstädten unterschiedlich aus. Die Londoner Börse erlebte wegen der unklaren Folgen einen Einbruch der Kurse. Für Wien kam der Tod zu spät – am Konkurrentenstatus des Emporkömmlings Preußen schien nicht mehr zu rütteln. Das erklärt den anteilnahmslosen Kommentar Kaiser Josephs II., der schließlich einmal ein großer Bewunderer Friedrichs gewesen war:

> »Der Tod des Königs von Preußen lässt nur das Bedauern dass er so lange gelebt hat.«[152]

In Bayern beklagte man den Tod eines Mannes, der dem Land im Fürstenbund gegen Habsburg zur Seite gesprungen war. Polen hingegen weinte dem Verstorbenen wohl kaum eine Träne nach.

Der vereinnahmte König

Die testamentarisch gesehen ungehörige Ausrichtung der Beisetzung markiert die Vereinnahmung des Königs durch das offizielle Preußen und den Beginn eines Kultes, den sowohl Staat als auch Bevölkerung pflegten und gestalteten. Solange Friedrichs Überreste in Potsdam ruhten, erhielten sie mehrmals hohen Besuch: Anfang November 1805 wählten der russische Zar Alexander I., nach dem gerade der Platz vor dem Berliner Königstor benannt worden war, König Friedrich Wilhelm III. und Königin Luise diesen symbolträchtigen Ort, um das eben geschlossene antinapoleonische Bündnis hochsymbolisch zu bekräftigen. Wie wenig das zunächst auszurichten vermochte, verrät die Tatsache, dass ziemlich genau ein Jahr später Napoleon seinerseits der Ruhestätte Friedrichs seinen Besuch abstattete. Im Unterschied zum russischen Zaren, der den Sarg geküsst haben soll, ließ der französische Kaiser nach einigem Schweigen wissen: »Sic transit gloria mundi!« Das jedenfalls behauptete der Hofküster, während Napoleon selbst über seinen Besuch in Sanssouci berichtete: »Ich konnte mich nicht eines schwer zu schildernden

Gefühls erwehren, als ich die Stufen zum Schlosse Friedrichs erstieg und in Sanssouci alle Räume besichtigte, die durch den großen König unsterblich geworden sind. Er hatte sieben Jahre dem alten Europa Widerstand geleistet; in vierzehn Tagen ist seine Monarchie vor unseren Adlern in den Staub gesunken.«[153] Auch Napoleons Expansionsdrang war nicht dauerhaft erfolgreich – wie auch der Nazideutschlands nicht, das sich ebenfalls der Grablege Friedrichs bediente. Am »Tag von Potsdam«, dem 21. März 1933, ließ Hitler hier anlässlich der Konstituierung des neuen Reichstages den Schulterschluss des neuen, nationalsozialistischen Deutschland mit dem alten, nationalkonservativen, preußischen Deutschland vollziehen und gleichzeitig eine Kontinuitätslinie von den Preußenkönigen über Bismarck bis zum »Dritten Reich« fabrizieren. So standen beim »pseudomonarchistischen Mummenschanz«[154] die Totengräber der Weimarer Republik in der Grabkirche des großen Königs und der Kirche des preußischen Militärs, unter Teilnahme dreier Hohenzollernprinzen und überwiegend beifälliger Aufmerksamkeit der übers Radio angeschlossenen deutschen Öffentlichkeit. Genau zehn Jahre später befahl Hitler, die sterblichen Überreste Friedrichs und seines Vaters zu evakuieren, was zu schweren Beschädigungen der Särge und Sarkophage sowie der sterblichen Überreste selbst führte. Die Odyssee ging über Görings Hauptquartier und das thüringische Bergwerk Berntgerode, von wo sie die abziehenden US-Truppen mit nach Marburg nahmen. Dort wurden Friedrichs Überreste in Schloss und Staatsarchiv aufbewahrt und 1946 in der Elisabethkirche beigesetzt. 1952 konnten die Hohenzollern ihren Vorfahren auf dem Familienstammsitz im frisch gegründeten Bundesland Baden-Württemberg beisetzen – ein paar Monate zuvor hatte sich die Burg noch im Land Württemberg-Hohenzollern befunden.

Im Zuge der Preußen-Renaissance unter Erich Honecker in der Endphase der DDR begannen Bemühungen, die sterblichen Überreste Friedrichs und seines Vaters nach Potsdam zurückzuholen. Zunächst abgelehnt vom Haus Hohenzollern, begannen nach dem Berliner Mauerfall, aber noch vor der Deutschen Wiedervereinigung die Planungen, Friedrich mehr als zwei Jahrhunderte nach seinem Tod an seiner Wunsch-Ruhestätte beizusetzen. Brandenburgische Landesregierung und das Haus Hohenzollern kamen überein, Friedrichs Testament dieses Mal zu beachten: Ohne großes Tamtam sollte Friedrich an seinem 205. Todestag um Mitternacht in der Gruft beigesetzt werden. Dass die »Heimkehr« per Sonderzug mit Dampflok gleichwohl zum Politikum werden würde, war absehbar. Während die deutsche Öffentlichkeit die Angelegenheit vergleichsweise leidenschaftslos hinnahm, sah das Ausland, seit dem Mauerfall durchaus beunruhigt, was den Weg des neuen Deutschland betraf, sehr aufmerksam zu. Als der Sarkophag Friedrichs im Ehrenhof von Sanssouci aufgebahrt wurde, stellte die Bundeswehr eine Ehrenwache, bei der Beisetzung selbst nahm Bundeskanzler Kohl teil – aber als Privatperson, wie er wissen ließ. Das konnte er so sehr sein, wie Friedrich je auf eine wirklich private Beisetzung hatte hoffen können. Der Historiker Golo Mann befand

> »das ganze Getöse drumherum mit Kanzler und Militär aber als absolute Geschmacklosigkeit«[155].

In seiner behutsamen Ansprache sagte Brandenburgs Ministerpräsident Stolpe, der in seinem wieder gegründeten Bundesland zur Identitätsstiftung »Preußens positive Traditionen weiterführen« wollte: »Preußens Geschichte ist wie seine Farben: schwarz und weiß. Beide Farben stehen nebeneinander. Man kann sie nicht mischen zu einem unauffälligen Grau. Man darf aber auch nicht nur das Dunkle oder nur das Helle sehen.«[156]

Späte Testamentsvollstreckung

Irgendwann in den zwei Jahrhunderten zwischen Friedrichs Ableben und seiner vermutlich letzten Beisetzung – unter der Schirmherrschaft eines Nachfolgers, der über ein Staatsgebiet von ungefähr der Ausdehnung des Kurfürstentums Brandenburg vor Ankunft der Hohenzollern in Berlin Anfang des 15. Jahrhunderts regierte – ging Friedrichs Staat seiner Existenz verlustig. Man kann es so vage ausdrücken, weil sich darüber streiten lässt, wann Preußen eigentlich verging. War es schon zwanzig Jahre nach Friedrichs Tod,

Friedrich der Große, Superstar. Auch die moderne Kunst ließ das königliche Antlitz nicht ungeschoren, wie Andy Warhols Porträt zeigt.

als Preußen schmählich rasch zu Boden ging und der siegreiche Kaiser Napoleon den Staat bereits auflösen wollte, was ihm sein russischer Amtskollege Alexander I. zum Wohle eines Puffers zwischen Frankreich und Russland aber ausredete? Oder 1871, als mit der Gründung des ersten deutschen Nationalstaates Preußen einerseits im Reich aufgehen sollte, es andererseits aber überstark dominierte? Wilhelm I. erklärte sich am Vorabend seiner Krönung zum deutschen Kaiser als kreuzunglücklich, weil er damit Preußen zu Grabe trage. Und viele Historiker sind ihm in diesem Urteil gefolgt, sprachen wie Sebastian Haffner von einer »Zeit des langen Sterbens« oder wie Hans-Joachim Schoeps von »Preußischer Nachgeschichte«. Oder reicht preußische Geschichte bis 1918, als Friedrichs Urururgroßneffe Wilhelm II. ins Doorner Exil verfrachtet wurde? Er dankte ja nicht nur als deutscher Kaiser, sondern auch als König von Preußen ab, letztere Krone hatte er sich noch zu erhalten gehofft. Oder 1932, als im »Preußenschlag« der machtorientierte Reichskanzler von Papen die Mitte-Links-Regierung des Freistaates Preußen absetzte und das Land gleichschaltete? Oder 1945 mit dem Zusammenbruch des Reiches, das sich in den Wahn verstiegen hatte, Vollender friderizianischer Politik zu sein, dabei aber den größeren Teil preußischen Territoriums verspielt hatte? Oder mit dem Gesetz Nr. 46 des Alliierten Kontrollrates vom Februar 1947, das nüchtern festlegt: »Der Staat Preußen, seine Zentralregierung und alle nachgeordneten Behörden werden hiermit aufgelöst«, aber im vorangehenden Absatz feststellt: »Der Staat Preußen, der seit jeher Träger des Militarismus und der Reaktion in Deutschland gewesen ist, hat in Wirklichkeit zu bestehen aufgehört«? Das war nicht gerade historisch wasserdicht, aber auch nicht rundheraus falsch – und schuf für alle Hinterbliebenen inklusive Österreich kommoderweise einen großen Teppich, unter den sich ein Großteil an Schuld und Verantwortung kehren ließ. Oder war gar erst wirklich Schluss mit Preußen, als die DDR unterging, die das preußische Erbe zwar über Jahrzehnte ausschlug, gleichwohl aber Preußisches übernahm und insbesondere aus den Vereinigten Staaten und nicht vollends luftgreiferisch als »rotes Preußen« bezeichnet wurde?

Die preußische Geschichte, wie weit sie auch immer reicht, war auch nach Friedrichs Tod ein stetes Auf und Ab wie das Nachleben des König selbst. Vermutlich war es unausweichlich, dass er in folgenden Epochen und je nach deren Geschichtsvergessen- oder -versessenheit als Folie für alles Mögliche diente. Dies trägt zur Botschaft seiner Widersprüchlichkeit ebenso bei wie dazu, eine Annäherung an ihn und die Einschätzung dieses wichtigsten preußischen Königs zu erschweren. Der große König war von kleiner Statur, der heitere Philosoph war ein launischer Machtmensch, der analytische General ein eifriger Flötist. Aus dem zarten Kronprinzen wurde ein schillernder, aus dem ruhmsüchtigen jungen König ein aktenfressender.

Das biographische Spektrum entspricht einem Charakter, der früh zwischen Extreme aufgespannt war und Brüche und Verletzungen bis zum Ende mit sich schleppte. Der Lebensweg gleicht einer doppelten Selbstbehauptung: als Mensch und als Monarch – dass ihm beides gelang, verschaffte ihm dennoch kein Lebensglück unserer Maßstäbe. Eben das macht einen Großteil der Faszination dieses Königs aus. Schon seine Zeitgenossen arbeiteten sich an Friedrich ab, und das beginnende 21. Jahrhundert giert mediengeprüft nach Exaltationen, wie sie Friedrichs Biographie herzugeben scheint: geprügelter Prinz, ruhmreicher Feldherr, geistreicher Gesellschafter und verbitterter einsamer alter Mann. Diese biographischen Eckpunkte machen ihn des tragischen Helden eines shakespeareschen Dramas würdig. Zeitgeistiger wäre allerdings ein ebenso anspruchsvoller wie unterhaltsamer Hollywoodfilm mit tiefenpsychologisch versierten Drehbuchautoren nebst sekundierender Historikerschar. Andy Warhol hat das Antlitz Friedrichs in die moderne Kunst gehoben – die Rezeption des Preußenkönigs geht weiter. Denn jedes Zeitalter schafft sich seinen Friedrich.

Anmerkungen

[1] Catt, Henri de: Die Tagebücher, hg. v. Paul Hartig, 1758–1760, München 1986, S. 68.

[2] Fest, Joachim: »Plädoyer für den Wiederaufbau des Stadtschlosses«, Frankfurter Allgemeine Zeitung vom 30.11.1990. Abgedruckt in: Lampugnani Vittorio Magnago/Michael Mönninger (Hg.): Berlin morgen. Ideen für das Herz einer Groszstadt, Stuttgart 1991, S. 76–79.

[3] Zitiert nach Flamm, Stefanie: »Der Palast der Republik«, in: Étienne François/Hagen Schulze (Hg.): Deutsche Erinnerungsorte, Bd. 2, München 2001, S. 667–682, 679.

[4] Volz, Gustav Berthold: Ausgewählte Werke Friedrichs des Großen, 10 Bde, Berlin 1912ff, Bd. 1, S. 13.

[5] Ebd., S. 10.

[6] Ebd., S. 37.

[7] Ebd., S. 54.

[8] Neugebauer, Wolfgang: Residenz – Verwaltung – Repräsentation. Das Berliner Schloß und seine historischen Funktionen vom 15. bis 20. Jahrhundert, Potsdam 1999, S. 10.

[9] Walter Ulbricht: »Rede auf dem III. Parteitag der SED«, Zur Geschichte der Arbeiterbewegung, Bd. 3, Berlin 1953, S. 750ff.

[10] Catt, Henri de: Die Tagebücher, hg. v. Paul Hartig, 1758–1760, München 1986, S. 76.

[11] Weber-Kellermann, Ingeborg (Hg.): Wilhelmine von Bayreuth, eine preußische Königstochter. Glanz und Elend am Hofe des Soldatenkönigs in den Memoiren der Markgräfin Wilhelmine von Bayreuth, Frankfurt/Main 1990, S. 45.

[12] Ebd., S. 45.

[13] Droysen, Hans: »Aus den Briefen der Königin Sophie Dorothea von Preußen«, Hohenzollern-Jahrbuch 8 (1913), S. 214. Brief vom 21. Mai 1717.

[14] Fontane, Theodor: Wanderungen durch die Mark Brandenburg. Spreeland, 2. Aufl. Berlin 1982, S. 273.

[15] Weber-Kellermann, Ingeborg (Hg.): Wilhelmine von Bayreuth, eine preußische Königstochter. Glanz und Elend am Hofe des Soldatenkönigs in den Memoiren der Markgräfin Wilhelmine von Bayreuth, Frankfurt/Main 2004, S. 269.

[16] Fontane, Theodor: Wanderungen durch die Mark Brandenburg. Spreeland, 2. Aufl. Berlin 1982, S. 277.

[17] Krieger, Bogdan (Hg.): Sieben Tage am Hofe Friedrich Wilhelms I. Tagebuch des J. A. Freylinghausen über seinen Aufenthalt in Wusterhausen vom 4.–10. September 1727, Berlin 1900, S. 54.

[18] Zitiert nach Koser, Reinhold: Friedrich der Große als Kronprinz, Stuttgart/Berlin 1901, S. 10.

[19] Zitiert nach ebd., S. 28.

[20] Zitiert nach ebd., S. 8.

[21] Catt, Henri de: Die Tagebücher, hg. v. Paul Hartig, 1758–1760, München 1986, S. 151.

[22] Zitiert nach Koser, Reinhold: Friedrich der Große als Kronprinz, Stuttgart/Berlin 1901, S. 9.

[23] Zitiert nach Oppeln-Bronikowski, Friedrich von/Gustav Volz: Gespräche Friedrichs des Großen, Berlin 1919, S. 3f.

[24] Zitiert nach Koser, Reinhold (Hg.): Unterhaltungen mit Friedrich dem Großen. Memoiren und Tagebücher von Heinrich de Catt, Leipzig 1884, S. 35.

[25] Zitiert nach Schumann, Frank (Hg.): Allergnädigster Vater. Die Verkrüppelung eines Charakters zu Wusterhausen. Dokumente aus der Jugend Friedrichs II., Berlin 1986, S. 45.

[26] Fontane, Theodor: Wanderungen durch die Mark Brandenburg. Das Oderland, 2. Aufl. Berlin 1980, S. 324.

[27] Ebd., S. 303.

[28] Zimmermann, Gerhard/Hans Branig (Hg.): Fürsprache. Monarchenbriefe zum Kronprinzen-Prozeß Küstrin 1730, Berlin 1965, S. 15. Brief vom 11. Oktober 1730.

[29] Ebd., S. 21. Undatierter Brief.

[30] Hinrichs Carl: Der Kronprinzenprozeß. Friedrich und Katte, Berlin 1936, S. 107.

[31] Ebd., S. 106f.

[32] Zitiert nach Merten, Detlef: Der Katte-Prozess (=Schriftenreihe der Juristischen Gesellschaft, 62), Berlin 1980, S. 40.

[33] Bestätigung des Urteils durch Friedrich Wilhelm I. vom 1. November 1730. Abgedruckt bei Kloosterhuis, Jürgen: »Katte. Ordre und Kriegsartikel. Aktenanalytische und militärhistorische Aspekte einer ›facheusen‹ Geschichte«, Forschungen zur Brandenburgischen und Preußischen Geschichte, N.F. 15 (2005), S. 27–65, 161–223, S. 201ff.

[34] Brief vom 18. August 1731, Max Hein, Briefe Friedrichs des Großen, Bd. 1, Berlin 1914, S. 17f.

[35] Zitiert nach Koser, Reinhold: Friedrich der Große als Kronprinz, Stuttgart/Berlin 1901, S. 102.

[36] Zitiert nach ebd., S. 103.

[37] Zitiert nach ebd., S. 109f.

[38] Gustav Volz (Hg.): Friedrich der Große und Wilhelmine von Bayreuth. Jugendbriefe, 1728–1740, Leipzig 1924, S. 320. Brief von 29. Mai 1736.

[39] Ebd., S. 321. Brief von 7. Juni 1736.

[40] Ebd., S. 347f. Brief von 3. Februar 1737.

[41] Ebd., S. 359f. Brief von 10. August 1737.

[42] Zitiert nach Volz, Gustav Berthold: »Die Krisis in der Jugend Friedrichs des Großen«, Historische Zeitschrift 118 (1917), S. 377–417, S. 417. Brief vom 9. Oktober 1737.

[43] Immanuel Kant, zitiert nach Klein, Diethard H./Heike Rosbach (Hg.): Königsberg. Ein Lesebuch, Husum 1987, S. 8.

[44] Volz, Gustav Berthold: Ausgewählte Werke Friedrichs des Großen, 10 Bde, Berlin 1912ff, Bd. 7, S. 34.

[45] Ebd., S. 100.

[46] Hinrichs Carl: Der allgegenwärtige König. Friedrich der Große im

Kabinett und auf Inspektionsreisen, Berlin 1940, S. 109. Königl. Reskript an die Königsberger Kriegs- und Domänenkammer vom 25. Juni 1740.

47 Pleschinksi, Hans (Hg.): Voltaire–Friedrich der Große. Briefwechsel, Frankfurt/Main 1994, S. 184.

48 Immanuel Kants Werke, hg. v. Ernst Cassirer, Bd. 4, S. 174.

49 Catt, Henri de: Die Tagebücher, hg. v. Paul Hartig, 1758–1760, München 1986, S. 77.

50 Zitiert nach Schieder, Theodor: Friedrich der Große. Ein Königtum der Widersprüche, Frankfurt/Main 1986, S. 290.

51 Immanuel Kants Werke, hg. v. Ernst Cassirer, Bd. 4, S. 171.

52 Schieder, Theodor: Friedrich der Große. Ein Königtum der Widersprüche, Frankfurt/Main 1986.

53 Volz, Gustav Berthold: Ausgewählte Werke Friedrichs des Großen, 10 Bde, Berlin 1912ff, Bd. 7, S. 226.

54 Ebd., S. 235f.

55 Bardong, Otto: Friedrich der Große (= Freiherr-vom-Stein-Gedächtnisausgabe, 22), Darmstadt 1982, S. 112. Brief vom 24.2.1744.

56 Volz, Gustav Berthold: Ausgewählte Werke Friedrichs des Großen, 10 Bde, Berlin 1912ff, Bd. 8, S. 316.

57 Ebd., Bd. 7, S. 19.

58 Ebd., Bd. 8, S. 290.

59 Ebd., Bd. 7, S. 235.

60 Hein, Max: Briefe Friedrichs des Großen, Bd. 1, Berlin 1914, S. 186f. Brief vom 3. März 1741.

61 Ebd., S. 185. Brief vom 23. Dezember 1740.

62 Volz, Gustav Berthold: Ausgewählte Werke Friedrichs des Großen, 10 Bde, Berlin 1912ff., Bd. 1, S. 141.

63 Koser, Reinhold u. a. (Hg.): Politische Correspondenz Friedrichs des Großen, 47 Bde, Berlin 1879–1939, Köln 2003, Bd. 1, S. 150. Erlass vom 17. Dezember 1740 an den Geheimen Finanzrat von Borcke.

64 Oppeln-Bronikowski, Friedrich von/Gustav Volz: Gespräche Friedrichs des Großen, Berlin 1919, S. 33.

65 Otto Bardong, Friedrich der Große (= Freiherr-vom-Stein-Gedächtnisausgabe, 22), Darmstadt 1982, S. 95.

66 Zitiert nach Kunisch, Johannes: Friedrich der Große. Der König und seine Zeit, 5. Aufl. München 2005, S. 130.

67 Ash, Timothy Garton: »Und willst du nicht mein Bruder sein …« Die DDR heute, Reinbek 1981, S. 134.

68 Erich Honecker, Aus meinem Leben, Frankfurt/Main 1980, S. 347.

69 Volz, Gustav Berthold: Friedrich der Große im Spiegel seiner Zeit, 3 Bde, Berlin 1926f, Bd. 1, S. 104. Brief vom 16. Juli 1740.

70 Volz, Gustav Berthold: Ausgewählte Werke Friedrichs des Großen, 10 Bde, Berlin 1912ff, Bd. 7, S. 90.

71 Volz, Gustav Berthold (Hg.): Friedrich der Große und Wilhelmine von Bayreuth. Briefe der Königszeit, 1740–1758, Berlin 1926, S. 50f. Brief vom 8. Dezember 1742.

72 Ebd., S. 65f. Brief vom 26. November 1743.

73 Zitiert nach Engel, Martin: Das Forum Fridericianum und die monumentalen Residenzplätze des 18. Jahrhunderts, (Diss.) Berlin 2001, S. 104.

74 Königliches Patent vom 22. November 1746. Zitiert nach ebd., S. 125.

75 Zitiert nach Ziebura, Eva: Prinz Heinrich von Preußen. Biographie, Berlin 1999, S. 182.

76 Helbig, Jörg (Hg.): Welcome to Berlin. Das Image Berlins in der englischsprachigen Welt von 1700 bis heute, Berlin 1987, S. 11f.

77 Zitiert nach Volz, Gustav Berthold: Das Sans, Souci Friedrichs des Großen, Berlin 1926, S. 12. Brief vom 20. August 1743.

78 Zitiert nach ebd., S. 11f. Brief vom 25. August 1743.

79 Catt, Henri de: Die Tagebücher, hg. v. Paul Hartig, 1758–1760, München 1986, S. 69. Eintrag zum 8. September 1758.

80 Volz, Gustav Berthold (Hg.): Friedrich der Große und Wilhelmine von Bayreuth. Briefe der Königszeit, 1740–1758, Berlin 1926, S. 149. Brief vom 28. Juli 1748.

81 Casanova, Giacomo: Neunundneunzig Abenteuer. Aus seinen Memoiren ausgewählt, bearbeitet und eingeleitet von Hans-Joachim Malberg, Rudolstadt o. J., S. 572f.

82 Pleschinksi, Hans (Hg.): Aus dem Briefwechsel Voltaire–Friedrich der Große, Zürich 1992, ca. S. 343f. Brief vom 23. August 1750.

83 Giebel, Wieland (Hg.): Die Tagebücher des Grafen Lehndorff. Die geheimen Aufzeichnungen des Kammerherrn der Königin Elisabeth Christine, Berlin 2007, S. 391. Eintrag vom 23. Oktober 1757.

84 Ebd., S. 499. Eintrag vom 30. März 1763.

85 Zitiert nach Volz, Gustav Berthold: Das Sans, Souci Friedrichs des Großen, Berlin 1926, S. 12. Brief vom April 1754.

86 Manger, Heinrich Ludewig: Baugeschichte von Potsdam besonders unter der Regierung König Friedrichs II., 3 Bde, Berlin 1789/90, Bd. 1, S. 35.

87 Catt, Henri de: Die Tagebücher, hg. v. Paul Hartig, 1758–1760, München 1986, S. 136. Eintrag zum 24. November 1759.

88 Fontane, Theodor: Wanderungen durch die Mark Brandenburg. Das Oderland, 2. Aufl. Berlin 1980, S. 28.

89 Zitiert nach Beheim-Schwarzbach, Max: Hohenzollernsche Kolonisationen. Ein Beitrag zu der Geschichte des preußischen Staates und der Colonisation des östlichen Deutschlands, Leipzig 1874, S. 266.

90 Dietrich, Richard (Hg.), Die Politischen Testamente der Hohenzollern, Köln 1986, S. 495.

[91] Zitiert nach Detto, Albert: »Die Besiedlung des Oderbruchs durch Friedrich den Großen«, Forschungen zur Brandenburgischen und Preußischen Geschichte 16 (1903), S. 163–205, 165.

[92] Detto, Albert: »Die Besiedlung des Oderbruchs durch Friedrich den Großen«, Forschungen zur Brandenburgischen und Preußischen Geschichte 16 (1903), S. 163–205, 165.

[93] Stadelmann, Rudolf: Preussens Könige in ihrer Tätigkeit für die Landescultur. Bd. 2: Friedrich der Große in seiner Tätigkeit für den Landbau Preußens, Berlin 1876, S. 21.

[94] Detto, Albert: »Die Besiedlung des Oderbruchs durch Friedrich den Großen«, Forschungen zur Brandenburgischen und Preußischen Geschichte 16 (1903), S. 163–205, 168.

[95] Eine preußische Meile = 7,53 Kilometer

[96] Dietrich, Richard (Hg.), Die Politischen Testamente der Hohenzollern, Köln 1986, S. 283.

[97] Fontane, Theodor: Wanderungen durch die Mark Brandenburg. Das Oderland, 2. Aufl. Berlin 1980, S. 48.

[98] Christiani, Walter; Das Oderbruch. Historische Skizze, Freienwalde 1907, S. 102.

[99] Oppeln-Bronikowski, Friedrich von/Gustav Volz: Gespräche Friedrichs des Großen, Berlin 1919, S. 45. Nach einem Bericht des französischen Gesandtschaftssekretärs Darget, 24. Dezember 1745.

[100] Volz, Gustav Berthold (Hg.): Friedrich der Große und Wilhelmine von Bayreuth. Briefe der Königszeit, 1740–1758, Berlin 1926, S. 362. Brief vom 13. Juli 1757.

[101] Zitiert nach Duffy, Christopher: Friedrich der Große. Ein Soldatenleben, Zürich 1986, S. 270f. Brief vom 12. August 1759.

[102] Koser, Reinhold u. a. (Hg.): Politische Correspondenz Friedrichs des Großen, 47 Bde, Berlin 1879–1939, Köln 2003, Bd. 18, S. 488. Brief vom 16. August 1759.

[103] Volz, Gustav Berthold: Ausgewählte Werke Friedrichs des Großen, 10 Bde, Berlin 1912ff, Bd. 4, S. 18.

[104] Ebd., S. 9.

[105] Ebd., S. 17.

[106] Zitiert nach Koser, Reinhold: Geschichte Friedrichs des Großen, 4 Bde, ND Darmstadt 1963, Bd. 3, S. 165.

[107] Zitiert nach Friedrich Lütge: Geschichte der deutschen Agrarverfassung vom frühen Mittelalter bis zum 19. Jahrhundert, 2. Aufl. Stuttgart 1967, S. 208 Anm. 18.

[108] Gleditsch, Johann Gottlieb: Vermischte physicalisch-botanisch-oeconomische Abhandlungen, Halle 1765, S. 167.

[109] Ebd., S. 168.

[110] Fuess, Wilhelm F. K.: Die Geschichte der Kartoffel. Dargestellt nach alten und neuen Quellen, Berlin 1939, S. 85f.

[111] Zitiert nach Neues aus der Akte Pommes Fritz, hg. v. Ministerium für Ländliche Entwicklung, Umwelt und Verbraucherschutz des Landes Brandenburg, Potsdam 2008, S. 17.

[112] Krünitz, Encyclopädie, Bd. 35.

[113] Stadelmann, Rudolf: Preussens Könige in ihrer Tätigkeit für die Landescultur. Bd. 2: Friedrich der Große in seiner Tätigkeit für den Landbau Preußens, Berlin 1876, S. 342, Nr. 158.

[114] Ebd., S. 357f, Nr. 186.

[115] Volz, Gustav Berthold (Hg.): Friedrich der Große und Wilhelmine von Bayreuth. Briefe der Königszeit, 1740–1758, Berlin 1926, S. 94. Brief vom 16. April 1746.

[116] Dietrich, Richard (Hg.), Die Politischen Testamente der Hohenzollern, Köln 1986, S. 667.

[117] Oppeln-Bronikowski, Friedrich von: Das Tagebuch des Marchese Lucchesini (1780–1782). Gespräche mit Friedrich dem Großen, München 1926, S. 63. Eintrag vom 30. November 1780.

[118] Dietrich, Richard (Hg.), Die Politischen Testamente der Hohenzollern, Köln 1986, S. 631.

[119] Berdot, David Charles Emmanuel: Un voyage à la cour de Prusse en 1775, hg. v. S. Fallot, Montbéliard 1903, S. 43f. Eintrag vom 13. Juli 1775. Zitiert nach Volz, Gustav Berthold: Das Sans, Souci Friedrichs des Großen, Berlin 1926, S. 79.

[120] Schmidt-Lötzen, Karl Eduard Hg.: Dreißig Jahre am Hof Friedrichs des Großen. Aus den Tagebüchern des Reichsgrafen Ernst Ahasverus Heinrich von Lehndorff, Kammerherr der Königin Elisabeth Christine von Preußen, Nachträge II, Gotha 1910, S. 189.

[121] Der Maler und Schriftsteller August Kopisch 1854, zitiert nach Drescher, Horst/Sibylle Badstübner-Gröger: Das Neue Palais in Potsdam. Beiträge zum Spätstil friderizianischer Architektur und Bauplastik, Berlin 1991, S. 220.

[122] Zitiert nach Redslob, Edwin: Barock und Rokoko in den Schlössern von Berlin und Potsdam, Berlin 1954, S. 52.

[123] Zitiert nach Koser, Reinhold: Geschichte Friedrichs des Großen, 4 Bde, Bd. 3, Stuttgart 1925, S. 183. Brief vom 14.8.1763.

[124] Zitiert nach Harksen, Sybille: »Die Nutzung des Neuen Palais in der Kaiserzeit. Vom Gästeschloß zum Sommerwohnsitz«, Potsdamer Schlösser und Gärten. Bau- und Gartenkunst vom 17. bis 20. Jahrhundert (Ausst.-Kat.) Potsdam 1993, S. 261–267, 266.

[125] Zitiert nach Heinrich, Gerd: Friedrich II. von Preußen. Leistung und Leben eines großen Königs, Berlin 2009, S. 310. Die eigenwillige Diktion des Königs wurde angepasst.

[126] Dietrich, Richard (Hg.), Die Politischen Testamente der Hohenzollern, Köln 1986, S. 375.

[127] Ebd., S. 375

[128] Ebd., S. 651ff.

[129] Ebd., S. 665.

[130] Ebd., S. 671.

[131] Ebd., Köln 1986., S. 627ff.

[132] Koser III, 335.

[133] Zitiert nach Plat, Wolfgang: Deutsche und Polen. Geschichte der deutsch-polnischen Beziehungen, Köln 1980, S. 85.
[134] Brief an Voltaire vom 9. Oktober 1773, zitiert nach Mönch, Walter: Voltaire und Friedrich der Große. Das Drama einer denkwürdigen Freundschaft. Eine Studie zur Literatur, Politik und Philosophie des XVIII. Jahrhunderts, Stuttgart 1943, S. 274.
[135] Geschichte meiner Zeit. Zitiert nach Koser, Reinhold: Geschichte Friedrichs des Großen, 4 Bde, ND Darmstadt 1963, S. 336.
[136] Mönch, Walter: Voltaire und Friedrich der Große. Das Drama einer denkwürdigen Freundschaft. Eine Studie zur Literatur, Politik und Philosophie des XVIII. Jahrhunderts, Stuttgart 1943, S. 272. Brief vom 16. Oktober 1772.
[137] Bardong, Otto: Friedrich der Große (= Freiherr-vom-Stein-Gedächtnisausgabe, 22), Darmstadt 1982, S. 473. Brief vom 12. Juni 1772.
[138] Feldman, Józef: »Polen und Preußen. Versuch einer Synthese«, in: Lothar Dralle (Hg.): Preußen, Deutschland, Polen im Urteil polnischer Historiker. Eine Anthologie, Bd. 1, Berlin 1983, S. 45–60, 49.
[139] Ebd., S. 45–60, S. 52.
[140] Schumann, H. (Hg.): Friedrich der Große: Mein lieber Marquis! Sein Briefwechsel mit Jean-Baptiste d'Argens während des Siebenjährigen Krieges, Zürich 1985, S. 322. Brief vom Januar 1762.
[141] Ebd., S. 355. Brief vom 27. September 1762.
[142] Volz, Gustav Berthold: Ausgewählte Werke Friedrichs des Großen, 10 Bde, Berlin 1912ff, Bd. 7, S. 274.
[143] Nicolai, Friedrich: Anekdoten von König Friedrich dem Zweiten von Preußen, Berlin und Stettin 1788–1792, ND Hildesheim 1985, S. 203
[144] Volz, Gustav Berthold: Ausgewählte Werke Friedrichs des Großen, 10 Bde, Berlin 1912ff, Bd. 7, S. 276f.
[145] Der Krieg geht morgen weiter oder Die Kunst zu überleben. Der König von Preußen unterhält sich in seinen Hauptquartieren, zwischen Triumph und Niederlagen, mit dem Schweizer Henri de Catt, Berlin 1970, S. 142.
[146] Brief vom 29. Dezember 1752. Volz, Gustav Berthold (Hg.): Friedrich der Große und Wilhelmine von Bayreuth. Briefe der Königszeit, 1740–1758, Berlin 1926, S. 237f.
[147] Schumann, H. (Hg.): Friedrich der Große: Mein lieber Marquis! Sein Briefwechsel mit Jean-Baptiste d'Argens während des Siebenjährigen Krieges, Zürich 1985, S. 355. Brief vom 27. September 1762.
[148] Zitiert nach Kunisch, Johannes: Friedrich der Große. Der König und seine Zeit, 5. Aufl. München 2005, S. 526. Brief an Jean-Baptiste d'Alembert, vom 1. August 1780.
[149] Zitiert nach Heinrich, Gerd: Friedrich II. von Preußen. Leistung und Leben eines großen Königs, Berlin 2009, S. 346.
[150] Volz, Gustav Berthold: Friedrich der Große im Spiegel seiner Zeit, 3 Bde, Berlin 1926f, Band 3, S. 255. Brief vom 18. August 1786.
[151] Zitiert nach Puschner, Uwe: »Der Tod Friedrichs des Großen und die deutsche Öffentlichkeit«, in: Jürgen Ziechmann (Hg.): Fridericianische Miniaturen (= Forschungen und Studien zur Fridericianischen Zeit, 2–5), Bd. 4, Oldenburg 1997, S. 228–235, S. 228.
[152] Zitiert nach ebd., S. 228–235, S. 229. Brief an seinen Bruder Leopold von Toskana vom 28. August 1786.
[153] Zitiert nach Giersberg, Hans-Joachim/Krüger, Rolf-Herbert: Die Ruhestätte Friedrichs des Großen zu Sanssouci, 2. Aufl. Berlin 1992, S. 56.
[154] So Stephan Malinowski im Magazin Cicero, Juli 2005.
[155] Saarbrücker Zeitung vom 9. April 1994.
[156] Zitiert nach Giersberg, Hans-Joachim/Krüger, Rolf-Herbert: Die Ruhestätte Friedrichs des Großen zu Sanssouci, 2. Aufl. Berlin 1992, S. 72, 75.

Literatur in Auswahl

ABEL, WILHELM: Massenarmut und Hungerkrisen im vorindustriellen Europa, 3. Aufl. Göttingen 1986.

ALTHOFF, FRANK: Untersuchungen zum Gleichgewicht der Mächte in der Außenpolitik Friedrichs des Großen nach dem Siebenjährigen Krieg (1763–1786) (= Quellen und Forschungen zur Brandenburgischen und Preußischen Geschichte, 10), Berlin 1995.

ARETIN, KARL OTMAR FRHR. V.: »Tausch, Teilung und Länderschacher als Folgen des Gleichgewichtssystems der europäischen Großmächte. Die polnischen Teilungen als europäisches Schicksal«, JB f. d. Geschichte Mittel- und Ostdeutschlands 30 (1981), S. 53–68.

ASH, TIMOTHY GARTON: »Und willst du nicht mein Bruder sein…« Die DDR heute, Reinbek 1981.

ASSMANN, ALEIDA: »Das Gedächtnis der Orte«, in: Ulrich Borsdorf/Heinrich Theodor Grütter (Hg.): Orte der Erinnerung. Denkmal, Gedenkstätte, Museum, Frankfurt/Main 1999, S. 59–77.

BAHNERS, PATRICK/GERD ROELLECKE (HG.): Preußische Stile. Der Staat als Kunststück, Stuttgart 2001.

BARDONG, OTTO: Friedrich der Große (= Freiherr-vom-Stein-Gedächtnisausgabe, 22), Darmstadt 1982.

BAUMGART, PETER (HG.): Expansion und Integration. Zur Eingliederung neugewonnener Gebiete in den preußischen Staat, Köln 1984.

BAUMGART, PETER: »Kronprinzenopposition. Zum Verhältnis Friedrichs zu seinem Vater Friedrich Wilhelm I.«, Heinz Duchhardt (Hg.), Friedrich der Große, Franken und das Reich, Köln 1986, S. 5–23.

BECK, FRIEDRICH/JULIUS H. SCHOEPS (HG.): Der Soldatenkönig. Friedrich Wilhelm I. in seiner Zeit, Potsdam 2003.

BEHEIM-SCHWARZBACH, MAX: Hohenzollernsche Kolonisationen. Ein Beitrag zu der Geschichte des preußischen Staates und der Colonisation des östlichen Deutschlands, Leipzig 1874.

BELLMANN, GÜNTER: Slavoteutonica. Lexikalische Untersuchungen zum slawisch-deutschen Sprachkontakt im Ostmitteldeutschen (= Studia linguistica Germanica, 4), Berlin 1971.

BERDOT, DAVID CHARLES EMMANUEL: Un voyage à la cour de Prusse en 1775, hg. v. S. Fallot, Montbéliard 1903.

BINDER, BEATE: Streitfall Stadtmitte. Der Berliner Schlossplatz (= Alltag & Kultur, 13), Köln 2009.

BIRTSCH, GÜNTER: »Der Idealtypus des aufgeklärten Herrschers. Friedrich der Große, Karl Friedrich von Baden und Joseph II. im Vergleich«, Aufklärung 2,1 (1987), S. 9–47.

BISKUP, KRYSZTOF: »Die Festung Küstrin im 16. Jahrhundert«, in: Volker Schmidtchen (Hg.): Festungsforschung heute, Wesel 1985, S. 91–103.

BISKUP, THOMAS: »The Hidden Queen – Elisabeth Christine of Prussia and Hohenzollern. Queenship in the Eighteenth Century«, in: Clarissa Campbell Orr (Hg.): Queenship in Europe 1660–1815. The Role of the Consort, Cambridge 2004, S. 300–321.

BITSCH, IRMGARD/TRUDE EHLERT/XENIA VON ETZDORF (HG.): Essen und Trinken in Mittelalter und Neuzeit, Sigmaringen 1987, 1990.

BLACKBOURN, DAVID: Die Eroberung der Natur. Eine Geschichte der deutschen Landschaft, München 2007.

BLANNING, T. C. W.: »The Death and Transformation of Prussia«, Historical Journal 29,2 (1986), S. 433–459.

BLITZ, HANS-MARTIN: Aus Liebe zum Vaterland. Die deutsche Nation im 18. Jahrhundert, Hamburg 2000.

BODDIEN, WILHELM VON/HELMUT ENGEL (HG.): Die Berliner Schlossdebatte. Pro und Contra, Berlin 2000.

BOOCKMANN, HARTMUT: Der Deutsche Orden. Zwölf Kapitel aus seiner Geschichte, 2. Aufl. München 1982.

BOOCKMANN, HARTMUT: »Wie weit reicht die preußische Geschichte?«, Forschungen zur Brandenburgischen und Preußischen Geschichte, N. F. 6 (1996), S. 145–162.

BRATUSCHEK, ERNST: Die Erziehung Friedrichs des Großen, Berlin 1885.

BRODERSEN, PER: Die Stadt im Westen. Wie Königsberg Kaliningrad wurde, Vandenhoeck & Ruprecht, Göttingen 2008.

BROWNING, REED: »New Views on the Silesian Wars«, The Journal of Military History 69,2 (2005), S. 521–534.

BRUYN, GÜNTER DE: Unter den Linden, München 2002.

BURGER, DANIEL: Die Landesfestungen der Hohenzollern in Franken und Brandenburg im Zeitalter der Renaissance (= Schriftenreihe zur bayerischen Landesgeschichte, 128), München 2000.

BURKHARDT, JOHANNES: »Vom Debakel zum Mirakel. Zur friedensgeschichtlichen Einordnung des Siebenjährigen Krieges«, in: Helmut Neuhaus und Barbara Stollberg-Rilinger (Hg.): Menschen und Strukturen in der Geschichte Alteuropas. Festschrift für Johannes Kunisch, Berlin 2002, S. 299–318.

BÜSCH, OTTO (HG.): Das 19. Jahrhundert und Große Themen der Geschichte Preußens (= Handbuch der preußischen Geschichte, 2), Berlin 1992.

CASANOVA, GIACOMO: Neunundneunzig Abenteuer. Aus seinen Memoiren ausgewählt, bearbeitet und eingeleitet von Hans-Joachim Malberg, Rudolstadt o. J.

CATT, HENRI DE: Die Tagebücher, hg. v. Paul Hartig, 1758–1760, München 1986.

CHRISTIANI, WALTER; Das Oderbruch. Historische Skizze, Freienwalde 1907.

Clark, Christopher: Preußen. Aufstieg und Niedergang 1600–1947, 3. Aufl. Stuttgart 2007.
Corni, Gustavo: »Absolutistische Agrarpolitik und Agrargesellschaft in Preußen«, Zeitschrift für historische Forschung 13 (1986), S. 285–313.
Coward, D. A.: »Attitudes to Homosexuality in Eighteenth Century France«, Journal of European Studies 10 (1980), S. 231–255.

Davies, Norman: God's Playground. A History of Poland, Bd. 1: The origins to 1795, Oxford 2005.
Demandt, Alexander (Hg.): Deutschlands Grenzen in der Geschichte, München 1990.
Denkmal für den König, Ein. Das Reiterstandbild Friedrichs II. Unter den Linden in Berlin, hg. v. Landesdenkmalamt Berlin, Berlin 2001.
Der Krieg geht morgen weiter oder Die Kunst zu überleben. Der König von Preußen unterhält sich in seinen Hauptquartieren, zwischen Triumph und Niederlagen, mit dem Schweizer Henri de Catt, Berlin 1970.
Detto, Albert: »Die Besiedlung des Oderbruchs durch Friedrich den Großen«, Forschungen zur Brandenburgischen und Preußischen Geschichte 16 (1903), S. 163–205.
Die Besetzung Schlesiens und die Schlacht bei Mollwitz, hg. v. Großen Generalstab (= Die Kriege Friedrichs des Großen I,1), Berlin 1890.
Dietrich, Richard (Hg.), Die Politischen Testamente der Hohenzollern, Köln 1986.
Dorgerloh, Annette: »Friedrich der Große als Gartengestalter – Repräsentation und historische Verortung«, in: Brunhilde Wehinger (Hg.): Geist und Macht. Friedrich der Große im Kontext der europäischen Kulturgeschichte, Berlin 2005, S. 225–243.
Drescher, Horst/Sibylle Badstübner-Gröger: Das Neue Palais in Potsdam. Beiträge zum Spätstil friderizianischer Architektur und Bauplastik, Berlin 1991.
Droysen, Hans: »Aus den Briefen der Königin Sophie Dorothea von Preußen«, Hohenzollern-Jahrbuch 17 (1913), 8 (1914).
Duchhardt, Heinz: »Anspruch und Architektur. Das Beispiel Berlins«, Forschungen zur Brandenburgischen und Preußischen Geschichte, N. F. 1 (1991), S. 31–52.
Duchhardt, Heinz: Balance of Power und Pentarchie. Internationale Beziehungen 1700–1785 (= Handbuch der Geschichte der internationalen Beziehungen, 4), Paderborn 1997.
Duffy, Christopher: Friedrich der Große. Ein Soldatenleben, Zürich 1986.

Elsholtz, Johann Sigismund: Flora Marchica, Sice Catalogus Plantarum, Quae partim in hortis Electoralibus Marchiae Brandenburgicae primaries, Berolinensi, Auranburgico & Potstamensi excoluntur, Berlin 1663.
Elsholtz, Johann Sigismund: Diaeteticon, Cölln a. d. Spree 1682, ND Leipzig 1984.
Engel, Helmut/Jörg Haspel/Wolfgang Ribbe (Hg.): Geschichtswerkstatt Spree-Insel. Historischer Topographie–Stadtärchäologie–Stadtentwicklung (= Publikationen der Historischen Kommission zu Berlin), Potsdam 1998.
Engel, Helmut/Wolfgang Ribbe (Hg.): Via triumphalis. Geschichtslandschaft Unter den Linden zwischen Friedrich-Denkmal und Schlossbrücke (= Publikationen der Historischen Kommission zu Berlin), Berlin 1997.
Engel, Helmut: Schauplatz Staatsmitte. Schloß und Schlossbezirk in Berlin, Berlin 1998.
Engel, Helmut: Aufstieg, Behauptung, Aufbruch: 1640–1861. Städtebau und Architektur in den Zeiten fürstlicher Herrschaft (=Baugeschichte Berlin, 1), Berlin 2009.
Engel, Martin: »Fragen zur Entstehungs- und Bedeutungsgeschichte des ›Forum Fridericianum‹«, in: Helmut Engel/Wolfgang Ribbe (Hg.): Hauptstadt Berlin – Wohin mit der Mitte? Historische, städtebauliche und architektonische Wurzeln des Stadtzentrums, Berlin 1993.
Engel, Martin: Das Forum Fridericianum und die monumentalen Residenzplätze des 18. Jahrhunderts, (Diss.) Berlin 2001.
Escher, Felix: »Die brandenburgpreußische Residenz und Hauptstadt im 17. und 18. Jahrhundert«, in: Wolfgang Ribbe (Hg.): Geschichte Berlins, Bd. 1: Von der Frühgeschichte bis zur Industrialisierung, München 1987.

Feldman, Józef: »Polen und Preußen. Versuch einer Synthese«, in: Lothar Dralle (Hg.): Preußen, Deutschland, Polen im Urteil polnischer Historiker. Eine Anthologie, Bd. 1, Berlin 1983, S. 45–60.
Fest, Joachim: »Plädoyer für den Wiederaufbau des Stadtschlosses«, in: Lampugnani Vittorio Magnago/Michael Mönninger (Hg.): Berlin morgen. Ideen für das Herz einer Großstadt, Stuttgart 1991, S. 76–79.
Feuerstein-Prasser, Karin: Die preußischen Königinnen, Regensburg 2000.
Feuerstein-Prasser, Karin: Friedrich der Große und seine Schwestern, Regensburg 2006.
Flamm, Stefanie: »Der Palast der Republik«, in: Étienne François/Hagen Schulze (Hg.): Deutsche Erinnerungsorte, Bd. 2, München 2001, S. 667–682.
Fontane, Theodor: Wanderungen durch die Mark Brandenburg. Das Oderland, 2. Aufl. Berlin 1980.
Fontane, Theodor: Wanderungen durch die Mark Brandenburg. Spreeland, 2. Aufl. Berlin 1982.
Freist, Dagmar: Absolutismus (= Kontroversen um die Geschichte), Wiesbaden 2008.

Friedrich II.: Oeuvres de Frédéric II, Roi de Prusse, hg. v. J. D. E. Preuss, 33 Bde, Berlin 1846–1857.
Fuess, Wilhelm F. K.: Die Geschichte der Kartoffel. Dargestellt nach alten und neuen Quellen, Berlin 1939.
Funk, Albert: Kleine Geschichte des Föderalismus. Vom Fürstenbund zur Bundesrepublik, Paderborn 2010.

Gandert, Klaus-Dieter: Vom Prinzenpalais zur Humboldt-Universität. Die historische Entwicklung des Universitätsgebäudes in Berlin mit seinen Gartenanlagen und Denkmälern, Berlin 1985.
Gehrke, Roland: »Das ›räuberische Monstrum‹. Preußen in der polnischen Historiographie des 19. und frühen 20. Jahrhunderts«, in: Wolfgang Neugebauer (Hg.): Das Thema »Preußen« in Wissenschaft und Wissenschaftspolitik des 19. und 20. Jahrhunderts (= Forschungen zur Brandenburgischen und Preußischen Geschichte, Beih.; N. F., 8), Berlin 2006, S. 204–229.
Geiger, Ludwig: Berlin 1688–1840, Geschichte des geistigen Lebens der preußischen Hauptstadt, 2 Bde, Berlin 1893/95; ND Aalen 1987.
Gembruch, Werner: »Prinz Heinrich von Preußen, Bruder Friedrichs des Großen«, in: Johannes Kunisch: Persönlichkeiten im Umfeld Friedrichs des Großen (= Neue Forschungen zur brandenburgisch-deutschen Geschichte, 9), Köln 1988, S. 89–120.
Gerlach, Stephanie: Der betende Knabe, Berlin 2000.
Geyer, Albert: Geschichte des Schlosses zu Berlin, 2 Bde, Berlin 1936/1993.
Giebel, Wieland (Hg.): Die Tagebücher des Grafen Lehndorff. Die geheimen Aufzeichnungen des Kammerherrn der Königin Elisabeth Christine, Berlin 2007.
Giersberg, Hans-Joachim/Claudia Meckel (Hg.): Friedrich II. und die Kunst, 2 Bde, Potsdam 1986.
Giersberg, Hans-Joachim/Hillert Ibbeken (Hg.): Schloss Sanssouci. Die Sommerresidenz Friedrichs des Großen, Berlin 2005.
Giersberg, Hans-Joachim/Krüger, Rolf-Herbert: Die Ruhestätte Friedrichs des Großen zu Sanssouci, 2. Aufl. Berlin 1992.
Giersberg, Hans-Joachim: Friedrich als Bauherr. Studien zur Architektur des 18. Jahrhunderts in Berlin und Potsdam, Berlin 1986.
Gleditsch, Johann Gottlieb: Vermischte physicalisch-botanisch-oeconomische Abhandlungen, Halle 1765.
Gudermann, Rita: Morastwelt und Paradies. Ökonomie und Ökologie in der Landwirtschaft am Beispiel der Meliorationen in Westfalen und Brandenburg (1830–1880), Paderborn 2000.

Hackmann, Jörg: Ostpreußen und Westpreußen in deutscher und polnischer Sicht. Landeshistorie als beziehungsgeschichtliches Problem (= Deutsches Historisches Institut Warschau, Quellen und Studien, 3), Wiesbaden 1996.
Hagemann, Alfred P.: »Der König, die Königin und der preußische Hof«, Friedrich300 – Colloquien, http://www.perspectivia.net/content/publikationen/friedrich300-colloquien/friedrich-hof/Hagemann_Zeitung.
Hahn, Peter-Michael: »Die Hofhaltung der Hohenzollern. Der Kampf um Anerkennung«, in: Patrick Bahners/Gerd Roellecke (Hg.): Preußische Stile. Der Staat als Kunststück, Stuttgart 2001, S. 73–89.
Hahn, Peter-Michael: Geschichte Potsdams von den Anfängen bis zur Gegenwart, München 2003.
Hahn, Peter-Michael: Friedrich der Große und die deutsche Nation. Geschichte als politisches Argument, Stuttgart 2007.
Harksen, Sybille: »Die Nutzung des Neuen Palais in der Kaiserzeit. Vom Gästeschloß zum Sommerwohnsitz«, Potsdamer Schlösser und Gärten. Bau- und Gartenkunst vom 17. bis 20. Jahrhundert (Ausst.-Kat.) Potsdam 1993, S. 261–267.
Hartmann, Stefan: »Die Preußentradition in der polnischen Historiographie«, Forschungen zur Brandenburgischen und Preußischen Geschichte, N. F. 5 (1995), S. 147–156.
Hein, Max: Briefe Friedrichs des Großen, 2 Bde, Berlin 1914.
Heinrich, Gerd: Friedrich II. von Preußen. Leistung und Leben eines großen Königs, Berlin 2009.
Helbig, Jörg (Hg.): Welcome to Berlin. Das Image Berlins in der englischsprachigen Welt von 1700 bis heute, Berlin 1987.
Hellmuth, Eckhart: »Die ›Wiedergeburt‹ Friedrichs des Großen und der ›Tod fürs Vaterland‹. Zum patriotischen Selbstverständnis in Preußen in der zweiten Hälfte des 18. Jahrhunderts«, Aufklärung 10,2 (1998), S. 22–54.
Hellmuth, Eckhart: »The Funerals of the Prussian Kings in the Eighteenth Century«, in: Michael Schaich (Hg.): Monarchy and Religion. The Transformation of Royal Culture in Eighteenth-Century Europe, Oxford 2008, S. 451–472.
Hennet, Anna-Inés: Die Berliner Schlossplatzdebatte im Spiegel der Presse, Berlin 2005.
Henning, Friedrich-Wilhelm: »Die Entwicklung der Verkehrsinfrastruktur in Brandenburg/Preußen als Teil der Staatsbaukunst von 1648 bis 1850«, Forschungen zur Brandenburgischen und Preußischen Geschichte, N. F. 7 (1997), S. 211–232.
Herding, Klaus: »La meilleure mémoire est une mémoire fictive. Zum Problem der Rekonstruktion des Berliner Stadtschlosses«, Inmitten Berlins – das Schloß? (= Kritische Berichte. Zeitschrift für Kunst- und Kulturwissenschaften 22,1 (1994), S. 26–30.

HERRMANN, BERND: »Nun blüht es von End' zu End' all überall«. Die Eindeichung des Nieder-Oderbruchs 1747–1753.Umweltgeschichtliche Materialien zum Wandel eines Naturraums (= Cottbuser Studien zur Geschichte von Technik, Arbeit und Umwelt, 4), Münster 1997.

HINRICHS CARL: Der allgegenwärtige König. Friedrich der Große im Kabinett und auf Inspektionsreisen, Berlin 1940.

HINRICHS CARL: Der Kronprinzenprozeß. Friedrich und Katte, Berlin 1936.

HOLTZ, BÄRBEL: »Das Thema Preußen in Wissenschaft und Wissenschaftspolitik der DDR«, in: Wolfgang Neugebauer (Hg.): Das Thema »Preußen« in Wissenschaft und Wissenschaftspolitik des 19. und 20. Jahrhunderts (= Forschungen zur Brandenburgischen und Preußischen Geschichte, Beih.; N. F., 8), Berlin 2006, S. 329–354.

INMITTEN BERLINS – DAS SCHLOSS? (= Kritische Berichte. Zeitschrift für Kunst- und Kulturwissenschaften 22,1 (1994).

KEMPER, THOMAS: Schloss Monbijou. Von der Königlichen Residenz zum Hohenzollern-Museum, Berlin 2005.

KIKAWA, MAYUMI: »Von Küstrin zur Katte-Tragödie, Ein Beitrag zur Auseinandersetzung Fontanes mit dem Preußentum in den Wanderungen durch die Mark Brandenburg«, Fontane-Blätter 63 (1997), S. 102–120.

KLEIN, DIETHARD H./HEIKE ROSBACH (Hg.): Königsberg. Ein Lesebuch, Husum 1987.

KLOOSTERHUIS, JÜRGEN: »Katte. Ordre und Kriegsartikel. Aktenanalytische und militärhistorische Aspekte einer ›facheusen‹ Geschichte«, Forschungen zur Brandenburgischen und Preußischen Geschichte, N. F. 15 (2005), S. 27–65, 161–223.

KLUETING, HARM: Die Lehre von der Macht der Staaten. Das außenpolitische Machtproblem in der »politischen Wissenschaft« und in der praktischen Politik im 18. Jahrhundert (= Historische Forschungen, 29), Berlin 1986.

KOCKA, JÜRGEN: »Preußen und Deutschland – ein Spannungsverhältnis«, Jahrbuch für Brandenburgische Landesgeschichte 58 (2007), S. 186–194.

KOSER, REINHOLD: Friedrich der Große als Kronprinz, Stuttgart/Berlin 1901.

KOSER, REINHOLD: Geschichte Friedrichs des Großen, 4 Bde, ND Darmstadt 1963.

KRAUSCH, HEINZ-DIETER: »Die Einführung der Kartoffel in Brandenburg. Legenden und Wirklichkeit«, Mitteilungsblatt der Landesgeschichtlichen Vereinigung für die Mark Brandenburg 109,3 (2008), S. 82–87.

KRIEGER, BOGDAN (Hg.): Sieben Tage am Hofe Friedrich Wilhelms I. Tagebuch des J. A. Freylinghausen über seinen Aufenthalt in Wusterhausen vom 4.–10. September 1727, Berlin 1900.

KRIEGER, BOGDAN: Friedrich der Große und seine Bücher, Berlin-Leipzig 1914.

KRIPPENDORFF, EKKEHART: Staat und Krieg. Die historische Logik politischer Unvernunft, Frankfurt/Main 1986.

KROENER, BERNHARD R. (Hg.): Potsdam. Staat, Armee, Residenz in der preußisch-deutschen Militärgeschichte, Frankfurt/Main 1993.

KROLL, FRANK-LOTHAR (Hg.): Preußens Herrscher. Von den ersten Hohenzollern bis Wilhelm II., München 2000.

KROLL, FRANK-LOTHAR: »Friedrich der Große«, Étienne François/Hagen Schulze (Hg.): Deutsche Erinnerungsorte, Bd. 3, München 2001, S. 620–635.

KROLL, FRANK-LOTHAR: »Das Problem der Toleranz bei Friedrich dem Großen«, Forschungen zur Brandenburgischen und Preußischen Geschichte, N. F. 11 (2002), S. 53–75.

KROLL, FRANK-LOTHAR: »Preußenbild und Preußenforschung im Dritten Reich«, in: Wolfgang Neugebauer (Hg.): Das Thema »Preußen« in Wissenschaft und Wissenschaftspolitik des 19. und 20. Jahrhunderts (= Forschungen zur Brandenburgischen und Preußischen Geschichte, Beih.; N. F., 8), Berlin 2006, S. 305–327.

KUCZYNSKI, JÜRGEN: Geschichte des Alltags des deutschen Volkes, Bd. 2, Berlin 1981.

KUNISCH, JOHANNES: Das Mirakel des Hauses Brandenburg. Studien zum Verhältnis von Kabinettspolitik und Kriegführung im Zeitalter des Siebenjährigen Krieges, München 1978.

KUNISCH, JOHANNES: Persönlichkeiten im Umfeld Friedrichs des Großen (= Neue Forschungen zur brandenburgisch-deutschen Geschichte, 9), Köln 1988.

KUNISCH, JOHANNES: »Friedrich der Große als Feldherr«, in: ders., Fürst – Gesellschaft – Krieg. Studien zur bellizistischen Disposition des absoluten Fürstenstaats, Köln 1992, S. 83–106.

KUNISCH, JOHANNES: »Henri de Catt, Vorleser und Gesprächspartner Friedrichs des Großen – Versuch einer Typologie«, in: Martin Fontius/Helmut Holzhey (Hg.): Schweizer im Berlin des 18. Jahrhunderts, Berlin 1996, S. 101–124.

KUNISCH, JOHANNES: Friedrich der Große. Der König und seine Zeit, 5. Aufl. München 2005.

KUNISCH, JOHANNES: Friedrich der Große in seiner Zeit. Essays, München 2008.

LAVISSE, ERNEST: Die Jugend Friedrichs des Großen, Berlin 1919.
LAWATY, ANDREAS: Das Ende Preußens in polnischer Sicht. Zur Kontinuität negativer Wirkungen der preußischen Geschichte auf die deutsch-polnischen Beziehungen (= Veröffentlichungen der Historischen Kommission zu Berlin, 63), Berlin 1986.
LEWY, E.: »Die Verwandlung Friedrichs des Großen. Eine psychoanalytische Untersuchung«, Psyche 49,2 (1995), S. 727–804.
LINGEN, KERSTIN VON: »Erfahrung und Erinnerung. Gründungsmythos und Selbstverständnis von Gesellschaften in Europa nach 1945«, Archiv für Sozialgeschichte 49 (2009), S. 149–185.
LORENZ, HELLMUT: »Tradition oder ›Moderne‹? Überlegungen zur barocken Residenzlandschaft Berlin-Brandenburg«, Forschungen zur Brandenburgischen und Preußischen Geschichte, N. F. 8 (1998), S. 1–23.
LOTTES, GÜNTHER/IWAN D'APRILE (Hg.): Hofkultur und aufgeklärte Öffentlichkeit. Potsdam im 18. Jahrhundert im europäischen Kontext, Berlin 2006.
LUKOWSKI, JERZY: The Partitions of Poland 1772, 1793, 1795, London 1999.
LÜRSSEN, ERNST: »Reinszenierung eines massiven Traumas. Leitmotive im Leben Friedrichs des Großen«, in: Jutta Gutwinski-Jeggle/Johann Michael Rotmann (Hg.): »Die klugen Sinne pflegend«. Psychoanalytische und kulturkritische Beiträge. Festschrift Hermann Beland, Tübingen 1993, S. 414–431.

MANGER, HEINRICH LUDEWIG: Baugeschichte von Potsdam besonders unter der Regierung König Friedrichs II., 3 Bde, Berlin 1789/90.
MANN, THOMAS: »Friedrich und die große Koalition. Ein Abriß für den Tag und die Stunde«, in: ders.: Altes und Neues. Kleine Prosa aus fünf Jahrzehnten, Berlin 1956, S. 66–126.
MANTHEY, JÜRGEN: Königsberg. Geschichte einer Weltbürgerrepublik, München 2005.
MEINECKE, FRIEDRICH: Die Idee der Staatsräson in der neueren Geschichte, München 1924, 4. Aufl. 1976.
MELZHEIMER, WERNER: Die Festung und Garnison Küstrin, Berlin 1989.
MENGEL, PETER FRITZ (Hg.): Das Oderbruch, 2 Bde, 1930–34.
MERTEN, DETLEF: Der Katte-Prozess (= Schriftenreihe der Juristischen Gesellschaft, 62), Berlin 1980.
MERVAUD, CHRISTIANE: Voltaire et Frédéric II. Une dramturgie des lumières 1736–1778 (= Studies on Voltaire and the eighteenth century, 234), Oxford 1985.
MEYERS, PETER: »Friedrich II. von Preußen – »militärischer Despot« oder »der Große«? Zum Wandel des Friedrich-Bildes in der Historiographie der DDR«, in: Alexander Fischer/Günther Heydemann (Hg.): Geschichtswissenschaft in der DDR, Bd. 2, Berlin 1990, S. 331–366.
Michaelis, Rainer: »Friedrich der Große und der Marquis d'Argens besichtigen den Gruftbau in Sanssouci. Ein Gemälde des Malers Johann Christoph Frisch (1738–1815)«, Jahrbuch für Brandenburgische Landesgeschichte 42 (1991), S. 102–110.
MISSELWITZ, PHILIPP/HANS ULRICH OBRIST/PHILIPP OSWALT (Hg.): Fun Palace 200X – Der Berliner Schlossplatz. Abriss, Neubau oder grüne Wiese?, Berlin 2005.
MITCHELL, ANDREW: Memoirs and Papers of Sir Andrew Mitchell K. B., 2 Bde, London 1850.
MITTENZWEI, INGRID: Preußen nach dem Siebenjährigen Krieg. Auseinandersetzungen zwischen Bürgertum und Staat um die Wirtschaftspolitik (= Akademie d. Wiss. d. DDR, Schriften des Zentralinstituts f. Geschichte, 62), Berlin 1979.
MITTENZWEI, INGRID: Friedrich II. von Preußen. Eine Biographie, Berlin/DDR und Köln 1980.
MÖNCH, WALTER: Voltaire und Friedrich der Große. Das Drama einer denkwürdigen Freundschaft. Eine Studie zur Literatur, Politik und Philosophie des XVIII. Jahrhunderts, Stuttgart 1943.
MÜLLER, HANS-HEINRICH: Märkische Landwirtschaft vor den Agrarreformen von 1807. Entwicklungstendenzen des Ackerbaus in der zweiten Hälfte des 18. Jahrhunderts (= Veröff. d. Bezirksheimatmuseums Potsdam, 13), Potsdam 1967.
MÜLLER, M. G.: Die Teilungen Polens 1772, 1793, 1795, München 1984.
MUNDT, BERNHARDT: Prinz Heinrich von Preußen, 1726–1802. Die Entwicklung zur politischen und militärischen Führungspersönlichkeit (1726–1763) (= Studien zur Geschichtswissenschaft der Neuzeit, 27), Hamburg 2002.
MÜNKLER, HERFRIED: Die Deutschen und ihre Mythen, Berlin 2009.

NEUES AUS DER AKTE POMMES FRITZ, hg. v. Ministerium für Ländliche Entwicklung, Umwelt und Verbraucherschutz des Landes Brandenburg, Potsdam 2008.
NEUGEBAUER, WOLFGANG: »Staatsverwaltung, Manufaktur und Garnison. Die polyfunktionale Residenzlandschaft von Berlin – Potsdam – Wusterhausen zur Zeit Friedrich Wilhelms I.«, Forschungen zur Brandenburgischen und Preußischen Geschichte, N. F. 7 (1997), S. 233–257.
NEUGEBAUER, WOLFGANG: Residenz – Verwaltung – Repräsentation. Das Berliner Schloß und seine historischen Funktionen vom 15. bis 20. Jahrhundert, Potsdam 1999.
NEUGEBAUER, WOLFGANG (Hg.): Das Thema »Preußen« in Wissenschaft und Wissenschaftspolitik des 19. und 20. Jahrhunderts (= Forschungen zur Brandenburgischen und Preußischen

Geschichte, Beih.; N. F., 8), Berlin 2006.
NEUGEBAUER, WOLFGANG (Hg.): Das 17. und 18. Jahrhundert und Große Themen der Geschichte Preußens (= Handbuch der preußischen Geschichte, 1), Berlin 2009.
NICOLAI, FRIEDRICH: Anekdoten von König Friedrich dem Zweiten von Preußen, Berlin und Stettin 1788–1792, ND Hildesheim 1985.
NIPPERT, ERWIN: Das Oderbruch. Zur Geschichte einer deutschen Landschaft, Berlin 1995.

OPGENOORTH, ERNST (Hg.): Handbuch der Geschichte Ost- und Westpreußens. Bd. II/2: Vom Schwedisch-polnischen Krieg bis zur Reformzeit, 1655–1807, Lüneburg 1996.
OPPELN-BRONIKOWSKI, FRIEDRICH VON: Das Tagebuch des Marchese Lucchesini (1780–1782). Gespräche mit Friedrich dem Großen, München 1926.
OPPELN-BRONIKOWSKI, FRIEDRICH VON/GUSTAV VOLZ: Gespräche Friedrichs des Großen, Berlin 1919.
OSTER, UWE A.: Wilhelmine von Bayreuth. Das Leben der Schwester Friedrichs des Großen, München 2005.
OTTENJANN, HELMUT/KARL-HEINZ ZIESSOW (Hg.): Die Kartoffel. Geschichte und Zukunft einer Kulturpflanze (= Arbeit und Leben auf dem Lande, 1), Cloppenburg 1992.

PARKER, GEOFFREY: Die militärische Revolution. Die Kriegskunst und der Aufstieg des Westens 1500–1800, Frankfurt/Main 1990.
PESCHKEN, GOERD: Das Königliche Schloß zu Berlin, 3 Bde, München 1992–2001.
PFEIFFER, E.: Die Revue-Reisen Friedrichs des Großen, 1904, ND 1965.
PLAT, WOLFGANG: Deutsche und Polen. Geschichte der deutsch-polnischen Beziehungen, Köln 1980.
PLESCHINKSI, HANS (Hg.): Voltaire–Friedrich der Große. Briefwechsel, Frankfurt/Main 1994.
PLUMPE, WERNER: Wirtschaftskrisen. Geschichte und Gegenwart, München 2010.
PRESS, VOLKER: »Friedrich der Große als Reichspolitiker«, in: ders.: Das Alte Reich. Ausgewählte Aufsätze (= Historische Forschungen, 59), Berlin 1997.
PUSCHNER, UWE: »Der Tod Friedrichs des Großen und die deutsche Öffentlichkeit«, in: Jürgen Ziechmann (Hg.): Fridericianische Miniaturen (= Forschungen und Studien zur Fridericianischen Zeit, 2–5), Bd. 4, Oldenburg 1997, S. 228–235.

RAGAN JR., BRYANT T.: »The Enlightenment Confronts Homosexuality«, in: Jeffrey Merrick/Bryant T. Ragan Jr. (Hg.), Homosexuality in Modern France, New York 1996, S. 9–29.
REED, JAMES: »Mehr Licht in Deutschland«. Eine kleine Geschichte der Aufklärung, München 2009.
RIBBE, WOLFGANG (Hg.): Schloß und Schlossbezirk in der Mitte Berlins. Das Zentrum der Stadt als politischer und gesellschaftlicher Ort (= Publikationen der Historischen Kommission zu Berlin), Berlin 2005.
RICHTER, JOHANNES (Hg.): Die Briefe Friedrichs des Grossen an seinen vormaligen Kammerdiener Fredersdorf, Berlin 1926.
RÖDENBECK, KARL HEINRICH SIEGFRIED: Tagebuch oder Geschichtskalender aus Friedrichs des Großen Regentenleben, 3 Bde, Berlin 1840–1842.
ROLLKA, BODO/KLAUS-DIETER WILLE: Das Berliner Stadtschloss. Geschichte und Zerstörung, 2. Aufl. Berlin 1993.

SABROW, MARTIN: Das Diktat des Konsenses. Geschichtswissenschaft in der DDR 1949–1969 (= Ordnungssysteme, 8), München 2001.
SABROW, MARTIN: Der »Tag von Potsdam«. Zur Karriere eines politischen Symbols, (Vortragsmanuskript) Potsdam 2003.
SCHIEDER, THEODOR: Friedrich der Große. Ein Königtum der Widersprüche, Frankfurt/Main 1986.
SCHILLING, LOTHAR: »Wie revolutionär war die diplomatische Revolution? Überlegungen zum Zäsurcharakter des Bündniswechsels von 1756«, Forschungen zur Brandenburgischen und Preußischen Geschichte, N.F. 6 (1996), S. 163–202.
SCHNITTER, HELMUT: Gestalten um Friedrich den Großen. Biographische Skizzen, 2 Bde, Reutlingen 1991.
SCHOEPS, HANS-JOACHIM: Preußen. Geschichte eines Staates, Berlin 1966, 1980.
SCHUMACHER, BRUNO: Die staatsrechtliche Begründung der Erwerbung Westpreußens durch Friedrich den Großen und der Deutsche Orden«, Altpreußische Forschungen 11 (1934), S. 97–122.
SCHUMANN, FRANK (Hg.): Allergnädigster Vater. Die Verkrüppelung eines Charakters zu Wusterhausen. Dokumente aus der Jugend Friedrichs II., Berlin 1986.
SCHUMANN, H. (Hg.): Friedrich der Große: Mein lieber Marquis! Sein Briefwechsel mit Jean-Baptiste d'Argens während des Siebenjährigen Krieges, Zürich 1985.
SCHWARZ, ULRIKE/MATTHIAS METZLER: Gemeinde Fehrbellin, Amt Lindow (Mark) und Stadt Rheinsberg (= Denkmale in Brandenburg, 13,2), Worms 2003.
SELLIN, VOLKER: »Friedrich der Große und der aufgeklärte Absolutismus«, Festschrift f. Werner Conze, Stuttgart 1976, S. 83–112.
SHOWALTER, DENNIS: »Roi-Connétable und Kriegsherr«, in: Stig Förster/Markus Pöhlmann/Dierk Walter (Hg.): Kriegsherren der Weltgeschichte. 22 historische Portraits, München 2006, S. 147–167.

Simson, Jutta von: Das Berliner Denkmal für Friedrich den Großen. Die Entwürfe als Spiegelung des preußischen Selbstverständnisses, Frankfurt/Main 1976.
Spenkuch, Hartwin: »Vergleichsweise besonders? Politisches System und Strukturen Preußens als Kern des deutschen Sonderwegs«, Geschichte und Gesellschaft 29 (2003), S. 262–293.
Stadelmann, Rudolf: Friedrich der Große in seiner Thätigkeit für den Landbau Preußens, Berlin 1876.
Steakley, James D.: »Sodomy in Enlightenment Prussia: From Execution to Suicide«, Journal of Homosexuality 16 (1988), S. 163–175.
Stiftung Preussische Schlösser und Gärten Berlin-Brandenburg (Hg.): Schloss und Garten Königs Wusterhausen, Berlin 2000.
Stollberg-Rilinger, Barbara: »Höfische Öffentlichkeit. Zur zeremoniellen Selbstdarstellung des brandenburgischen Hofes vor dem europäischen Publikum«, Forschungen zur Brandenburgischen und Preußischen Geschichte, N. F. 7 (1997), S. 145–176.
Stürmer, Michael: »Ein Preußen für die DDR – umstrittenes Erbe«, in: Alexander Fischer/Günther Heydemann (Hg.): Geschichtswissenschaft in der DDR, Bd. 2, Berlin 1990, S. 405–424.

Tessner, Walter: Chronik der Stadt und des Schlosses Rheinsberg, Rheinsberg 1928, ND Neustadt/Aisch 1993.
Teuteberg, Hans J./Günter Wiegelmann: »Einführung und Nutzung der Kartoffel in Deutschland«, in: dies.: Unsere tägliche Kost. Geschichte und regionale Prägung (= Studien zur Geschichte des Alltags, 6), Münster 1986.
Teuteberg, Hans-Jürgen: »Zur sozialgeschichtlichen Bedeutung der Kartoffeln und ihrer Eingliederung in die deutsche Volkskost«, in: Niilo Valonen/Juhani Lehtonen (Hg.): Ethnologische Nahrungsforschung. Vorträge des zweiten Internationalen Symposiums für ethnologische Nahrungsforschung, Helsinki 1975, S. 237–265.
Tripps, Johannes: »Berlin als Rom des Nordens: das Stadtschloß im städtebaulichen Kontext«, Bruckmanns Pantheon. Internationale Jahreszeitschrift für Kunst 55 (1997), S. 112–125.

Vogel, Barbara: »Das alte Preußen in der Geschichtswissenschaft der DDR. Zum Wandel des Preußenbildes in der DDR«, Alexander Fischer/Günther Heydemann (Hg.), Geschichtswissenschaft in der DDR, Bd. 2, Berlin 1990, S. 425–451.
Vogtherr, Christoph Martin: »Königtum und Libertinage. Das Audienz- und Speisezimmer im Schloss Sanssouci«, in: Brunhilde Wehinger (Hg.): Geist und Macht. Friedrich der Große im Kontext der europäischen Kulturgeschichte, Berlin 2005, S 201–210.
Vogtherr, Christoph Martin: »Lusthaus ohne Liebe. Darstellungen der Liebe in Schloß und Park Sanssouci«, Forschungen zur Brandenburgischen und Preußischen Geschichte, N. F. 14 (2004), S. 147–169.
Volz, Gustav Berthold: Ausgewählte Werke Friedrichs des Großen, 10 Bde, Berlin 1912ff.
Volz, Gustav Berthold: »Die Krisis in der Jugend Friedrichs des Großen«, Historische Zeitschrift 118 (1917), S. 377–417.
Volz, Gustav Berthold: »Prinz Heinrich und die Vorgeschichte der Ersten Teilung Polens«, Forschungen zur Brandenburgischen und Preußischen Geschichte 35,2 (1923), S. 193–211.
Volz, Gustav Berthold (Hg.): Friedrich der Große und Wilhelmine von Bayreuth. Jugendbriefe, 1728–1740, Leipzig 1924.
Volz, Gustav Berthold: Das Sans, Souci Friedrichs des Großen, Berlin 1926.
Volz, Gustav Berthold: Friedrich der Große im Spiegel seiner Zeit, 3 Bde, Berlin 1926f.
Volz, Gustav Berthold (Hg.): Friedrich der Große und Wilhelmine von Bayreuth. Briefe der Königszeit, 1740–1758, Berlin 1926.

Wacker, Jörg: »Der friderizianische Lustgarten in Sanssouci«, Nichts gedeiht ohne Pflege. Die Potsdamer Parklandschaft und ihre Gärtner, (Ausst.-Kat.) Potsdam 2001, S. 43–52.
Weber, Matthias (Hg.): Preußen in Ostmitteleuropa. Geschehensgeschichte und Verstehensgeschichte, München 2003.
Weber-Kellermann, Ingeborg (Hg.): Wilhelmine von Bayreuth, eine preußische Königstochter. Glanz und Elend am Hofe des Soldatenkönigs in den Memoiren der Markgräfin Wilhelmine von Bayreuth, Frankfurt/Main 1990, 2004.
Wehinger, Brunhilde (Hg.): Geist und Macht. Friedrich der Große im Kontext der europäischen Kulturgeschichte, Berlin 2005.
Weinland, Martina: »Friedrich II. Der erste Kronprinz und seine Erziehung durch Friedrich Wilhelm I.«, Im Dienste Preußens. Wer erzog die Prinzen zu Königen?, (Aust-Kat.) Berlin 2001, S. 73–81.
Wiegelmann, Günter: Alltags- und Festspeisen in Mitteleuropa. Innovationen, Strukturen und Regionen vom späten Mittelalter bis zum 20. Jahrhundert (= Münsteraner Schriften zur Volkskunde, 11), 2. Aufl. Münster 2006.
Wiesinger, Liselotte: Das Berliner Schloß. Von der kurfürstlichen Residenz zum Königsschloß, Darmstadt 1989.
Winkler, Heinrich August: Geschichte des Westens. Von den An-

fängen in der Antike bis zum 20. Jahrhundert, München 2009.
Wolfrum, Edgar: Geschichte als Waffe. Vom Kaiserreich bis zur Wiedervereinigung, Göttingen 2001, 2. Aufl. 2002.
Wootton, David: »Unhappy Voltaire, or ›I shall never get over it as long as I live‹«, History Workshop Journal 50 (2000), S. 137–155.

Zernack, Klaus (Hg.): Zum Verständnis der polnischen Frage in Preußen und Deutschland 1772–1871 (= Einzelveröff. der Hist. Kommission zu Berlin, 59), Berlin 1987.
Zernack, Klaus: Preußen–Deutschland–Polen. Aufsätze zur Geschichte der deutsch-polnischen Beziehungen (= Historische Forschungen, 44), 2. Aufl. Berlin 2001.
Zernack, Klaus: »Auf dem Weg zu einer Synthese der Geschichte Preußens. Über einige polnische Beiträge nach dem Zweiten Weltkrieg«, Jahrbuch für Brandenburgische Landesgeschichte 59 (2008), S. 194–208.
Ziebura, Eva: Prinz Heinrich von Preußen. Biographie, Berlin 1999.
Ziebura, Eva: August Wilhelm, Prinz von Preußen, Berlin 2006.
Ziechmann, Jürgen (Hg.): Fridericianische Miniaturen (=Forschungen und Studien zur Fridericianischen Zeit, 2–5), 4 Bde, Oldenburg 1988–1997.
Zimmer, Gerhard/Nele Hackländer (Hg.): Der Betende Knabe. Original und Experiment, Frankfurt/Main 1997.
Zimmermann, Gerhard/Hans Branig (Hg.): Fürsprache. Monarchenbriefe zum Kronprinzen-Prozeß Küstrin 1730, Berlin 1965.

Bildnachweis

S. 2: akg-images; S. 6: picture-alliance / dpa; S. 8: picture-alliance / ZB; S. 10: bpk / SBB; S. 12: bpk; S. 13: picture-alliance / SCHROEWIG / Bernd Oertwig; S. 14: picture-alliance / ZB; S. 16: picture-alliance; S. 18: picture-alliance; S. 19: picture-alliance; S. 21: picture-alliance; S. 23: picture-alliance; S. 25: picture-alliance; S. 26: picture-alliance; S. 29: picture-alliance / Sueddeutsche Zeitung Photo; S. 30: picture-alliance / Berliner_Kurier; S. 32: bpk / Geheimes Staatsarchiv, SPK / Schwarz; S. 34: picture-alliance / ZB; S. 35: picture-alliance / ZB; S. 37: picture-alliance / Hans-Joachim Rech; S. 38: bpk / Stiftung Preußische Schlösser und Gärten / Wolfgang Pfauder; S. 40: picture-alliance / Artcolor; S. 41: picture-alliance / Artcolor; S. 42: picture-alliance / Artcolor; S. 43: picture-alliance / ZB; S. 44: picture-alliance / ZB; S. 45: picture-alliance / Rainer Hackenberg; S. 47: picture-alliance / akg-images; S. 49: picture-alliance / akg-images; S. 50: akg-images; S. 53: picture-alliance / akg-images; S. 54: Jan Pedras, Wroclaw; S. 58: picture-alliance / akg-images; S. 59: picture-alliance / akg-images; S. 61: picture-alliance / akg-images; S. 63: bpk / SBB; S. 64: picture-alliance / dpa; S. 67: akg-images / Erich Lessing; S. 69: picture-alliance / Bildarchiv Monheim; S. 70: picture-alliance / ZB; S. 71: Sebastian Trautmann, Berlin; S. 72: picture-alliance / Bildagentur-online / Falkenstein; S. 74: picture-alliance / ZB; S. 75: picture-alliance / akg-images; S. 77: picture-alliance / Artcolor; S. 78: picture-alliance / akg-images; S. 79: picture-alliance / Bildarchiv Monheim; S. 81: picture-alliance / Hans Joachim Rech; S. 82: picture-alliance / dpa; S. 84: akg-images; S. 86: picture-alliance / ZB; S. 90: Foto: Timo Scherer, Berlin; S. 93: akg-images; S. 94: akg-images; S. 98: picture-alliance / ZB; S. 101: picture-alliance / Mary Evans Picture Library; S. 103: picture-alliance / Bildagentur-online FW; S. 104: akg-images; S. 105: picture-alliance / Beate Schleep; S. 106: picture-alliance / Bildarchiv Monheim; S. 108: picture-alliance / ZB; S. 110: picture-alliance / akg-images; S. 112: picture-alliance / ZB; S. 113: picture-alliance / Bildagentur Huber; S. 114: picture alliance / Artcolor; S. 119: picture-alliance / akg-images; S. 121: bpk / Kupferstichkabinett, SMB / Jörg P. Anders; S. 122: picture-alliance / ZB; S. 124: akg-images; S. 125: picture-alliance / ZB; S. 126: akg-images; S. 127: akg-images; S. 131: picture-alliance / ZB; S. 144: Jan Pedras, Wroclaw.

Dank

Der Verfasser dankt all denen, ohne die dieses Buch nicht möglich gewesen wäre: Allen voran Aenne Glienke, die das Projekt unermüdlich verfolgte, sowie Regine Gamm vom Primus Verlag Darmstadt, die es möglich machte. Die Unterstützung von Alfred P. Hagemann und Dirk Dorsemagen von der Stiftung Preußische Schlösser und Gärten Berlin-Brandenburg in Potsdam erlaubte wertvolle Einsichten. Jan Pedras und Timo Scherer machten die Exkursionen möglich und vergnüglich – und der treue Gefährte Webster gab wie stets Gelegenheit zur mußevollen Ideenfindung.

Vor allem aber verdankt es sich all den Historikerkollegen, die seit Generationen die vielen Facetten einer ebenso faszinierenden wie schwierigen Herrscherpersönlichkeit akribisch unter die Lupe nehmen.

Bernd Ingmar Gutberlet, geb. 1966, Historiker und Publizist, lebt in Berlin. Für dieses Buch hat er alle Orte, um die es geht, besucht, so auch Mollwitz, das heutige Malujowice in Polen.